电子商务与网络营销实用教程

吴灿铭 王震环 编著

清华大学出版社
北京

北京市版权局著作权合同登记号：图字 01-2016-4041

本书为上奇资讯股份有限公司授权出版发行的中文简体字版本。

内 容 简 介

这是一本介绍电子商务和网络营销的综合性教材。全书以近年来成功企业的商业运作为案例，围绕电子商务和网络营销这两个核心分为三部分介绍：第一部分是电子商务，主要包括电子商务的商业模式、架构和网络基础建设，企业电子化、协同商务和移动电子商务，电子商务交易的安全防范、支付方式与交易安全机制，电子商务网站建设与成效评估；第二部分是网络营销，包括网络营销的方法和社交营销实践；第三部分主要介绍电子商务的伦理和相关法律。

本书内容浅显易懂，在介绍各个主题时，辅以图例或表格加以说明，各章都有重点回顾与课后习题，非常适合作为电子商务与网络营销相关课程的教材，还可供对电子商务与网络营销感兴趣的社会人士阅读。

本书封面贴有清华大学出版社防伪标签，无标签者不得销售。
版权所有，侵权必究。举报：010-62782989，beiqinquan@tup.tsinghua.edu.cn。

图书在版编目（CIP）数据

电子商务与网络营销实用教程/吴灿铭，王震环编著．—北京：清华大学出版社，2016（2022.8重印）
ISBN 978-7-302-43775-8

Ⅰ.①电… Ⅱ.①吴… ②王… Ⅲ.①电子商务—网络营销—教材 Ⅳ.①F713.36

中国版本图书馆 CIP 数据核字（2016）第 100104 号

责任编辑：夏毓彦
封面设计：王 翔
责任校对：闫秀华
责任印制：丛怀宇

出版发行：清华大学出版社
　　　　　网　　址：http://www.tup.com.cn，http://www.wqbook.com
　　　　　地　　址：北京清华大学学研大厦A座　　　邮　　编：100084
　　　　　社 总 机：010-83470000　　　　　　　　　邮　　购：010-62786544
　　　　　投稿与读者服务：010-62776969，c-service@tup.tsinghua.edu.cn
　　　　　质量反馈：010-62772015，zhiliang@tup.tsinghua.edu.cn
印 装 者：三河市龙大印装有限公司
经　　销：全国新华书店
开　　本：190mm×260mm　　印　张：20.75　　字　数：532千字
版　　次：2016年8月第1版　　　　　　　　　印　次：2022年8月第6次印刷
定　　价：69.00元

产品编号：068207-02

前 言

从广义的角度来看，电子商务不只是以网站为主体的在线虚拟商店，还包括互联网上电子化交易与营销活动，或以无线通信进行商品、服务、信息交易的行为。而网络营销是一种营销活动、管理活动和互联网的结合。换言之，只要营销活动中某个活动是通过互联网来实现，即可视为网络营销。本书将完整地介绍电子商务与网络营销相关的主题，精彩篇幅包括：

- 电子商务的商业模式
- 电子商务的架构与七流
- 电子商务的网络基础建设
- 企业电子化
- 协同商务应用与工具
- 无限可能的移动商务
- 网络安全防范
- 电子商务付款方式与交易安全机制
- 电子商务网站建设与成效评估
- 网络营销的方法
- 社交营销实践
- 电子商务的伦理与相关法律
- 电子商务的展望与未来

笔者在阅读电子商务相关书籍时，观察到一种现象，那就是书中有些案例属于较早期的，对读者而言，没有强烈的体会与动机去深刻了解。为了让读者接触最新的电子商务知识，本书尽可能介绍近年来的成功案例或新技术，比如阿里巴巴——淘宝、京东、微信（腾讯）、百度、Facebook（脸书）、Apple Store、Google Play、云计算、可穿戴设备、iOS、Android、RFID、二维码、NFC 移动支付、第三方支付、WebATM、Web 3.0、物联网、物流管理、小额付款、比特币、关键词广告、App 品牌营销、搜索引擎优化、微博营销、宅经济、大数据

（Big Data）、线下商务等。除了强调符合现代的电子商务知识外，对于如何提升电子商务的学习乐趣，并减少学习障碍，也是本书思考的重点。为了避免阅读上的不顺畅，在介绍各个主题时，会辅以图例或表格加以说明，并把握浅显易懂的写作原则，希望帮助读者快速且有信心地学习电子商务及网络营销相关的主题。

另外，在介绍各章主题后，安排了项目研究与分析，这部分内容中会特别针对各个章节的主题，继续探讨其他深入的主题或新技术，期望给读者增加更多的电子商务方面的崭新知识。同时，在各章中也加入了重点回顾，并安排了课后习题，方便老师布置作业或检验学习成果。因此，本书是一本非常适合作为电子商务与网络营销相关课程的教材。虽然本书校稿过程力求无误，但仍恐有疏漏，还望读者不吝指教！

编者

改编说明

这是一本介绍电子商务（e-Commerce）和网络营销（e-Marketing，或 Online Marketing）的综合性教科书。本书的内容既适合纯理工科背景的读者，也适合商务营销背景的读者。对有志于投身电子商务和网络营销的跨界人士，本书可以作为你的"助跑器"。

现今，"电子商务"和"网络营销"这两个词分开来谈论都极为热门，而把它们综合到一本书里娓娓道来，确实需要下一番工夫。

电子商务和网络营销既有区别又相互关联，电子商务的核心是电子化交易，强调交易方式和整个交易过程的各个环节，而网络营销是电子商务的产物，是以电子商务为基础的各种线上营销活动，重点在于电子商务交易中的各种宣传和推广。电子商务要获得持续的成功，必须实施网络营销。

本书的内容是围绕电子商务和网络营销这两个核心展开的，具体分为三部分。

第一部分是电子商务，主要包括电子商务的商业模式、架构和网络基础建设，企业电子化、协同商务和移动电子商务，电子商务交易的安全防范、支付方式与交易安全机制，电子商务网站建设与成效评估。

第二部分是网络营销，包括网络营销的方法和社交营销实践。

第三部分是涉及的法律，主要介绍电子商务的伦理和相关法律。

原书的编写背景是台湾地区的市场，其中的范例也有其局限性。为了使读者更能切身体会到身边发生的电子商务和网络营销，本书在保留原书主体结构的前提下，结合本地市场的电子商务和网络营销的情况，对原书内容进行了比较大的改动，有的篇幅甚至做了彻底增删，比如电子商务涉及的相关法律、关于谷歌（Google）搜索引擎的网络营销（替换成百度的网络营销）、Line营销（替换成微信营销）等。

赵军

2016年5月

目 录

第1章 电子商务导论 ... 1
1.1 电子商务的定义 ... 2
1.2 电子商务的特性 ... 3
1.2.1 全年全天候的商业模式 ... 3
1.2.2 全球化销售渠道 ... 4
1.2.3 双赢的实时互动服务 ... 5
1.2.4 创新技术的支持 ... 5
1.2.5 低成本与定制化销售的潮流 ... 6
1.3 电子商务的发展与演进 ... 8
1.3.1 第一阶段：电子资金转账期 ... 8
1.3.2 第二阶段：电子数据交换期 ... 8
1.3.3 第三阶段：在线服务阶段 ... 9
1.3.4 第四阶段：互联网的发展阶段 ... 10
1.3.5 第五阶段：万维网的发展阶段 ... 10
1.4 Web 新时代的演进 ... 13
1.4.1 Web 2.0 与 Web 3.0 ... 13
1.4.2 Web 2.0 应用工具 ... 13
1.5 云计算 ... 16
1.5.1 什么是云计算 ... 17
1.5.2 云计算的服务种类 ... 18
1.5.3 云计算的部署模型 ... 19
本章重点整理 ... 20
本章习题 ... 21

第2章 电子商务的商业模式 ... 22
2.1 企业对企业模式 ... 22
2.1.1 电子分销商 ... 24
2.1.2 电子采购商 ... 25
2.1.3 电子集市 ... 25
2.2 企业对客户模式 ... 28

2.2.1　门户网站 29
　　2.2.2　互联网内容提供商 29
　　2.2.3　在线中介商 31
　　2.2.4　在线零售商 33
　　2.2.5　网络服务提供商 33
　　2.2.6　在线社区提供商 34
　2.3　个人对个人模式 35
　2.4　消费者对企业模式 36
　2.5　企业对员工模式 38
　2.6　企业对政府模式 39
　2.7　民众对政府模式 40
　2.8　线上和线下结合的 O2O 模式 41
　本章重点整理 44
　本章习题 45

第 3 章　电子商务的架构与七流 46

　3.1　电子商务的架构 46
　　3.1.1　公共政策与技术标准 47
　　3.1.2　通用商业服务架构 48
　　3.1.3　消息和信息分发基础设施 48
　　3.1.4　多媒体内容和网络出版基础设施 49
　　3.1.5　网络基础设施 49
　3.2　电子商务应用 50
　　3.2.1　供应链管理 50
　　3.2.2　视频点播 50
　　3.2.3　网络银行 51
　　3.2.4　采购与购买 52
　　3.2.5　在线营销与广告 53
　　3.2.6　居家购物 53
　3.3　电子商务的七流 54
　　3.3.1　商流 55
　　3.3.2　现金流 55
　　3.3.3　物流 56
　　3.3.4　信息流 57
　　3.3.5　服务流 58
　　3.3.6　设计流 59
　　3.3.7　人才流 59

本章重点整理 61
　　本章习题 62

第4章 电子商务的网络基础建设 63

4.1 通信网络简介 63
4.1.1 通信网络规模 64
4.1.2 主从式网络与对等式网络 65
4.2 通信网络拓扑 66
4.2.1 星形拓扑 66
4.2.2 环形拓扑 67
4.2.3 总线拓扑 67
4.2.4 通信传输方向 68
4.2.5 数据传输交换技术 69
4.3 通信传输介质 70
4.3.1 双绞线 70
4.3.2 同轴电缆 70
4.3.3 光纤 71
4.3.4 红外线 71
4.3.5 无线电波 72
4.4 参考模型 73
4.5 通信协议简介 74
4.5.1 TCP 75
4.5.2 IP 75
4.5.3 UDP 75
4.6 互联网连接方式 75
4.6.1 传统电话拨号上网 76
4.6.2 ADSL 调制解调器 76
4.6.3 电缆调制解调器 76
4.6.4 专线上网 77
4.6.5 卫星直拨 77
4.6.6 光纤上网 78
4.7 互联网的热门服务功能 78
4.7.1 万维网 78
4.7.2 电子邮件 79
4.7.3 文件传输协议 80
4.7.4 电子公告牌系统 81
4.7.5 即时通信 81

本章重点整理 83
本章习题 85

第 5 章　企业电子化 86

5.1　企业 e 化简介 86
5.1.1　企业 e 化的范围 87
5.1.2　电子政务 88
5.2　业务流程重组 88
5.3　企业 e 化与信息系统的应用 90
5.3.1　信息系统特性 91
5.3.2　信息系统的规划 92
5.3.3　信息系统的开发 93
5.3.4　电子数据处理系统 95
5.3.5　管理信息系统 96
5.3.6　专家系统 97
5.3.7　策略信息系统 98
5.3.8　决策支持系统 100
5.3.9　主管信息系统 100
5.4　认识数据库 101
5.4.1　数据库管理系统简介 101
5.4.2　常见的数据库结构 102
本章重点整理 105
本章习题 106

第 6 章　协同商务应用与工具 107

6.1　企业资源计划 108
6.1.1　ERP 的定义 108
6.1.2　ERP 系统导入方式 109
6.2　供应链管理 110
6.2.1　供应链的类型 111
6.2.2　供应链运营参考模型 111
6.3　客户关系管理 113
6.3.1　CRM 的目标 113
6.3.2　客户关系管理系统 114
6.3.3　数据仓库与数据挖掘 115
6.4　知识管理 117
6.5　认识协同商务 117

本章重点整理 121
本章习题 123

第 7 章 无限可能的移动商务 124

7.1 移动商务简介 124
7.2 移动商务相关的基础建设 126
    7.2.1 无线广域网 126
    7.2.2 无线城域网 128
    7.2.3 无线局域网 129
    7.2.4 无线个人网络 131
7.3 认识移动设备 132
    7.3.1 笔记本电脑 132
    7.3.2 平板电脑 133
    7.3.3 掌上电脑 135
    7.3.4 智能手机 136
    7.3.5 可穿戴设备 137
7.4 移动设备的操作系统 137
    7.4.1 iOS 操作系统 138
    7.4.2 Android 操作系统 138
    7.4.3 Windows Phone 操作系统 139
7.5 移动设备在线服务平台 140
    7.5.1 App Store 141
    7.5.2 Google Play 和其他 Android App 网站 141
7.6 移动商务的创新应用 142
    7.6.1 移动信息服务 142
    7.6.2 无线射频识别技术 143
    7.6.3 二维码的应用 144
    7.6.4 无所不在的 NFC 145
本章重点整理 147
本章习题 148

第 8 章 网络安全防范 150

8.1 信息安全简介 150
8.2 认识网络安全 151
    8.2.1 黑客攻击 152
    8.2.2 网络窃听 152
    8.2.3 个人资料的滥用 152

8.3 漫谈计算机病毒 154
　　8.3.1 病毒感染途径 154
　　8.3.2 计算机中毒的征兆 155
　　8.3.3 常见的计算机病毒种类 155
　　8.3.4 防毒基本措施 158
8.4 认识数据加密 159
　　8.4.1 加密与解密 159
　　8.4.2 常用加密系统的介绍 160
　　8.4.3 数字签名 162
8.5 认识防火墙 163
　　8.5.1 IP 过滤型防火墙 163
　　8.5.2 代理服务器型防火墙 164
　　8.5.3 防火墙的漏洞 164
本章重点整理 165
本章习题 166

第 9 章　电子商务付款方式与交易安全机制 168

9.1 电子商务付费模式 168
　　9.1.1 线下支付 168
　　9.1.2 在线支付 169
9.2 移动支付的热潮 173
　　9.2.1 NFC 移动支付 174
　　9.2.2 二维码支付 175
9.3 电子商务交易的安全机制 176
　　9.3.1 SSL 协议 176
　　9.3.2 SET 协议 177
　　9.3.3 购物网店的安全评估和网站安全与可信认证 177
本章重点整理 180
本章习题 181

第 10 章　电子商务网站建设与成效评估 183

10.1 电子商务网站的架设 183
　　10.1.1 系统规划与分析阶段 184
　　10.1.2 设计与程序编写阶段 186
　　10.1.3 测试阶段 186
　　10.1.4 维护与宣传阶段 187
10.2 电子商务的架站方式 188

  10.2.1 虚拟主机 188
  10.2.2 主机托管 189
  10.2.3 自行架设与 osCommerce 简介 189
 10.3 网站开发工具简介 191
  10.3.1 静态网页与动态网页 191
  10.3.2 客户端网页语言 192
  10.3.3 服务器端网页语言 192
  10.3.4 超文本标记语言 193
  10.3.5 CSS 195
  10.3.6 DHTML 196
  10.3.7 CGI 197
  10.3.8 VBScript 与 JavaScript 198
  10.3.9 JSP 198
  10.3.10 ASP/ASP.NET 199
  10.3.11 PHP 199
  10.3.12 Java 200
 10.4 网站的绩效评估 201
  10.4.1 网站使用率 202
  10.4.2 财务获利 202
  10.4.3 交易安全 203
  10.4.4 品牌效应 203
 本章重点整理 204
 本章习题 205

第 11 章 认识网络营销   207

 11.1 网络营销的特性 208
  11.1.1 信息的实时互动与传递 208
  11.1.2 多媒体技术的应用 209
  11.1.3 精准可测量的营销成果 210
  11.1.4 全球化市场的长尾效应 210
  11.1.5 个性化消费潮流兴起 212
 11.2 4P 营销组合策略 213
  11.2.1 产品（Product） 214
  11.2.2 价格（Price） 216
  11.2.3 渠道（Place） 216
  11.2.4 促销（Promotion） 217
 11.3 4C 营销组合策略 218

11.3.1 顾客（Customer）..219
11.3.2 成本（Cost）..220
11.3.3 便利（Convenience）..220
11.3.4 沟通（Communication）...221
本章重点整理..224
本章习题..226

第 12 章 网络营销的方法 227

12.1 网络广告..227
12.1.1 横幅广告..228
12.1.2 按钮式广告与弹出式广告..228
12.1.3 电子化广告..229
12.1.4 关键词广告..231
12.1.5 登录门户网站..232
12.2 许可式营销..233
12.3 整合性营销..233
12.4 联盟营销..235
12.5 网络视频营销..235
12.6 App 品牌营销..236
本章重点整理..238
本章习题..239

第 13 章 社交营销实践 240

13.1 社交营销的特性..241
13.1.1 购买者与分享者的差异性..242
13.1.2 品牌建立的重要性..242
13.1.3 累进式的营销传染性..243
13.1.4 图片表达的优先性..244
13.2 博客营销..244
13.3 微博营销..246
13.4 视频博客营销..247
13.4.1 混合型视频网站的营销..247
13.4.2 微电影营销..249
13.5 微信营销..250
本章重点整理..253
本章习题..254

第 14 章 电子商务伦理与相关法律 ... 256

14.1 信息伦理与素养 ... 256
14.1.1 信息伦理的定义 ... 257
14.1.2 信息素养 ... 258
14.2 PAPA 理论 ... 258
14.2.1 信息隐私权 ... 259
14.2.2 信息精确性 ... 261
14.2.3 信息所有权 ... 262
14.2.4 信息使用权 ... 264
14.3 知识产权 ... 265
14.4 著作权 ... 266
14.4.1 著作人身权 ... 266
14.4.2 著作财产权 ... 266
14.4.3 著作权限制（合理使用原则） ... 267
14.4.4 电子签名法 ... 268
14.5 网络著作权 ... 269
14.5.1 网络流通软件介绍 ... 269
14.5.2 网站图片或文字 ... 270
14.5.3 超链接的问题 ... 270
14.5.4 电子邮件的转寄 ... 270
14.5.5 MP3 盛行的衍生问题 ... 271
14.5.6 P2P 软件侵权问题 ... 271
14.5.7 高速缓存与镜像问题 ... 272
14.5.8 暂时性复制 ... 272
14.5.9 侵入他人计算机 ... 273
本章重点整理 ... 275
本章习题 ... 276

第 15 章 电子商务的展望与未来 ... 278

15.1 电子商务的展望与未来方向 ... 278
15.1.1 移动商务与社区结合 ... 279
15.1.2 宅经济的流行风潮 ... 279
15.1.3 线上到线下商务模式的兴起 ... 281
15.1.4 智能家电整合的趋势 ... 282
15.2 大数据的革命 ... 283
15.2.1 认识大数据 ... 284
15.2.2 大数据的规模 ... 285

  15.2.3 Hadoop 技术简介 287
  15.2.4 大数据的应用愿景 288
本章重点整理 292
本章习题 294

附录 各章习题解答 295

第 1 章　电子商务导论

19 世纪时蒸汽机的发明带动了工业革命，在 21 世纪的今天，互联网的发展则带动了人类前所未有的知识经济与商业革命。从互联网应用于商业活动以来，它不但改变了企业的商业模式，也改变了大众的消费模式，以无国界、零时差的优势，提供了全年全天候的电子商务（Electronic Commerce，EC）服务，如图 1-1 所示。

电子商务成了互联网发展下所带动的新兴产业，也连带带动了新的交易观念与消费方式，使得消费者逐渐改变从传统实体商店购买的习惯，从而转变成通过便利与快速的互联网来购买商品，如图 1-2 所示。

图 1-1　电子商务加速了企业全球化营销的格局

图片来源：https://www.taobao.com/

图 1-2　通过电子商务模式，"小资"一族在网络上可直接购买商品

电子商务已经跃升为当今现代商业活动的主流，无论是传统产业还是新兴科技产业都深受电子商务这股潮流的影响。以台湾地区为例，台湾地区的产业历经了数十年的发展，产业结构逐渐转型，台湾地区的电子商务市场规模已经超越7000亿新台币，每年以20%成长，在两岸市场加速发展的趋势下，已经突破万亿新台币的产值！

1.1 电子商务的定义

在互联网迅速发展及电子商务日渐成熟的今日，人们已渐渐改变了购物和收集信息的方式，电子商务等于"电子"加上"商务"，主要是将供货商、经销商与零售商结合在一起，通过互联网提供订单、货物及账务的流动与管理，大量节省传统方式的时间和成本，从买方到卖方都受益匪浅，而网络就是促使这种商业转型的关键因素。

电子商务的定义分为广义和狭义两种。从广义的角度来看，电子商务是以网站为主体的线上虚拟商店，只要是通过计算机与互联网来进行电子化交易与营销的活动就都可以视为一种电子商务形态，当然还包括通过无线网络方式进行商品、服务或交易的行为。

从狭义的角度来看，电子商务是指在互联网上进行的交易行为。至于交易的目标物可能是实体的商品，例如在线购物、书籍销售，也可能是非实体的商品，例如广告、服务、远程教学、网络银行等。

对于电子商务的定义，不同学者有着不同的看法，百度百科的定义是："电子商务是以信息网络技术为手段，以商品交换为中心的商务活动；也可理解为在互联网（Internet）、企业内部网（Intranet）和增值网（Value Added Network，VAN）上以电子交易方式进行交易活动和相关服务的活动，是传统商业活动各环节的电子化、网络化、信息化。"美国学者卡纳科特（Kalakota）和温斯顿（Whinston）认为：所谓电子商务，是一种现代化的商业模式，就是指利用互联网进行购买、销售或交换产品与服务，并达到降低成本的目的。他们认为电子商务可从以下四个不同角度来共同定义，分别说明如下（参考图1-3）。

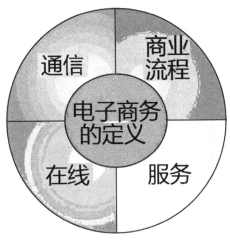

图1-3 电子商务定义中的四个角度

- 通信的角度：电子商务是利用电话线、网络、互联网或其他通信介质来传递信息、营销产品、提供服务以及进行支付。
- 商业流程的角度：电子商务是商业交易和工作流程自动化的科技应用。
- 在线的角度：电子商务提供在网络上进行在线交易与服务、购买与销售产品、信息咨询与服务等各种活动的能力。
- 服务的角度：电子商务可看成一种工具，用来满足企业、消费者与经营者的需求，同时降低运营成本、提高产品的质量以及提升服务响应的速度。

随着淘宝、京东、亚马逊书店、eBay 等的兴起，让许多人跌破眼镜，原来商品也可以在网络虚拟市场上销售，而且经营绩效优良。对业者而言，可让商品缩短营销渠道、降低运营成本，并随着互联网的延伸而实现全球化的销售。除了可以将全球消费者纳入商品的潜在客户群，也能够将品牌和形象的知名度大为提升。

1.2 电子商务的特性

电子商务不仅让现代企业开创了无限可能的商机，也让人类的生活更加便利，简单来说，就是在网络上做生意。特别是在强调以"客户关系管理"（Customer Relationship Management，CRM）为驱动的现代企业文化中，通过电子商务与网页技术，可以收集、分析、研究客户的各种最新、及时的信息，快速调整营销与产品策略。对于一个成功的电子商务模式，通常具备以下特性。

1.2.1 全年全天候的商业模式

网络商店最大的好处就是它和"7-11"连锁店一样是全年全天候的，通过构建与运营网站，可以全天候提供商品信息与交易服务，在任何时间和任何地点都可利用简单的工具上网从事交易活动，如图 1-4 所示。

图片来源：http://www.ford.com.cn　　　　图片来源：http://n11.iriver.co.kr

图 1-4　网站的多样化营销，内容呈现是吸引客户群的关键因素

通过构建与运营网站，厂商可随时根据买方的消费与浏览行为，实时调整或提供量身定做的信息或产品，卖方还可以主动在线响应服务请求与意见，因为整个交易信息转变成了数字化的形式，所以能更快速地集成上下游厂商的信息，及时处理电子数据交换，从而快速完成交易，这个过程取代了传统面对面的交易模式，如图1-5 所示。

1.2.2 全球化销售渠道

图 1-5　消费者可在任何时间和地点通过互联网消费

网络链接遍及世界各地，消费者可在任何时间和地点，通过互联网进入购物网站购买到各种各样的商品。

例如，VIPABC 是个相当知名的在线英语教学网站，用户并不一定要在某个时间与地点来收听这个节目，而是可以随时直接到网站上收听。VIPABC 课程覆盖面相当广泛，让用户可以通过网络跟全世界各地的老师学习英文，在虚拟的教室中，增加自己的口语能力，并且获得老师的立即响应。这个网站的首页如图 1-6 所示。

图片来源：http://www.vipabc.com/

图 1-6　在线英语教学网站 VIPABC

1.2.3 双赢的实时互动服务

网站提供了一个买卖双方可实时双向沟通的渠道，包括在线浏览、搜索、传输、付款、广告营销、电子邮件交流以及在线客服等。另外，还可以完整记录消费者个人资料和每次交易的信息，因此可以快速分析出消费者的喜好与消费模式，甚至可以反其道而行之，让消费者也参与厂商产品的设计与测试。例如网络拍卖是一种新兴的交易模式，结合了电子商务与传统拍卖所形成的在线商业模式，"淘宝"网利用网络技术强大的通信与实时能力，降低了拍卖过程中买卖双方互动的延迟，从而使交易过程能给出合理的产品价格，展示了互联网的实时互动性与快速响应能力。"淘宝"网站如图 1-7 所示。

图片来源：https://www.taobao.com/

图 1-7 "淘宝"网是最受欢迎的拍卖网站之一

1.2.4 创新技术的支持

互联网称得上是一个普及全球的商务虚拟世界，所有的网络用户都是商品的潜在客户。无论是宽带网络传输、多媒体网页展示、数据搜索、虚拟现实还是在线游戏等，这些创新的科技都是电子商务的利器，它们提升了信息在市场交易上的重要性与效率。这些新技术除了让用户感到新奇之外，还增加了用户在交易过程中的方便性和功能性，并持续带动网络技术的不断提升。

虚拟现实建模语言（Virtual Reality Modeling Language，VRML）的研发始于 20 世纪 90 年代初期，并一直持续到今天。VRML 是一种程序设计语言，使用它可以在网页上构造出一个 3D 的立体模型与立体空间。VRML 最大的特色在于它的互动性和实时响应的能力，让设计者或用户可以随心所欲地操作计算机来变换到任何的角度，从 360°的全方位来观看设计的作品。

例如，房屋营销公司所架设的网站中，可以让有意购房者使用虚拟现实的技术，以 360°全方位的方式来观看房子的内饰和外观，甚至可以观察到房内各种装潢的细节部分。如果是在实际的销售行为中，同样的看"样板间"的方式，购房者与销售人员都必须花费更多的时间成本才能达到这样的效果，如图 1-8 所示。

图片来源：全景中国公司为房屋营销公司制作的房屋虚拟现实场景

图 1-8 房屋营销公司的虚拟现实场景

1.2.5 低成本与定制化销售的潮流

定制化（Customization）是厂商根据不同顾客的特性而提供量身定做的产品与服务，消费者可在任何时间和地点，通过互联网进入购物网站购买到各种样式的个性化商品。

例如，"当当"网络书店的核心业务就是销售各类图书，网络书店的顾客是所有通过网络购买图书的人群，"当当"的顾客可以根据个人需求随时随地上网搜集书目和出版信息，还能以一般实体书店无法提供的打折价格买到自己需要的书。图 1-9 为"当当"网络书店的网站首页。

图片来源：http://book.dangdang.com/

图 1-9　"当当"网络书店

3D 打印技术是制造业领域正在迅速发展的一种快速成型技术，不仅能将天马行空的设计呈现于眼前，还可快速生成设计模型，制造出各种各样的生活用品；不仅可以减少开模耗费的时间与成本，还可以解决因为不符成本而无法提供定制化服务的困难，更促进了硬件领域的大量定制化（Mass Customization）服务的兴起。

近年来，随着 3D 打印技术（3D printing）的普及，已大幅降低了产业研发创新的成本，预期结合电子商务、文创设计及 3D 打印的跨界增值应用将会不断涌现。中国国内的"3D 记梦馆"就是典型的将 3D 打印技术结合电子商务的网站（见图 1-10）。它提供了 3D 打印和 3D 定制服务，鼓励创业者加盟开设 3D 打印实体店。"3D 记梦馆"是一个不错的 3D 打印在线平台，它实现了电子商务、3D 打印加盟以及 3D 打印服务的跨界增值应用。目前 3D 打印已可应用于珠宝、汽车、航天、工业设计、建筑和医材领域，这股热潮必将引发全球性的商务与制造革命。

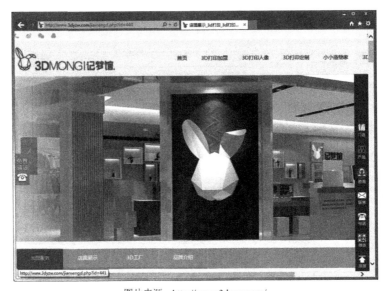

图片来源:http://www.3dyzw.com/

图 1-10 "3D 记梦馆"是中国国内的一家 3D 打印在线平台

1.3 电子商务的发展与演进

在 20 世纪末期,计算机的平价化、操作系统操作的简单化、互联网兴起等种种因素综合起来,共同推动了电子商务的盛行,一时之间许多投资者纷纷涌入网络这个虚拟的世界中。在过去的数十年间,电子商务的发展发生了很大的变化。美国学者 Kalakota 和 Whinston(1997)将电子商务的发展分为五个阶段。

1.3.1 第一阶段:电子资金转账期

从技术的角度来看,人类利用电子通信的方式进行贸易活动已有几十年的历史了。早期电子商务只是利用电子化的手段,将商业买卖活动简化,从传统企业内部利用"电子数据处理系统"(Electronic Data Processing System,EDPS)来支持企业或组织内部的基层管理与运营部门,让原本属于人工处理的操作转化为自动化操作,进而提高工作效率、降低运营成本。到了 20 世纪 70 年代,银行之间引进了私有的网络,以进行电子资金转账(Electronic Funds Transfer,EFT)的操作,如转账、ATM,将支付的相关信息电子化以改进金融市场的效率。

1.3.2 第二阶段:电子数据交换期

"电子数据交换"(Electronic Data Interchange,EDI)标准起源于大型企业与制造商之间的信息交换,是为了降低使用以纸为记录介质的采购和存货管理流程而发展出来的。EDI是将业务文件按一个公认的标准从一台计算机传输到另一台计算机的电子传输方法,如果能使一份电子文件为不同国家、企业、归属的办公室共同接受,那么自然人工交换这些纸质文件的花费就可以消弭于无形。

后来随着 EDI 的渐渐流行,大幅减少了"企业与企业间"或"办公室与办公室间"的数据交换和数据格式转换问题,于是提高了协调客户与供货商或办公室各单位间的生产力。到了 20 世纪 70 年代晚期至 20 世纪 80 年代初期,电子数据交换与电子邮件的电子信息交换技术发展出更多方式,如采购单、出货单、商品的电子目录和样册等。EDI 与上下游企业的运作模式如图 1-11 所示。

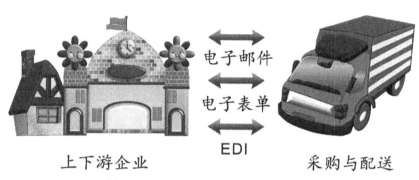

图 1-11 EDI 与上下游企业的运作模式

1.3.3 第三阶段:在线服务阶段

20 世纪 80 年代中期,企业开始以在线服务的方式为顾客提供不同的互动沟通模式,例如聊天室、新闻组、文件传送协议(File Transfer Protocol,FTP)、BBS 等。人们可以借助全球网络开始进行远程的沟通、信息存取与交换,产生虚拟社区的初步概念并造就出地球村的梦想概念,如图 1-12 所示。

图 1-12 网络地球村的雏形开始成形

1.3.4 第四阶段：互联网的发展阶段

在 20 世纪 80 年代晚期到 20 世纪 90 年代初期，电子化信息的技术转化成工作流程管理系统或网络计算机工作系统，节省了员工在工作流程上所花费的时间，这已经接近"办公室自动化"（Office Automation，OA）的雏形，就是利用计算机与网络通信设备的协助，提高办公室内的整体生产力，进而促使书面工作与纸张大量减少，比如文字处理、会计处理、文件管理或沟通协调的书面工作，如图 1-13 所示。

图 1-13 办公室自动化的成熟阶段

1.3.5 第五阶段：万维网的发展阶段

在 20 世纪 90 年代出现在互联网上的万维网（World Wide Web，WWW，运作模式见图 1-14）是一个至关重要的突破，又简称为 Web。一般将 WWW 念成"Triple W"、"W3"或"3W"。Web 可以说是目前互联网上最流行的一种新兴工具，Web 让互联网原本生硬的文字界面变为由声音、文字、影像、图片及动画组成的互动界面。WWW 的出现成为电子商务发展的转折点。WWW 让电子商务能以较低成本进行，并且累积成一定的经济规模，从而创造了如今众多新兴类型的电子商务机会。图 1-15 为京东网上商城的首页。

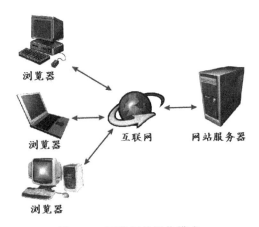

图 1-14 万维网的运作模式

第 1 章 电子商务导论

图片来源：http://www.jd.com/

图 1-15　万维网上充斥着数以亿计的网站

当电子商务进入了万维网的发展阶段，很快就掀起一股电子商务的热潮，从美国延烧到亚洲，一时之间，.com 公司纷纷成立，传统企业也大幅度地投入到电子商务的快车中，设立了各种商务网站。电子商务市场的发展初期，不少网络公司是以"市梦率"的思考方式来经营电子商务的：公司网站只要挂上个.com 的域名，资金自然就滚滚而来。这样当然产生了许多为人深思的盲点，为了让大家能更加清晰地展望电子商务的未来，现将这些盲点讨论如下。

- 在线广告是个大金矿？

由于网络具有全球化的特性，而客户可以来自全世界的每一个角落，因此电子商务的经营者相信要掌握电子商务的获利来源，首要的就是先稳定客户群，在当时则称之为"社区"、"网民"或者"上网族"。电子商务经营者相信，先建立大量的网络社区，并在每个社区拥有大量的用户，日后就可以向这些用户进行各种商业营销活动，或设置可以收取一定的用户管理费。

- 烧不完的钱？

网络的特质之一就是信息流动非常快速，不过用户忠诚度的改变也很迅速，要抓住大量用户最快的方式，无非就是免费服务。于是所有的电子商务经营者对用户纷纷推出免费的服务，例如免费电子邮件、网页空间、网络硬盘、在线资源等（见图 1-16），目的就是吸引大量的用户参与，但是如何从用户身上获得商业利益，或是通过其他途径创造盈收以及获利的模式都尚未可知，而免费服务又是个急速消耗资金的无底洞。

图 1-16　过去网络上所有的服务都是免费的

- 梦幻的获利曲线？

过去的电子商务经营者深信着一个曲线，这个曲线的意义在于说明网络社区人数的多少相对于获利的关系。该曲线起初是一个十分平缓上升的曲线，说明在累积社区人群的同时，必定是处于亏损的状态，但在社区人群累积到一定的量之后，就会以超越指数的方式急速上升，获利当然也就随着急速上扬，如图 1-17 所示。

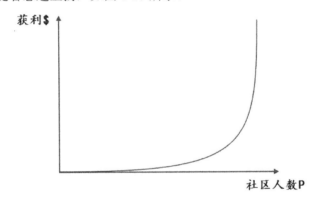

图 1-17　社区人群与获利的关系图

许多电子商务的书都会提到这条曲线，然而并没有人知道社区的人数应该累积到什么程度才会出现盈利的拐点，很多等不及的经营者没到拐点就开始向用户发送大量的广告，这使得用户非常反感，因为到处充斥着电子邮件广告、网站弹出广告，阻挡了用户的视线。

虽然还看不到美好的获利前景，但是许多数据加深了电子商务经营者的信念，全球个人计算机的数量、上网的人口、网站会员的数量等都在持续地增加，这一切使得许多人认为金矿就在前方不远处。许多人心中对那条曲线深信不疑，因此不断地增加投资，网络概念股的股价也不断地飙升，使得这类股票的市盈率偏离正常的范围，许多财务分析者开始提出警示信息，不正常的市盈率表明已经开始显示网络概念股股价泡沫化的迹象。

20 世纪末到 21 世纪初，全球经济开始陷入不景气的状况，首当其冲的就是网络电子商务这个大泡沫。在获利来源不稳定、投入资金又已消耗殆尽的情况下，网络经济开始全面崩盘。时至今日，经过了 2000 年的网络泡沫，目前经营稳健而生存下来的电子商务公司，其成功关键因素多半在于技术、经济与管理流程上都有良好的规划与执行力。

1.4 Web 新时代的演进

Web 的出现是带动电子商务蓬勃发展的重要因素。在 Web 1.0 时代，受限于网络带宽及计算机的配备，可传输的数据容量较小，大多数网站数据为静态网页。WWW 的网站内容是由网络内容提供商所提供，只有简单下载、浏览与查询的模式。例如，当我们到某个门户网站去看新闻与查询资料时，用户只能乖乖被动接受，有点像填鸭式的教育，用户不能输入或修改网站上的任何资料。

1.4.1 Web 2.0 与 Web 3.0

Web 2.0 一词的来源始于知名出版商 O'Reilly Media，强调大部分应用程序都可以通过浏览器来运行，也就是说网络为其运行的平台，并鼓励用户在使用它的同时能积极参与内容的提供。加上这个时期使用了宽带和较高级的计算机系统，故容许运行网络传输量较大的应用，网络业者只提供一个分享的平台，并向着应用群体智能化的趋势发展，其重要精神在于鼓励用户的参与，让用户可以参与网站平台上内容的制作和提供，例如编写"博客"、上传照片到网页相册等。

台湾地区 PChome Online 网络家庭的董事长詹宏志认为 Web 2.0 并非替代 Web 1.0，并以一个相当明确的比喻说明了 Web 1.0 和 Web 2.0 两者之间的主要差异——如果说在 Web 1.0 时代，网络的使用是下载与阅读，那么在 Web 2.0 时代，网络的使用则是上传与分享。简单来说，在 Web 2.0 时代，网络上的一切内容和服务都将改由网络用户来决定。在这股"从下而上"的精神下，出现了许多炙手可热的网络新平台，特别值得一提的就是维基百科的兴起与"博客"的流行。

未来 Web 3.0 的精神就是网站与内容都由用户提供，每台计算机就是一台服务器，网络等于包办了一切工作。Web 3.0 的最大价值不再是提供信息，而是建造一个更加人性化且具备智能功能的网站，并能针对不同的需求与问题，交由网络来提供一个完整的解决方案。

1.4.2 Web 2.0 应用工具

当前已经进入了 Web 2.0 的时代，已彻底改变了现代人工作、休闲、学习、表达想法以及花钱的方式。Web 的发展就像婴儿一般，睡一觉长一寸。从最早期的 Web 1.0 时代到当前正在迈入 Web 3.0 时代，每个阶段都有其典型特征、意义与功能。随着 Web 的不断进步，对人类生活与网络文明创新的影响也越来越大。接下来我们将介绍几个当前最火红的 Web 2.0 应用工具。

- 维基百科和百度百科

在著作权的声明上打破传统的惯例，只要符合维基网站的需要与规范，任何人都可以在维基上编写新的词条，或者编辑、修改已经存在的词条。也就是说，其核心思想是希望以共同创作的方法，让所有人一起来建立与更新网站的知识库文件。维基网站提供了一种共同创作（Collaborative）的氛围，因此非常适用于各个团队来建立和共享其特定领域的知识。

最早提出这一核心思想并付诸实践的是WiKi（维基）组织，维基百科（Wikipedia，WP）就是使用WiKi系统的一个非常典型的例子。所谓的维基百科，是一种全世界范围的内容开放的百科全书协作计划。这个计划的主要目标是希望世界各地的人以他们所选择的语言完成一部开放和免费的百科全书（Encyclopedia）。在维基百科中提供了超过250种语言的版本，也不限定编辑者的身份和资格，任何人都可以把其本身的专业知识加入到网站中，让这个知识百科随时都维持在最新的状态。于是广大普通用户就可以从维基百科中找到所需要的知识内容。

百度公司作为最大的中文搜索引擎公司，为了提供一个中文的百科全书，推出了百度百科。图1-18即为百度百科网站的首页。

图片来源：http://baike.baidu.com/

图1-18 百度百科网站提供了多人共同创作的平台

- "博客"与RSS

"博客"又称为Blog，是一种新兴的网络创作与出版平台，用户不需要了解太多程序设计语言，就可以轻易架设与维护，内容可以是个人日志、旅游记事、随想杂记或文章发表……例如，新浪博客是一个可以提供日记、网志、相册、影音的网站平台，如图1-19所示。

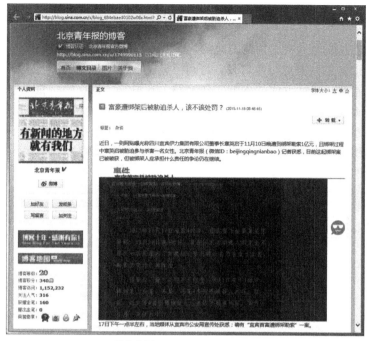

图片来源：http://blog.sina.com.cn/

图 1-19　新浪的"博客"网站

网络简易信息聚合系统（RSS，或称为聚合内容）是可让网友根据自己的兴趣与喜好将网页最新信息以及头条新闻同步发送至订阅者的一种新系统。它通过 XML（eXtensible Markup Language）来显示信息，比如在某个网页发现 RSS 标签时，提供读者订阅 RSS，就表示可以通过 RSS 推送技术来实时获取该网站最新发布的信息。早期主要是"博客"网站用来提供最新的博客信息，后来许多新闻网站也开始借助此技术来传送新闻信息。图 1-20 即为网易 RSS 订阅中心页面。

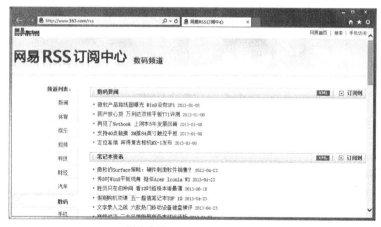

图片来源：http://www.163.com/

图 1-20　在网易 RSS 订阅中心可以订阅各类新闻

- 网络搜索好帮手——百度

想要从浩瀚的互联网上快速且精确地找到需要的信息，门户网站是进入 WWW 的首站。门户网站通常会提供各种丰富的搜索服务与网站导航链接功能，其中"搜索引擎"便是各个门户网站的最好帮手，诸如百度、谷歌、新浪网、搜狐等。百度的宗旨是坚持做最好的中文搜索，做全球最大的中文搜索引擎，不断推出以中文搜索引擎为核心的创新产品，比如百度地图、百度云、百度百科、百度网盘等。在百度中的"我的关注" 就可用于定制自己的百度网页。用户可以将网络上的新闻、股票、视频、音乐和各种内容加入"我的关注"。图 1-21 就是个性化百度网页的一种外观。

图片来源：http://www.baidu.com/
图 1-21 定制化的百度首页

1.5 云计算

随着网络技术的发展和网络带宽的提升，云计算（Cloud Computing）已经被视为下一波电子商务与网络科技结合的重要商机，或者可以看成是将运算能力提供出来作为一种服务的商机。云计算时代将大幅加速电子商务市场的发展，预计到 2017 年全球 B2C 电子商务市场规模将向上飙升到 2.35 万亿美元。"云"其实就是泛指"网络"，表示无穷无尽的网络资源，代表了庞大的运算能力。云计算所带来的商机，吸引着 Google、Microsoft、Apple 等科技大公司都迈入云计算领域，未来将有更多的企业将其运营所需的功能移到"云"上来。

1.5.1 什么是云计算

云计算是一种计算机运算的概念。云计算可以让网络上不同的计算机以一种分布式计算的方式同时帮用户处理数据或进行运算。简单来说，云计算就是所有的数据全部放到网络上处理。在百度百科找到的更完整的定义为：云计算是一种按使用量付费的模式，这种模式提供可用的、便捷的、按需的网络访问，进入可配置的计算资源共享池（资源包括网络、服务器、存储、应用软件、服务），这些资源能够被快速提供，只需投入很少的管理工作，或与服务供应商进行很少的交互。

在"搜索引擎"输入关键词进行查询时，可以取得大量的信息，这就是一种云计算技术。又如：云计算概念的办公应用软件，可以将编辑好的文件、电子表格或简报等文件直接存储在网络硬盘空间中，即便用户不是在自己的计算机上，只要连上网络，就可在"云"空间进行文件的存储、编辑与共享。

将文件存储在云上还有另外一个好处，那就是你可以从任何联网的且安装了标准浏览器的计算机上随时随地更改和存取文件，也可以邀请其他人一起共同编辑内容。在网络的世界中，Google 的云计算平台最为先进与完备，所提供的应用软件包罗万象，统称 Google Apps，真正实现了用户可以在任何能够访问网络的地方连接所需要的云计算服务。

在云计算架构中，服务器并不会在乎用户使用的计算机是否具有优秀的运算能力，用户只需要上网登录到 Google Docs，就可以具备像购买一套昂贵办公软件所拥有的类似功能。Google 公司所提出的云端 Office 软件概念称为 Google 文档软件（Google Docs），可以让用户以免费的方式，通过浏览器和云计算编辑文件、电子表格以及简报。Google Apps 网页界面如图 1-22 所示。

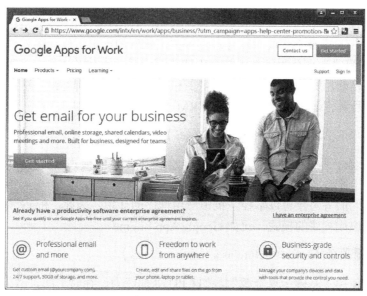

图片来源：http://www.google.com/

图 1-22　Google 应用服务可以缩减 IT 成本

1.5.2 云计算的服务种类

电子商务早已是企业运营中重要的一环。网络商店全年全天候不打烊，24小时不间断地为企业带来收益。规模大的电子商务需要运用庞大的云计算系统，而云计算的崛起顺应了这种需求，它将大幅改变产业生态价值链与电子商务平台的架构。（云计算的服务种类见图1-23。）

图 1-23 云计算的服务种类

根据美国国家标准和技术研究院（National Institute of Standards and Technology，NIST）对云计算的定义，明确了云计算的3种服务模式。

1. 软件即服务（Software as a Service，SaaS）

SaaS 是软件服务提供商通过互联网提供软件的一种模式，用户根据自己的需要租借基于 Web 的软件，而用户本身不需要对软件进行维护，软件的维护工作交由软件服务提供商全权处理。这种 SaaS 模式为小企业省去了花大价钱购买大量软件包的费用，以租赁的方式获得软件的使用和服务，费用则按使用软件服务多少和时间长短向厂商支付。这种模式比较常见的就是提供一组账号和密码，比如 Microsoft CRM。

2. 平台即服务（Platform as a Service，PaaS）

PaaS 是把服务器平台作为一种服务提供给 IT 开发人员的模式，公司的研发人员可以编写自己的程序代码于平台（即 PaaS 提供商上传的接口或 API 服务），再于网络上为消费者提供服务。这种模式的服务对象可以掌控主机中应用程序的环境。因此，PaaS 为研发人员提供了一种更有效开发应用程序的模式，比如 Google App Engine。

3. 基础设施即服务（Infrastructure as a Service，IaaS）

消费者可以使用"基础运算资源"，如 CPU 处理能力、存储空间、网络组件或中间件。例如，Amazon.com 通过主机托管和提供开发环境的服务，提供 IaaS 的服务项目。通过这种主机托管的形式，消费者能掌控操作系统、存储空间、已部署的应用程序及网络组件（如防火墙、负载均衡器等),但并不掌控云计算的基础设施。能提供基础设施服务的公司,国外的有 Google、IBM、Amazon.com、VMware 等,国内的有华胜天成、阿里巴巴、世纪互联等。

1.5.3 云计算的部署模型

至于云计算的部署模型主要有下面 4 种。

1. 公有云(Public Cloud)

公有云是通过网络和第三方服务提供商来提供的,提供一般公众或大型产业集体使用的云计算基础设施。通常公有云价格较低廉,不过这并不表示用户数据可供任何人查看。如果客户有能力部署和使用云计算服务,就使用公有云作为企业的解决方案,相对而言成本效益更好些。

2. 私有云(Private Cloud)

根据维基百科的定义:"私有云是将云计算的基础设施与软硬件资源建立在防火墙内,以供机构或企业共享数据中心内的资源。"私有云和公有云一样,都能为企业提供弹性的服务,而最大的不同在于,私有云服务的数据与程序都在组织内管理,也就是说,私有云是一种完全为特定组织构建的云计算基础设施。另外,相比公有云而言,私有云服务让用户更能掌控云计算的基础架构,同时也较少会有网络带宽的限制和安全的疑虑。

3. 社区云(Community Cloud)

社区云是由有共同的任务或安全需求的特定社区共享的云计算基础设施。所有的社区成员共同使用云计算环境中的数据和应用程序。社区云管理者可以是组织本身,也可以是第三方。

4. 混合云(Hybrid Cloud)

混合云结合公有云和私有云。在这个模式中,用户通常将企业的非关键信息直接在公有云上处理,但企业的关键服务和数据则以私有云的方式来处理。

项目研究与分析 六度分割理论(Six Degrees of Separation,SDS)

社交网络服务(Social Networking Service,SNS)是 Web 2.0 体系下的一个技术应用架构,主要作用是为一群拥有相同兴趣与活动的人建立在线社区。这类服务往往是基于互联网,为用户提供各种联系、交流的互动渠道。从内涵上讲,就是社会型网络小区,即社交关系的网络化。图 1-24 即为中国最大的明星粉丝社交网站界面。

图片来源 http://www.pengpeng.com/

图 1-24　碰碰明星网是中国最大的明星粉丝社交网站

SNS 的原理就是基于哈佛大学心理学教授米尔格蓝（Stanely Milgram）所提出的"六度分割理论"（也叫小世界理论）的，就是说在人际网络中，要结识任何一位陌生的朋友，中间最多只要通过六个朋友就可以。换句话说，最多只要通过六个人，你就可以连接到全世界任何一个人。例如，像 Facebook 类型的 SNS 网络社区就是六度分割理论的最好证明。

美国影星威尔史密斯曾演过一部电影《6 度分割》，剧情描述的是威尔史密斯为了想要实践六度分割的理论而去偷了朋友的电话簿，并进行冒充的活动。简单来说，这个世界事实上是紧密相连的，只是人们察觉不出来，地球就像 6 人的小世界，假如你想认识美国总统奥巴马，只要找到正确的 6 个人，就能建立联系。随着全球的网络化与信息化，我们可以预测这个数字还会不断下降，根据最近 Facebook 与米兰大学所做的一项研究，六度分割理论已经走入历史，现在是"四度分割理论"了。

本章重点整理

- 从广义的角度来看，电子商务是以网站为主体的线上虚拟商店，只要是通过计算机与互联网来进行电子化交易与营销的活动就都可以视为一种电子商务形态。
- "电子数据处理系统"（Electronic Data Processing System，EDPS）主要用来支持企业或组织内部的基层管理与运营部门，让原本属于人工处理的操作转化为自动化操作，进而提高工作效率与降低运营成本。
- "电子数据交换标准"（Electronic Data Interchange，EDI）起源于大型企业与制造商之间信息的交换，是为了降低使用以纸为记录介质的采购和存货管理流程而发展出来的。

- Web 可以说是目前互联网上最流行的一种新兴工具,让互联网原本生硬的文字界面变为由声音、文字、影像、图片及动画组成的互动界面。WWW 的出现成为电子商务发展的转折点。
- Web 2.0 一词的来源始于知名出版商 O'Reilly Media,强调大部分应用程序都可以通过浏览器来运行,也就是说网络为其运行的平台,并鼓励用户在使用它的同时能积极参与内容的提供。
- Web 3.0 的最大价值不再是提供信息,而是构筑一个更加人性化且具备智能功能的网站,并能针对不同的需求与问题,交由网络来提供一个完整的解决方案。
- 维基百科系统的核心思想是希望以共同创作的方法,提供众人建立与更新网站的知识库文件。
- 网络简易信息聚合系统(RSS,或称为聚合内容)是可让网友根据自己的兴趣与喜好,将网页最新信息以及头条新闻同步发送至订阅者的一种新系统。它通过 XML(eXtensible Markup Language)来显示信息。
- "云"其实就是泛指"网络",表示无穷无尽的网络资源,代表了庞大的运算能力。
- 云计算是一种计算机运算的概念。云计算可以让网络上不同的计算机以一种分布式计算的方式同时帮用户处理数据或进行运算。简单来说,云计算就是所有的数据全部放到网络上处理。
- 公有云是通过网络和第三方服务提供商来提供的,提供一般公众或大型产业集体使用的云计算基础设施。通常公有云价格较低廉。
- SNS 的原理就是基于哈佛大学心理学教授米尔格蓝(Stanely Milgram)所提出的"六度分割理论"的,就是说在人际网络中,要结识任何一位陌生的朋友,中间最多只要通过六个朋友就可以。

本章习题

1. Kalakota 和 Whinston 认为电子商务可从哪四个不同角度来定义?
2. Kalakota 和 Whinston(1997)把电子商务的发展分为哪五个阶段?
3. 请简述 Web 3.0 的精神。
4. 请说明维基百科的目的。
5. 试说明 Web 2.0 与 Web 1.0 的意义与差别。
6. 什么是网络简易信息聚合系统?
7. 请简述云计算。
8. 美国国家标准和技术研究院的云计算明确定义了哪三种服务模式?
9. 请简述私有云。
10. 什么是"六度分割理论"?

第 2 章　电子商务的商业模式

商业模式（Business Model）是指一个企业从事某一领域经营的市场定位和赢利目标，主要是企业用来从市场上获得利润，是整个商业计划的核心，商业模式会随着时间的演进与实践而有所不同。电子商务在互联网上的商业模式极为广泛，无论是有形的实体商品或无形的信息服务，都可能成为电子商务的交易目标。

电子商务确实正在改变人们长久以来的消费习惯与企业的经营形态。所谓电子商务的商业模式，就是指企业电子商务（e-business）如何运用信息科技与互联网来经营企业的模式。本章中将介绍按交易双方不同而区分的几种类型的电子商务模式。

2.1　企业对企业模式

企业对企业模式（Business-to-Business，B2B）是指企业与企业之间通过互联网，集成上下游企业之间的交易信息，包括所有原料、价格、厂商等信息，以及存货管理、客户服务、竞标流程等，都可以在此采购平台上完成，并按照固定合同条款和商业规则进行沟通与交易。

早期电子商务怀着工业时代的心态，着重于价值驱动，讲究的是价格、成本控制、库存效率等。例如，中国传统对外贸易的业者推出了新款的产品后，多是以邮寄产品样册或通过到世界各地参展来寻找买家。如今则是通过 B2B 网络营销让实体产品以虚拟化的方式在网上呈现给潜在客户，随后发生真实的交易行为，而不必一定与客户面对面，这样大幅缩短了耗时的参展、采购和营销的成本，进而提升了企业的竞争力，突显了 B2B 的重要性。图 2-1 就是大名鼎鼎的在 B2B 方面领先的厂商阿里巴巴网站。

B2B 商业模式参与的双方都是企业，特点是订单数量和金额较大，最简单的方式就是常见的供应链模式，适用于有长期合作关系的上下游厂商，且需要经常交换信息，如库存、采购订单、发票等，达到缩短并自动化"供应链"与"销售链"的目标。图 2-2 是戴尔公司的计算机销售网站。

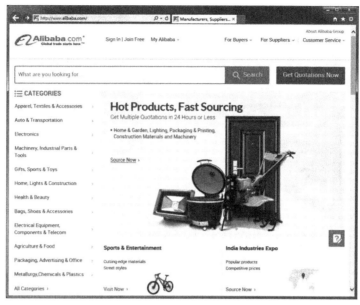

图片来源：http://www.alibaba.com/

图 2-1　阿里巴巴的 B2B 网络营销平台

图片来源：http://www.dell.com.cn/

图 2-2　戴尔（Dell）计算机网站属于供应链模式

以 B2B 电子商务中相当热门的一个领域——应用服务提供商（Application Service Provider，ASP）为例，有别于传统企业那样需在企业内部投入金钱与时间建立和设置各种应用软件，企业只要可以通过互联网或专线，以租赁的方式向提供应用软件服务的提供商承租，仅需固定支付租金，即可迅速导入所需的应用软件系统并享有更新升级的服务。图 2-3 为知名的 ASP 软件服务公司东云创达的网站首页。

图片来源：http://www.insaas.com/

图 2-3 中国知名的 ASP 软件服务公司东云创达

目前 B2B 的主要模式还是以电子类的市场为主流，这个市场会引来数千家分散的提供商与许多产业商品的主要购买者接触，买卖双方都可在电子市场网站进行交易。通常又可分为三种常见类型。

2.1.1 电子分销商

电子分销商（e-Distribution）是最普遍也最容易了解的网络"集市"，将数千家供货商的产品汇集到在线的产品电子样册，一个销售商服务多家企业，主要优点是销售商可以为大量的客户提供更好的服务，将数千家供货商的产品汇集到统一的电子样册中。顾客有需求时，可以从产品的电子样册中订购产品，并在网站上一次购足所需的商品，相当便利，不必再浏览其他网站。电子分销商再根据分销的商品收取费用。图 2-4 是国内大型分销商京东（京东是 B2B 和 B2C 的混合模式）的网站首页。

图片来源：http://www.jd.com/

图 2-4 京东网站是属于大型电子分销商的一种

2.1.2 电子采购商

电子采购商（e-Procurement）是拥有许多在线供货商的独立的第三方中介，因为在产品样册中会同时包含相互竞争的供货商和电子分销商，主要优点是可以通过卖方的竞标，达到降低价格的目的，有利于买方来压低价格。电子采购商不仅提供了厂商或货品信息，还提供了现金流与物流服务。企业可以直接通过物流服务在网络平台上查询货品的处理与运送情况，为在线的买卖双方提供交易的平台，借此赚取市场中介服务费。例如，Ariba 网站就是相当成功的电子采购商（见图 2-5）。它提供了网络产品目录，以此来联系采购商与供货商，并且汇集了在线采购的分类目录、运送、担保及金融等方面的软件来协助供货商销售产品给大型采购商。

图片来源：http://www.ariba.com/

图 2-5 Ariba 是全美相当知名的电子采购商

2.1.3 电子集市

电子集市（e-MarketPlace，或称为电子交易市场）在全球电子商务发展中所扮演的角色日趋重要，改变了传统商场的交易模式，是通过网络与信息科技辅助所形成的虚拟"集市"。电子集市是一个网络的交易平台，具有能汇集买家与供货商的功能，其实就是一个市场，各种买卖都在这里进行。目前企业对于电子集市的要求早已从简单的产品目录（样册）和交易撮合服务演变成整体供应链效率的提升。图 2-6 是在中国 B2B 排名前列的另外一家公司的网站（慧聪网）首页。

图片来源：http://www.hc360.com/

图 2-6 慧聪网是中国领先的内贸 B2B 电子商务运营商之一

电子集市在全球电子商务发展中所扮演的角色日趋重要，这种模式会引来数千家分散的供货商与许多产业商品的主要购买者互相接触，电子集市能够提供买卖双方的交易环境与场所，扮演一个中间人的角色，促使信息、产品及服务交换来创造经济的价值，被称为多对多市场，一般来说，通常电子集市又可分为以下两种。

- 水平式电子集市（Horizontal Market）

水平式电子集市的产品是跨产业领域的，可以满足不同产业的客户需求。此类网络交易的商品都是一些具标准化流程与服务性的商品，同时也不需要特别的产业专业知识用于销售与服务，可以经由电子集市进行统一采购，让所有企业对非专业的共同业务进行采买或交易。

在 1998 年底推出的阿里巴巴（Alibaba）（http://china.alibaba.com/）网站是目前全球 B2B 最著名的电子集市，成立之初就是针对中国市场缺乏完善的物流和配送制度的缺点，定位为国际贸易的电子集市。阿里巴巴成功地帮助了中国的中小企业设立网络信息平台，让国外采购商在安全又公开的环境下搜索商品与制造商的信息。阿里巴巴集团于 2014 年 9 月 19 日以"BABA"为股票代码，正式在美国纽约证交所上市，阿里巴巴当时的市值仅次于谷歌，成为全球第二大的企业集团。阿里巴巴网站如图 2-7 所示。

图片来源：http://www.1688.com/

图 2-7　阿里巴巴是大中华圈相当知名的水平式电子交易网站

- 垂直式电子集市（Vertical Market）

垂直式电子集市主要在于"去中介化"（Disintermediation）。不同于提供企业一般需求的水平式电子集市，垂直式电子集市是着重于一种特定的行业进行物料买卖而设的网络市场，必须具有该行业的专业知识，扩大卖方接触的广度，让价格透明，多半由各行业的领导者或行业公会以投资公司的形式来建立。图 2-8 是中国为全球市场建立的纺织行业的网站，截图为网站的中文版。

图片来源：http://www.tnc.com.cn/

图 2-8　纺织行业的电子集市

2.2 企业对客户模式

企业对客户模式（Business-to-Customer，B2C，或简称"商对客模式"）是企业直接以消费者为交易对象（见图 2-9），并通过互联网提供商品、订购及配送服务。这也是一般人最熟悉的电子商务模式。它的商品种类包括从日常生活中的书籍到实时的金融交易（股票买卖）等。B2C 还提供充足的信息与便利的操作界面，吸引网络消费者选购。这样的概念汇集了广告、信息获取、现金流及物流，以达到直接将销售的商品送达消费者的最终目标。图 2-10 所示的"当当"网络书店就是典型的 B2C 网站。

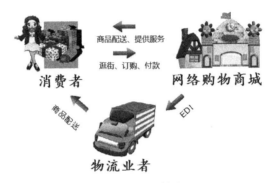

图 2-9　B2C 模式

图片来源：http://book.dangdang.com/

图 2-10　当当网络书店就是最典型的 B2C 网站

B2C 商业模式是顾客直接与商家接触,又称为"消费类电子商务",是电子商务中最常见的商业模式。这种形式的电子商务一般以网络零售业为主,以下介绍几种常见的 B2C 网站模式。

2.2.1 门户网站

门户网站(Portal)是进入 WWW 的首站或中心点。它开放各种类型的信息给用户,并提供丰富、个性化的服务与网站导航链接功能。当用户连上门户网站的首页时,可以根据分类选项前往用户自己要浏览的网站。门户网站同时也提供了众多服务,诸如免费信箱、拍卖、新闻、讨论等。著名的门户网站有网易、搜狐(见图 2-11)、新浪网等。

图片来源:http://www.sohu.com/

图 2-11 搜狐网

2.2.2 互联网内容提供商

互联网内容提供商(Internet Content Provider,ICP)是向消费者提供互联网信息服务和增值业务的企业,主要提供的内容为具有知识产权的数字内容产品与娱乐,包括期刊、杂志、新闻、音乐、视频、在线游戏等。图 2-12 就是著名的视频 ICP 之一:"爱奇艺"网。

图片来源：http://www.iqiyi.com/

图 2-12 "爱奇艺"网是互联网内容提供商

- 网络游戏

随着互联网的逐渐盛行，网络游戏的潜在市场大幅飙升。网络游戏运营商也属于互联网内容提供商的范畴。网络的互动性改变了电脑游戏的游戏方式与形态，让游戏突破了本身的意义。它塑造了一个虚拟世界，于是结合了声光、动作、影像及剧情的网络游戏就应运而生了。短短数年，网络游戏便风靡世界。图 2-13 和图 2-14 分别是两款著名的网游《魔兽世界》和《天下 3》。

图 2-13 网络游戏《魔兽世界》

第 2 章 电子商务的商业模式

图片来源：http://tx3.163.com/

图 2-14　网络游戏《天下 3》

- 数字化学习

现代教育环境因为计算机与网络技术的蓬勃发展，使得学校行政效率提高、教学方式多元化，并提供了更丰富的教学资源与内容。"数字化学习"（e-Learning，也称为"在线学习"或"网络化学习"）是指在互联网上建立一个方便的学习环境，让用户连上网络就可以学习到所需的知识，是一种结合传统教室与书面教材的新兴多媒体学习模式。图 2-15 就是两家知名的在线学习网。

中国远程教育网：http://www.cnycedu.com/　　　　新东方在线：http://www.koolearn.com/

图 2-15　中国远程教育网和新东方在线

2.2.3　在线中介商

在线中介商（Online Broker）主要的工作是代表客户搜索适当的交易对象，并协助其完成交易，借以收取中介费用。中介商本身并不会提供商品，包括预订酒店、在线购买机票、车票、门票等。创建于 1999 年的"携程"旅行网（CTRIP）就是一家综合性旅行服务公司，

31

为 2.5 亿会员提供集无线应用、酒店预订、机票预订、旅游度假、商旅管理和旅游资讯在内的全方位旅行服务。"携程"旅行网已经成为中国领先的在线旅行服务公司之一。图 2-16 就是"携程"旅行网的首页。

图片来源：http://www.ctrip.com/

图 2-16 "携程"旅行网

- 网络券商

如果你工作忙碌或家务繁杂，那么网络证券交易将是最适合的投资工具，可让你在弹指之间轻松理财，随时可查询投资状况及回报，享有优惠的佣金费率，因此买卖股票的网络下单已经成为投资基金、股票不可或缺的工具。每家券商也都提供了股票交易软件让用户可以通过网络下单交易，因此任何人都可以看着行情走势，根据自己的判断来下单买卖股票。图 2-17 是招商证券为用户提供的网络版客户端交易软件。

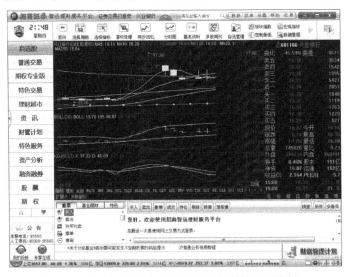

图 2-17 招商证券的客户端股票交易系统（网络版）

2.2.4 在线零售商

在线零售商（e-Tailer，或称为电子商务零售商）的角色是销售产品与服务给消费者，从而赚取销售的收入，使商品能更容易地销售给消费者，省去了过多的中间商。在这种模式下，通常商品的运送都是由物流公司负责，比如亚马逊网络书店（Amazon，见图 2-18）、京东商城及大多数的网络商店等。

图片来源：http://www.amazon.cn/

图 2-18 亚马逊网络书店

2.2.5 网络服务提供商

网络服务提供商（Service Provider）是比传统服务提供商更有价值、更加便捷与成本更低的网站服务，收入可包括订阅费或手续费。例如，翻开报纸的求职栏，几乎所有广告版面都被五花八门的分类小广告占领。如今一般正规的公司或者企业除了偶尔刊登才广告来塑造公司形象外，大部分都改由从网络求职网中寻找人才。

人才网就是网络发达之后，通过网络平台的一种服务提供商，目前是求才公司与求职者的热门渠道。通常情况下，应征者成为该人才网的会员后，就能前往修改简历的网页，填写个人的基本资料、学历和工作经历等。中华英才网（见图 2-19）是国内网络求职求才市场中的知名品牌，它提供了专业且便利的求职求才服务，各种分类可让求职求才者轻松地从数据库中找到目标，包括查询工作、上传简历、薪资行情、职业测验等。

图片来源：http://www.chinahr.com/

图 2-19 中华英才网

2.2.6 在线社区提供商

如今网络的普及除了带动虚拟社区的发展，也增加了信息分享的机会。在线社区提供商（Online Community Provider，OCP）的目标就是聚集相同兴趣的消费者形成一个虚拟社区，以分享信息、知识甚至销售产品。多数在线社区提供商会为用户提供多种互动的方式，如聊天、寄信、影音、互传文件等。

同城交友（jiaoyou.58.com，见图 2-20）提供在线结交异性的社区服务，会员已超过 2300 万人，每天有 100 000 多个会员在爱情公寓热烈互动，服务功能包括聊天室（聊吧）、视频聊天、网络交友、征婚、约会联谊等，更汇集了礼物商店、才艺表演、游戏等系统，让会员之间互动时，不会感到尴尬无聊。

图片来源：http://jiaoyou.58.com/

图 2-20 58 同城是国内知名的交友社交网站

2.3　个人对个人模式

个人对个人模式（Customer-to-Customer，C2C，也称为"消费者之间的电子商务"，见图 2-21）就是网络个人用户通过互联网与其他个人用户进行直接交易的商业行为，主要是消费者之间自发性的商品交易行为。网络用户既可以是消费者也可以是商品的提供者。供应者通过网络虚拟电子商店设置展示区，提供商品图片、规格、价位以及付款方式等信息，最常见的 C2C 型网站就是拍卖网站。至于拍卖平台的选择，免费只是网拍者考虑的因素之一，拥有大量用户群以及具备完善的网络交易环境才是至关重要的。图 2-22 所示的 eBay 网就是用户可以买卖物品的线上拍卖和购物网站。

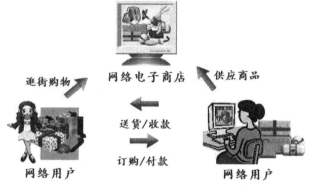

图 2-21　C2C 模式

图片来源：http://www.ebay.cn/

图 2-22　eBay 是全球最大的 C2C 拍卖网站

由于这类网站的交易模式是你情我愿，一方愿意卖，另一方愿意买，所以不太会在交易上出现不公或损失，不过因为价高者得，且每次的交易对象也会有很大的差异，所以拍卖者也不需要维持其忠诚度。网拍能实现你在网络上开家小店卖东西的美梦,如图 2-23 所示。

图 2-23 在家开店

2.4 消费者对企业模式

消费者对企业模式(Customer-to-Business,C2B,见图 2-24)是一种将消费者带往供应者端并产生消费行为的电子商务新类型,也就是主导权从厂商手上转移到了消费者手中。在 C2B 的关系中,先由消费者提出需求,通过"社区"力量与企业进行集体议价,也就是集结一群人用大量订购的方式,来跟供货商要求更低的单价。相比其他模式,C2B 模式的电子商务还方兴未艾,目前市场上的"团购网"或者其他电子商务模式的"团购"行为并不算是 C2B 模式。图 2-25 是一家具有 C2B 雏形的网站。

图 2-24 消费者对企业的电子商务模式

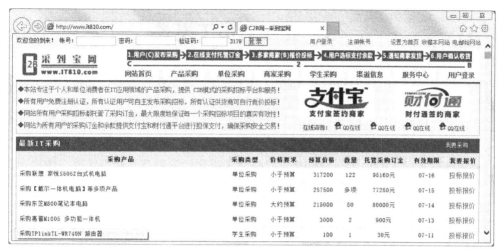

图片来源：http://www.it810.com /

图 2-25　以采购 IT 设备为主的 C2B 网站（采到宝网）

世界相当知名的 C2B 旅游电子商务网站 Priceline.com 主要的经营理念就是"让你自己定价"，消费者可以在网站上自由出价，并且可以用很低的价钱订到很棒的四五星级饭店。该公司所建立的买卖机制是由在线买方出价，卖方选择是否要提供商品，最后由买方决定成交。Priceline.com 就以这样的机制为客户提供机票、饭店房间、租车、机票+饭店组合以及旅游保险的优惠订购服务，如图 2-26 所示。

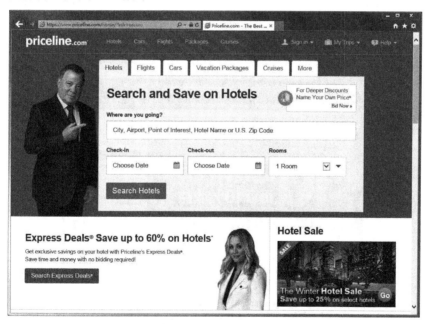

图片来源：http://www.priceline.com/

图 2-26　Priceline.com 提供了最优惠的全方位旅游服务（C2B 模式）

2.5 企业对员工模式

企业对员工模式（Business to Employee，B2E）是指在企业内能够让企业的员工通过互联网或无线上网连接公司内部客户系统与数据库，随时随地查询各项商品信息或更新客户数据，不仅能够让员工自动自发地解决自己工作中的问题，还能为客户提供实时的服务，以提升服务质量与接单效率。

对企业内部而言，B2E 通过移动化实时信息来强化运营管理与知识管理，增加企业的竞争力。最简单的例子就是在大型量贩店中（量贩即捆绑式销售的意思），可以利用掌上型红外线 PDA（个人数字助理）从事查货和补货的工作，预估各种货品最佳的供需信息，减少不必要的存货风险。对企业外部而言，B2E 为在外的业务人员提供实时与整合的客户信息，快速有效地完成工作，满足客户或自身的需求。

如果需要，员工可以进一步在任何时间、任何地点进入公司的门户网站（EIP），查询最新的公司内部日程表或更新个人日程。企业信息门户网站（EIP）是指在互联网的环境下，将企业内部各种资源与应用系统集成到企业信息的单一门户网站中。EIP 也是未来移动商务的一大利器。以企业内部的员工为对象，只要能够无线上网，在员工为顾客提供服务时，一旦临时需要资料，员工就可以马上查询，帮企业聪明地赚钱。同时，EIP 还能更多元化地服务员工。

最简单的例子是保险从业人员可以通过笔记本电脑连接公司的数据库，快速查询保费及保户的相关数据，大幅节省人力和交通成本。这种应用和需求同时也带动了所谓的"虚拟专用网络"（Virtual Private Network，VPN）的崛起。这是因为采用传统的拨号连回公司的方式不但费用高，而且使用开放的互联网传输数据无法确保通信的安全。图 2-27 是中国平安保险公司的门户网站。

图片来源：http://www.pingan.com/

图 2-27 保险从业人员通过保险公司的门户网站可以为保户提供更好的服务

为了在读取数据的同时确保企业网络的安全，企业可以在互联网上使用加密"隧道"的方式建立一个专用的安全网络连接方式，即 VPN。VPN 可让商务人士安全地利用公共互联网连回企业网络，而且保障数据在连回企业网络的传输过程中不会遭到"有心人士"的盗取。

有了 VPN，在外接洽业务的公司员工只需通过网络浏览器界面，即可轻松连接到企业的内部网络，进行数据的搜索、公文的签发或产品的报价。更方便的是，有了 VPN，即使移动工作的员工未使用受企业管控的笔记本电脑，而是使用了个人所拥有的智能手机、电脑、PDA等，通过无线局域网上网，再连回公司的企业网络，也不会影响数据传输中的安全性。

如果说 B2E 网络信息整合是对内控制的一种工具，那么电子商务就是对外界的一种商务行为，因此将 B2E 网络信息整合和电子商务结合在一起，是顺应趋势和提升竞争力的必然选择，也将成为未来企业运营的核心。B2E 不只是信息交换方式，也是满足企业与员工需求的完整解决方案。企业信息门户网站（EIP）往上延伸正是与整个企业 B2B 的外部连接相结合。许多标杆企业早就认识到 B2E 的重要性。台湾地区的裕隆汽车集团就是将包括企业对股东（B2I）以及企业对员工（B2E）的双向互动沟通整合到企业网络中，如图 2-28 所示。

图片来源：http://www.yulon-motor.com.tw/

图 2-28　裕隆汽车对企业信息门户网站的建设相当成功

2.6　企业对政府模式

企业对政府模式（Business-to-Government，B2G）是企业与政府之间通过网络所进行的电子商务交易，可以加速政府单位与企业之间的互动，提供一个便利的平台以供双方相互提供信息流或物流，包括政府采购、税收、商检、管理条例的发布等，可以节省舟车往返的费用,并且提高行政效率。

中国的"中央政府采购网"(见图 2-29)就是一个电子化的政府采购平台,在《中央国家机关政府采购中心开标评标管理办法(试行)》的政策法规指导下,已经将中央政府行政办公、公共服务和公共工程等所需货品类、服务类和工程类的采购进行统一管理,导入 B2G 电子商务,通过网络进行公开招标,服务商/供货商可在线投标和竞标,让采购的工作流程更加公开、高效。利用电子商务的网络模式,公开各项信息,并通过采购流程的整合与简化,实现节省采购人力与降低采购成本的目标。

图片来源:http://www.zycg.gov.cn/

图 2-29　中央政府采购网是 B2G 的典范

2.7　民众对政府模式

民众对政府模式(Customer-to-Government,C2G)是政府对一般民众的交易,如缴纳社保和税金、停车场账单、网上报关、报税或注册车辆等,也可通过网络进行。政府机关内部推行信息化已经有许多年的时间了,而且也有了具体的成果。其中各项业务采用相同的数据库,经由计算机间的联网,让民众能够在单一窗口中办理各项业务,并提供以用户为中心的网络服务平台,鼓励民众主动分享信息与开放讨论,实现电子化政府的目标。图 2-30 就是北京市社会保险网上服务平台。

图片来源：http://www.bjrbj.gov.cn/

图 2-30　北京市社会保险网上服务平台

2.8　线上和线下结合的 O2O 模式

　　O2O 模式即"线上到线下"模式，就是将"线下"的商机与互联网（所谓"线上"）结合在一起，让互联网成为线下交易的网上平台，实际的商品或者服务体验则在线下。这样，传统的线下商品或者服务也可以到线上来招揽顾客，顾客则可以在线上来筛选商品或者服务。这种模式最重要的特点是网络营销的效果可以量化，因为每笔交易都可以记录和追踪。当然，这里有一个前提，就是成交应该在"线上"支付和结算，否则 O2O 模式就不成立。

　　随着电子商务 3.0 时代的来临，除了移动互联网成为 3.0 时代的特征之外，"线上支付、线下体验"的 O2O 模式可能成为电商 3.0 新的趋势、热点和掘金点。图 2-31 是"汽车街" O2O 模式电子商务的官网。

图片来源：http://www.autostreets.com/

图 2-31 "汽车街"是典型的 O2O 模式的新型电子商务

项目研究与分析 点对点模式（Peer to Peer，P2P）

早期大家在网络上下载数据时都是连接到服务器来进行下载（见图 2-32）。由于文件和数据都存放在服务器上，因此如果下载的用户太多或服务器出现故障，就会造成连接速度太慢或无法下载的问题。

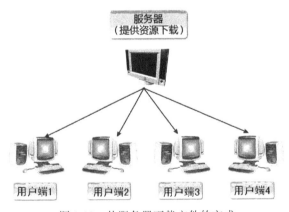

图 2-32 从服务器下载文件的方式

P2P 模式是让每个用户都给其他人提供资源，也就是由计算机间直接交换数据来进行信息服务。P2P 网络中每一节点所拥有的权利和义务是对等的，自己本身也能从其他用户联网的计算机下载资源，以此构成一个庞大的网络系统。至于服务器，它只提供用户联网的文件信息，并不提供文件下载的服务（见图 2-33）。

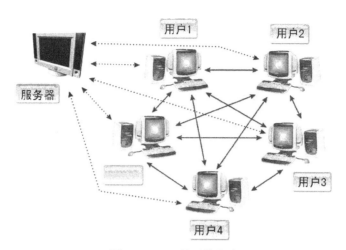

图 2-33 P2P 的下载方式

P2P 模式具有资源运用最大化、操作简单和资源共享的潜力，例如实时通信（Instant Messenger，IM）服务就是一种 P2P 的模式。由于投入开发 P2P 软件的厂商相当多，而且每家厂商实现的方法上有一些差异，因此形成了各种不同的 P2P 社区。在不同的 P2P 社区中，通常只允许用户使用特定的 P2P 软件，文件分享是目前 P2P 软件最主要的一种应用。目前有几种不同类型的 P2P 软件，例如 BitTorrent（BT）、emule、QQ 直播、迅雷等。其中，迅雷是一款基于多资源、超线程技术的下载软件，作为"宽带时期的下载工具"，迅雷针对宽带用户进行了优化，并推出了"智能下载"的服务。如果想要下载该软件，可连接至该软件的官方网站 http://dl.xunlei.com/，如图 2-34 所示。

图片来源：http://dl.xunlei.com/

图 2-34 "迅雷"官网首页

本章重点整理

- B2B 商业模式参与的双方都是企业，特点是订单数量金额较大，最简单的方式就是常见的供应链模式，适用于有长期合作关系的上下游厂商，且需要经常交换信息，如库存、采购订单、发票等，达到缩短并自动化"供应链"与"销售链"的目标。
- 应用服务提供商（Application Service Provider，ASP）有别于传统企业那样需在企业内部投入金钱与时间建立和设置各种应用软件，企业只要可以通过互联网或专线，以租赁的方式向提供应用软件服务的提供商承租即可。
- 电子分销商（e-Distribution）是最普遍也最容易了解的网络"集市"，将数千家供货商的产品汇集到在线的产品电子样册，一个销售商服务多家企业。
- 电子采购商（e-Procurement）是拥有许多在线供货商的独立的第三方中介，因为在产品样册中会同时包含相互竞争的供货商和电子分销商，主要优点是可以通过卖方的竞标，达到降低价格的目的，有利于买方来压低价格。
- 电子集市（e-MarketPlace，或称为电子交易市场）在全球电子商务发展中所扮演的角色日趋重要，改变了传统商场的交易模式，是通过网络与信息科技辅助所形成的虚拟"集市"。电子集市是一个网络的交易平台，具有能汇集买家与供货商的功能。
- 阿里巴巴集团于 2014 年 9 月 19 日以 "BABA" 为股票代码，正式在美国纽约证交所上市，阿里巴巴当时的市值仅次于谷歌，成为全球第二大的企业集团。
- 垂直式电子集市主要在于"去中介化"（Disintermediation）。不同于提供企业一般需求的水平式电子集市，垂直式电子集市是着重于一种特定的行业进行物料买卖而设的网络市场。
- 企业对客户模式（Business-to-Customer，B2C，或简称"商对客模式"）是企业直接以消费者为交易对象，并通过互联网提供商品、订购及配送服务。这也是一般人最熟悉的电子商务模式。
- 门户网站是进入 WWW 的首站或中心点。它开放所有类型的信息给用户存取，并提供丰富、个性化的服务与网站导航链接功能。
- 互联网内容提供商（Internet Content Provider，ICP）是向消费者提供互联网信息服务和增值业务的企业。
- "数字化学习"（e-Learning，也称为"在线学习"或"网络化学习"）是指在互联网上建立一个方便的学习环境，让用户连上网络就可以学习到所需的知识，是一种结合传统教室与书面教材的新兴多媒体学习模式。
- 在线中介商（Online Broker）主要的工作是代表客户搜索适当的交易对象，并协助其完成交易，借以收取中介费用。中介商本身并不会提供商品，包括预订酒店、在线购买机票、车票、门票等。
- 多数在线社区提供商会为用户提供多种互动的方式，如聊天、寄信、影音、互传文件等。
- 个人对个人模式（Customer-to-Customer，C2C，也称为"消费者间的电子商务"），就是个人网络用户通过互联网与其他个人用户进行直接交易的商业行为，主要是消费者之间自发性的商品交易行为。
- 消费者对企业型模式（Customer-to-Business，C2B）是一种将消费者带往供应者端并产生消费行为的电子商务新类型，也就是主导权由厂商手上转移到了消费者手中。
- 企业对政府模式（Business-to-Government，B2G）是企业与政府之间通过网络所进行的电子商务交易，可以加速政府单位与企业之间的互动，提供一个便利的平台以供双方相互提供信息流或物流，包括政府采购、税收、商检、管理条例的发布等。
- 民众对政府模式（Customer-to-Government，C2G）是政府对一般民众的交易，如缴纳社保和税金、停车场账单、网上报关、报税或注册车辆等，也可通过网络进行。
- P2P模式是让每个用户都给其他人提供资源，也就是由计算机之间直接交换数据来进行信息服务。P2P网络中每一节点所拥有的权利和义务是对等的，自己本身也能从其他用户联网的计算机下载资源，以此构成一个庞大的网络系统。

本章习题

1. 请举出四种电子商务的类型。
2. 什么是门户网站？
3. 请简述应用服务提供商。
4. 请说明在线零售商的角色。
5. 什么是人才网？
6. 请简述电子集市。
7. 请描述 Priceline.com 的特色。
8. 试说明企业信息门户网站。
9. 请简述 P2P 模式的特色。
10. 电子采购商的优点有哪些？
11. 什么是企业对政府模式？
12. 什么是虚拟专用网络？功能是什么？
13. 试举例说明服务提供商。

第3章 电子商务的架构与七流

互联网可视为一个开放数据的网络,电子商务已经成为一股冲击各行各业势不可挡的潮流。联合国国际贸易流程简化工作组对电子商务的定义是:采用电子形式开展商务活动,包括在供应商、客户、政府以及其他参与方之间通过任何电子工具(如 EDI、Web 技术、电子邮件等)共享非结构化商务信息,并管理和完成在商务活动、管理活动和消费活动中的各种交易。电子商务与传统商务之间最大的不同就是,这些商务活动都是在互联网环境下进行的,并且不断打破一些习以为常的传统商业思维,不断地创新商业模式。

3.1 电子商务的架构

关于电子商务的架构,有许多学者提出了不同的见解,随着角度的不同或角色的差异,在各自表述电子商务的架构时,自然会有不同的解读。从宏观的角度来看,我们认为卡纳科 Kalakota 和 Whinston 在 1997 年提出的电子商务的架构是比较完整的,包含两大支柱和四大基础设施(见图 3-1),并在这些稳固的支柱和基础设施上架构了完整的相关应用,并按照产业进行区分,使用互联网进行购买、销售或交换产品和提供服务。

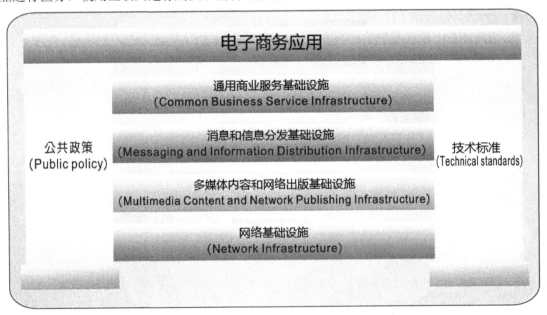

图 3-1 电子商务架构图(Kalakota 和 Whinston)建立在两大支柱与四大基础设施之上

3.1.1 公共政策与技术标准

Kalakota 和 Whinston 于 1997 年指出电子商务架构所描述的两大支柱（Two Supporting Pillars），分别是公共政策与技术标准，只有在这两大支柱的配合下，才能让电子商务健全地发展。现在分别说明如下。

1. 公共政策

传统商业模式可由现行的商业法规来管辖，但电子商务是网络高科技下的产物，可能制造出许多前所未有的问题，必须要制定相关的公共政策和法律条文来规范，包括著作权法、隐私权保障、电子签名法、消费者保护法、非法交易的刑侦、个人信息保护法、网络信息的监督以及信息定价等，如图 3-2 所示。

图 3-2 制定管辖电子商务的公共政策和法规

2. 技术标准

技术标准是为了确定互联网技术的兼容性与标准性，包括文件安全性、网络协议、信息交换的标准协议等，以便在不同的传输系统之间实现最优的管理，在任何情况下仍然能够保持通信的畅通。不建立共同的标准，就如同两个人说不同的语言，变成鸡同鸭讲，如图 3-3 所示。

图 3-3 语言标准不同

3.1.2 通用商业服务架构

在互联网上从事交易,由于面对的是虚拟世界,因此交易安全是首要的条件。电子商务只要解决交易的细节问题,那么商业世界的结构将在网络电子商务以及互联网的影响下整体改变。通用商业服务基础设施(Common Business Service Infrastructure)主要是解决在线支付工具的不足(如电子钱包,图3-4为MasterPass电子钱包),提供保障安全交易和安全的在线支付工具的相关技术与服务,以确保信息在网络上传递的安全性以及防止冒名交易。这些通用商业服务基础设施包括安全技术、验证服务、电子支付与商品的电子目录等。

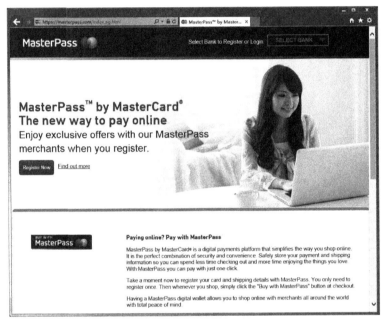

图片来源:https://masterpass.com/

图3-4 MasterPass电子钱包可以整合多张信用卡与双重安全防护系统

3.1.3 消息和信息分发基础设施

数字化信息在网络上传输时,是由一连串的0和1所组成的,要成功进行电子交易,消息和信息分发架构(Messaging and Information Distribution Infrastructure)必须提供格式化和非格式化数据进行交换的介质,包括电子数据交换(Electric Data Interchange,EDI)、电子邮件与超文件传输等。

 提示　超文本传输协议(HyperText Transfer Protocol,HTTP)是用来访问WWW上的超文本文档(Hypertext Document)的,比如 http:/www.sina.com.cn(新浪网的URL)。

3.1.4 多媒体内容和网络出版基础设施

信息高速公路是实现多媒体数据传输的一个传输基础设施,其中万维网(WWW)可以说是目前网络出版最普及的信息结构。WWW 使用超文本标记语言(Hyper Text Markup Language,HTML)的描述在 Web 服务器上将内容呈现出来供用户浏览。

早期的电子邮件内容只有文本模式,而今由于多媒体技术的快速发展以及多用途互联网邮件扩展协议(Multipurpose Internet Mail Extention,MIME)的问世,使得电子邮件(e-mail)也可以传送多媒体文件,如图片、声音、动画等。所谓多媒体内容和网络出版基础设施(Multimedia Content and Network Publishing Infrastructure),就是包含 XML、Java、WWW 等提供的一个统一的信息出版环境。

3.1.5 网络基础设施

网络基础设施(Network Infrastructure,见图 3-5)提供了电子化数据的实际传输。它整合了不同类型的传输系统和传输网络,包括局域网、电话线路、有线电视网、无线通信、互联网和卫星通信系统。这个基础设施是推动电子商务的基础建设。图 3-6 即为一些相关设备的外观图。

图 3-5 网络基础设施示意图

图 3-6 拨号式调制解调器、ADSL 调制解调器与电缆调制解调器的外观图

3.2 电子商务应用

电子商务系统相关的人员大部分都是接触电子商务应用这一层面。本层具有的主要功能包括供应链管理、视频点播（Video on Demand，VoD）服务、网络银行（或电子银行、网上银行）、网络化采购、网络营销广告、在线购物等。

3.2.1 供应链管理

供应链（Supply Chain）的概念源自于物流（Logistics），包含从原料、产品制造到产品送达最终消费者的所有活动。供应链管理（Supply Chain Management，SCM）的宗旨是以降低整体库存的水平或提高顾客满意度为目标，将上游零部件供货商、制造商、流通中心以及下游零售商整合起来成为商业伙伴。如果企业能做好供应链的管理，可有效提升竞争优势，而这正是企业孜孜不倦所追求的。图3-7是"苏宁易购"网络商城（从3C连锁专卖店触网后拓展到网上了）。

图片来源：http://www.suning.com/

图3-7 "苏宁易购"3C网店的供应链管理相当成功

3.2.2 视频点播

随着宽带上网逐渐普及，有线电视也触网了，吹起了互动电视的风潮，视频点播（Video on Demand，VoD）服务就是互动电视众多的功能之一。视频点播是一种崭新的视频服务，用户可不受时间、空间的限制，通过网络点播视频，可以根据个人喜好"随点随看"。视频文件较大，为了能克服文件传输的问题，VoD使用流媒体技术来传输，也就是不需要等待视频文件下载完毕，就可以在文件传输的时候同步播放。用户可以随时随地主动选择想看的节目，还可以控制文件的播放方式，例如暂停、快进、倒带等。

VoD 技术已被广泛应用在远程教学、在线学习、电子商务，目前已经发展到电影点播、新闻点播等方面。"爱奇艺"所推出的视频点播服务不仅可以随时选择"直播中心"收看实时的电视节目，还可以随时点播众多最新的电视剧和电影等影音节目：有免费的节目（插播了广告），也有付费的节目（没有广告）。图 3-8 是"爱奇艺"网站的首页。

图片来源：http://www.iqiyi.com/

图 3-8　"爱奇艺"的 VoD 网页

3.2.3　网络银行

目前金融机构对于客户所提供的金融增值型服务，早已由随处可见的自动柜员机（ATM，或称为自动取款机）进展到目前的网络银行（Internet Bank，或称为网上银行）。网络银行是指客户通过互联网与银行的服务器连接，不受到银行的营业时间、营业地点的限制，可以随时随地从事资金调度与理财规划，并可充分享有私密性与便利性，直接获取银行所提供的各项金融服务，比如家庭中五花八门的账单就可以通过计算机来进行网络转账与付费。招商银行在网上银行一直走在其他银行的前面。图 3-9 就是招商银行的网上银行"一网通"。

图片来源:https://pbsz.ebank.cmbchina.com/

图 3-9 招商银行的网上银行

3.2.4 采购与购买

购买(Purchase)是狭义的采购,仅限于以"买入"(Buying)的方式获得物品。采购(Procurement)是指企业为实现销售目标,在充分了解市场要求的情况下,从外部引进产品、服务与技术的活动。通过网络来采购是电子商务常见的应用,又称为电子采购(e-Procurement),利用网络技术将采购过程脱离传统的手动工作流程,大量向产品供货商或零售商订购,可以大幅提升采购与发包工作效率,进而增加企业的利润。图 3-10 显示 IBM 可以为客户提供定制化的电子采购系统。

图片来源:http://www-03.ibm.com/

图 3-10 IBM 所提供的定制化电子采购系统

3.2.5 在线营销与广告

电子商务的优势已经得到了人们高度的认同,在线营销(或称网络营销)就是通过网络来实施营销行为以实现营销的目的。企业选择在线营销,不仅仅是为了销售产品,更多的是为了品牌的推广和企业形象的建立。在线广告也称为网络广告。与传统广告不同,网络广告可以让广告主比较精准地针对广告特定的客户群与消费者量身定做不同的广告。图 3-11 就是新浪网上出现的各种网络广告的情况。

图片来源:http://www.sina.com.cn/

图 3-11 新浪网上提供了许多广告字段

3.2.6 居家购物

电子商务已经成为今日现代商业活动的主流,无论是传统产业或新兴科技产业都深受电子商务这股潮流的影响。消费者只要通过家中的个人电脑上网即可轻松进行网络购物,这不但改变人们的生活形态,也冲击到了销售渠道的结构。例如,"一号店"网上超市(见图 3-12)是一家知名的大型综合网上购物中心,汇集了数百万种优质的日常生活用品进行在线热销,如厨卫清洁、流行百货、生活电器、礼物家居等,是一个应有尽有的百货网络大卖场。企业文化的"八字箴言"是:诚信、顾客、执行、创新。

图片来源：http://www.yhd.com/

图 3-12 "1 号店"网上超市有相当齐全的日常生活用品

3.3 电子商务的七流

互联网普及背后孕育着庞大商机，但电子商务仍然面临商业竞争与来自消费者的挑战。对现代企业而言，电子商务已不仅仅是一个崭新的分销渠道，最重要的是为企业提供一种全然不同的经营与交易模式。从 e 化（网络化或电子化）的角度来看，可将电子商务分为七个流（Flow），其中有四种主干流（商流、物流、现金流、信息流）与三种支流（人才流、服务流、设计流），如图 3-13 所示。

图 3-13 电子商务的四种主干流

3.3.1 商流

电子商务的本质是商务,商务的核心就是商流(见图 3-14)。"商流"是指交易商品的流通,或是市场上所谓的"交易活动",是各项流通活动的中枢,代表资产所有权的转移过程。内容则是将商品由生产者处配送到批发商处,再由批发商配送到零售商,最后由零售商处发送到消费者手中这一系列的商品销售交易过程。商流属于电子商务的后端管理,包括销售行为、商情搜集、商业服务、营销策略、卖场管理、销售管理等活动。

图 3-14 商流是指交易商品的流通及所有权转移的过程

3.3.2 现金流

现金流(见图 3-15)就是网站与顾客之间有关金钱往来与交易的流通过程,是指资金的流通,简单地说,就是有关电子商务中"钱"的处理流程,包含应收、应付、税务、会计、信用查询、付款明细提示、进账明细通知等,并且通过金融体系安全的认证机制完成付款。早期的电子商务仍停留在提供信息、辅助操作与采购阶段,未来是否能将整个交易过程完全在线进行,关键就在于"现金流 e 化"的成功与否。

"现金流 e 化"也就是现金流自动化,在网络上通过安全的认证机制,包括成交过程、实时收款与客户付款、相关的自动处理程序,目的在于维护交易时现金流通的安全性与保密性。目前常见的方式有货到付款、在线刷卡支付、ATM 转账、电子钱包、手机小额支付等。

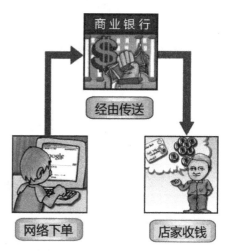

图 3-15 现金流传送过程示意图

3.3.3 物流

物流（Logistics，见图 3-16）是电子商务模型的基本要素，是指产品从生产者转移到经销商、消费者的整个流通过程。物流需要通过有效的管理流程，并结合仓储、装卸、包装、运输等相关活动。电子商务必须有现代化的物流技术作为基础，才能最大限度地使交易双方受益于其方便性。由于电子商务主要功能是将供货商、经销商与零售商结合一起，因此电子商务上物流的重点就是当消费者在互联网下单后，厂商如何将消费者网上购买的产品利用运输工具送达消费者所在地，最后把产品递送至消费者手上的所有流程。图 3-17 是"中铁快运"的网站。

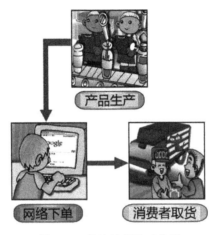

图 3-16　物流流程的示意图

图片来源：http://www.cre.cn/

图 3-17　"中铁快运"的物流优势得天独厚

一般情况下,当电商的业务进入成熟期、接单量越来越大时,物流配送就是电子商务不可缺少的重要环节,重要性甚至不亚于现金流!目前常见的物流运送方式有邮寄、货到付款、客户自行取货、配送到户等。对于少数虚拟数字化商品和服务来说,也可以直接通过网络来进行配送与下载,如各种电子书、信息咨询服务、付费软件等。例如,在"买软件网"购买软件后,用户可以选择直接下载购买到的软件到自己的计算机上。图3-18即为"买软件网"的首页。

图片来源:http://www.buysoftware.cn/

图 3-18 "买软件网"首页

3.3.4 信息流

信息流是一切电子商务活动的核心,指的是网络商店的架构,泛指商家通过商品交易或服务获得运营相关信息的过程。所有上网的消费者首先接触到的就是信息流,包括商品浏览、购物车、结账、留言板、新增会员、营销活动、订单信息等。企业应注意维系信息流的畅通,以有效管控电子商务正常的运营。一个在线购物网站最重要的就是整个网站规划的流程,好的网站架构就好比一个好的卖场,消费者可以快速地找到自己所需的产品,比如"天猫"网站(见图3-19)。

图片来源：https://www.tmall.com/

图 3-19　受欢迎的网站必定有好的信息流

3.3.5　服务流

服务流是以消费者需求为目的，为了提升顾客的满意度，根据需求把资源加以整合，规划一连串的活动与设计，并且结合商流、物流、现金流与信息流，以便消费者可以快速地找到自己需要的产品或者得到最新产品的信息。电商一般都充分利用网络的实时性为消费者提供在线的客服，其他服务也包括售后服务、留言服务、电话服务以及消费者的自助服务等。例如，京东网上商城（见图 3-20）在这方面做得就很好。

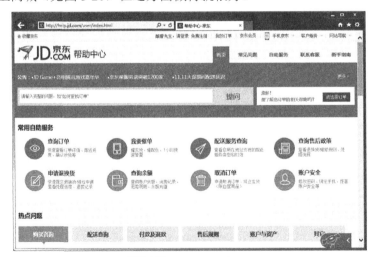

图片来源：http://www.jd.com/

图 3-20　服务流的好坏对网络消费者有很大的影响

3.3.6 设计流

设计流泛指网站的规划与建立,范围包括网站本身和电子商圈的商务环境,就是按照顾客需求所研究拟定的产品生产、产品配置、卖场规划、商品分析、商圈开发的设计过程。设计流还包括设计企业间信息的共享以及强调用户界面的友好性与个性化,重点在于如何提供优质的购物环境,建立方便、亲切、以客户为中心的服务流,可通过互联网和其他厂商合作,甚至可以与消费者共同设计和修改。

像 iTunes(见图 3-21)这样一个优质的音乐播放网站,不但操作界面秉持着苹果公司软件一贯简单易用的设计原则,例如使用智能播放列表就可以组合出各种各样播放音乐的方式,这就是结合优秀的设计所产生的一种连续的服务流。

图片来源:http://www.apple.com/

图 3-21 iTunes 的设计流相当成功

3.3.7 人才流

电子商务高速成长的同时,人才问题却成了上万商家发展的瓶颈。人才流泛指电子商务的人才培养,以满足现今电子商务热潮的需求。电子商务所需求的人才是跨领域、跨学科的人才,因此这类人才除了要懂得电子商务领域的技术,还需要学习商务经营与管理、营销与服务。

由于电子商务在中国的迅猛发展,因此人才需求极为旺盛,甚至出现了专门帮助电商企业招聘电商人才的求职招聘网站。"电猴"就是其中的优秀代表之一。图 3-22 就是"电猴"网站的首页。

图片来源:http://www.dianhou.com/

图 3-22 专门招聘电子商务人才的求职招聘网站

项目研究与分析　沃尔玛(Wal-Mart)的物流管理

成功的物流管理给沃尔玛(见图3-23)带来了令人羡慕的经营成果,2014年全球零售业巨擘沃尔玛公司的营业额高达4762.9亿美元。沃尔玛在全球经营着一万七百多家超市,分布于美洲、欧洲、亚洲等27个国家,荣登美国500强榜首,是全球第一大的零售商。随着经济全球化和区域化,企业间的竞争更为白热化。与其说沃尔玛是一个传统的零售业巨头,还不如说它是一个现代的物流管理服务业的先驱。

沃尔玛成功的主要因素就是以完善的物流系统来达到统一采购、配送、营销的运营模式,并协调和维持与供货商之间最佳的配送方式。沃尔玛是控制管理费用的专家,高级的仓储和信息系统使得它的管理费用降低了16%,在物流运营过程中尽可能降低成本,以缩短送货时间。有了节省后的成本保证,它就可以提供较低的价格来吸引顾客。

消费者只要一想到购物,脑袋中就会出现沃尔玛应有尽有的完美品牌形象。许多消费者宁愿走比较远的路到沃尔玛购物,也不在附近的商店购买。沃尔玛特别提出"一站式购物"(One-Stop Shopping)的概念,创建的购物环境是让所有上门的顾客在一家超市就可以一次满足所有购物的需求,同时保证了对消费者天天低价的承诺。当企业面对不断变化的顾客服务需求时,必须改变商业模式来维系顾客关系。虽然沃尔玛在物流运输与配送方面已经降低了成本,但是为了让顾客永远不需要担心商品缺货,沃尔玛在控制仓储作业和存货管理的同时,又建立了最大的私人卫星通信系统,使得全球物流与信息流能更加高效。

第 3 章 电子商务的架构与七流

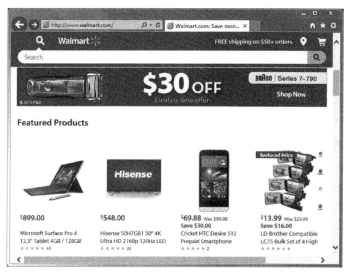

图片来源：http://www.walmart.com/

图 3-23 沃尔玛网站首页

本章重点整理

- 卡纳科特（Kalakota）和温斯顿（Whinston）在 1997 年提出的电子商务的架构是比较完整的，包含两大支柱和四大基础设施，并在这些稳固的支柱和基础设施上架构了完整的相关应用，并按照产业进行区分，使用互联网进行购买、销售或交换产品和服务。
- 技术标准是为了确定互联网技术的兼容性与标准性，包括文件安全性、网络协议、信息交换的标准协议等。
- 通用商业服务基础设施（Common Business Service Infrastructure）主要是解决在线支付工具的不足（如电子钱包），提供保障安全交易和安全的在线支付工具的相关技术与服务，以确保信息在网络上传递的安全性以及防止冒名交易。
- 超文本传输协议（HyperText Transfer Protocol，HTTP）是用来访问 WWW 上的超文本文档（Hypertext Document）的，比如 http://www.sina.com.cn（新浪网的 URL）。
- WWW 使用超文本标记语言（Hyper Text Markup Language，HTML）的描述在 Web 服务器上将内容呈现出来供用户浏览。
- 供应链管理（Supply Chain Management，SCM）的宗旨是以降低整体库存的水平或提高顾客满意度为目标，将上游零部件供货商、制造商、流通中心以及下游零售商整合起来成为商业伙伴。
- 视频点播（Video on Demand，VoD）是一种崭新的视频服务，用户可不受时间、空间的限制，通过网络点播视频，可以根据个人喜好"随点随看"。视频文件较大，为了能克服文件传输的问题，VoD 使用流媒体技术来传输，也就是不需要等待视频文件下载完毕，就可以在文件传输的时候同步播放。
- 购买（Purchase）是狭义的采购，仅限于以"买入"（Buying）的方式获得物品。采购

（Procurement）是指企业为实现销售目标，在充分了解市场要求的情况下，从外部引进产品、服务与技术的活动。
- 从 e 化（网络化或电子化）的角度来看，可将电子商务分为七个流（Flow），其中有四种主干流（商流、物流、现金流、信息流）与三种支流（人才流、服务流、设计流）。
- 电子商务的本质是商务，商务的核心就是商流。"商流"是指交易商品的流通，或是市场上所谓的"交易活动"，是各项流通活动的中枢，代表资产所有权的转移过程。内容则是将商品由生产者处配送到批发商处，再由批发商配送到零售业者，最后由零售商处发送到消费者手中这一系列的商品销售交易过程。
- 现金流就是网站与顾客之间有关现金往来与交易的流通过程，是指资金的流通，简单地说，就是有关电子商务中"钱"的处理流程，包含应收、应付、税务、会计、信用查询、付款明细提示、进账明细通知等。
- 物流（Logistics）是电子商务模型的基本要素，是指产品从生产者转移到经销商、消费者的整个流通过程。物流需要通过有效的管理流程，并结合仓储、装卸、包装、运输等相关活动。
- 信息流是一切电子商务活动的核心，指的是网络商店的架构，泛指商家通过商品交易或服务获取运营相关信息的过程。
- 服务流是以消费者需求为目的，为了提升顾客的满意度，根据需求把资源加以整合，规划一连串的活动与设计，并且结合商流、物流、现金流与信息流，以便消费者可以快速地找到自己需要的产品或者得到最新产品的信息。
- 沃尔玛成功的主要因素就是以完善的物流系统来达到统一采购、配送、营销的运营模式，并协调和维持与供货商之间最佳的配送方式。在物流运营过程中尽可能降低成本，以缩短送货时间。有了节省后的成本保证，它就可以提供较低的价格来吸引顾客。

本章习题

1. 请介绍信息流的意义。
2. 试简述供应链管理理论。
3. 网络银行的功能和作用是什么？
4. 请说明视频点播的特点。
5. 请简述电子采购。
6. 请说明商流的意义。
7. 请解释物流的定义。
8. 什么是设计流？
9. 试简述沃尔玛成功的主要原因。
10. 消息和信息分发基础设施的作用是什么？
11. 试简述现金流 e 化的内容。
12. 请简述采购与购买的差异。

第4章 电子商务的网络基础建设

"网络"(Network,见图 4-1),最简单的定义就是利用一组通信设备,通过各种不同的介质,将两台以上的计算机连接起来,让彼此可以实现"资源共享"与"信息交流"的功能。

(1)资源共享:包含在网络中的文件、数据以及和计算机相关的设备都可让网络上的用户分享、使用与管理。

(2)信息交流:计算机联网后可让网络上的用户彼此传递信息与交流信息。

图 4-1 网络系统示意图

4.1 通信网络简介

一个完整的通信网络系统组件,包括计算机与其外围设备(包括电话、手机、PDA 等)。也就是说,用物理链路(传输介质)将各个孤立的设备相连起来,使得设备间可以进行沟通、数据交换和资源共享,这样的系统即可称为"网络"。历史上的第一个网络是以电话线路为基础的,也就是"公共交换电话网络"(Public Switched Telephone Network,PSTN)。构成通信网络连接的介质除了常见的双绞线、同轴电缆、光纤等有线传输介质,也包括红外线、微波等无线传输介质。

提示

在网络上,当数据从发送端到接收端时,必须将数据转成传输介质所能承载的信号(模拟信号)再进行传输,一旦接收端收到承载的信号后,再将它转换成可读取的数据(数字信号)。"数字信号"就如同计算机中脉冲的高电平和低电平信号,而"模拟信号"则是一种连续性的自然界信号(如同人类的语音信号),如图 4-2 所示。

图 4-2 模拟信号和数字信号

4.1.1 通信网络规模

如果按照通信网络的架设规模与传输距离的远近，可以将网络分为三种类型。

1. 局域网（Local Area Network，LAN）

"局域网"是一种最小规模的网络连接方式，覆盖范围可能局限于一个房间、同一栋大楼或者一个小区域内，达到联网资源共享的目的，如图 4-3 所示。

图 4-3　同栋大楼内的网络系统一般属于局域网

2. 城域网（Metropolitan Area Network，MAN）

"城域网"的覆盖区域比局域网大，可能包括一个城市或大都会的规模。简单来说，就是数个局域网连接所构成的系统，如图 4-4 所示。例如，在校园网（Campus Area Network，CAN）中，不同的校园办公室与各个职能单位的局域网被连接在一起，比如总务处的会计办公室可以连接至教务处的注册办公室，这也算小型城域网的一种。

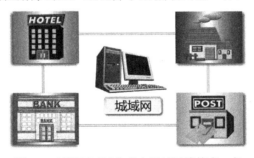

图 4-4　城域网可以将多个局域网连接在一起

3. 广域网（Wide Area Network，WAN）

"广域网"的范围则更广，连接无数个局域网与城域网，可能是都市与都市、国家与国家，甚至于全球之间的网络连接。例如，一家公司总部与制造厂可能位于同一个城市，而业务办公室却位于另一个城市。互联网则是利用光缆或电话线将更大范围内分散在各处的局域网连接在一起，这就是最典型的广域网。图 4-5 为广域网的示意图。

图 4-5　广域网示意图

4.1.2　主从式网络与对等式网络

如果我们从资源共享的角度来看通信网络中计算机之间的关系，可以把它们分为"主从式网络"与"对等式网络"两种。

- 主从式网络

在通信网络中，安排一台计算机作为网络服务器，统一管理网络上所有客户端所需的资源（包含硬盘、打印机、文件等）。优点是网络的资源可以共同管理和共享，而且通过服务器获取资源，安全性也比较高。缺点是必须有相当专业的网络管理人员负责，而且软硬件的成本也较高。图 4-6 为主从式网络的示意图。

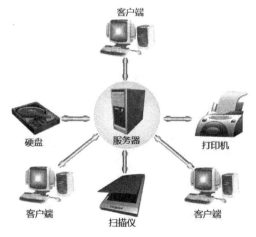

图 4-6　主从式网络示意图

- 对等式网络

在对等式网络中,并没有核心的服务器,网络上的每台计算机都具有同等的地位,并且可以同时享用网络上每台计算机的资源。优点是架设容易,不必另外设置一台专用的网络服务器,成本花费自然较低。缺点是资源分散在各台计算机上,管理与安全性都有缺陷。图 4-7 为对等式网络的示意图。

图 4-7 对等式网络示意图

4.2 通信网络拓扑

所谓通信网络连接类型,也就是网络上各个联网设备的连接形状,或称为网络"拓扑"(Topolopy)。按照传输介质与联网设备的不同,下面介绍三种常见的连接类型。

4.2.1 星形拓扑

星形拓扑(Star Topology)会以某个网络设备为中心,通常是集线器。以放射状方式,分别通过单独的缆线连接到每一台设备。在传送信息时,传送端的计算机会将信息先传给中心设备,由它来解析目标路径以及传送与否,然后再将信息传送至接收端的计算机。图 4-8 为星型拓扑的示意图。

图 4-8 星形拓扑示意图

优点：如果有一台计算机出现问题，只会影响到该台计算机，不至于瘫痪整个网络。由于此种网络属于中枢控制架构，因此在扩充和管理时都颇为方便。

缺点：每台计算机都需要一条网线与中心集线器相连，使用的线材较多，成本也较高。另外，当中心节点的集线器出现故障时，整个网络就有可能瘫痪了。

4.2.2 环形拓扑

环形拓扑（Ring Topology）以计算机的发送端口为开始，连接下一台计算机（工作站）的接收端口，将所有计算机按序连接，串成一个环形。在传送信息时，会以顺时针或逆时针的固定方向，经过时由所在站点的计算机进行判读，如果信息不属于自己，就会将信息传递给下一台计算机。图4-9为环形拓扑的示意图。

图 4-9　环形拓扑示意图

优点：网络上的每台计算机都处于平等的地位，也没有一个中央控管设备来进行资源的分配与管理，所以每台计算机传递信息的机会都相等。另外，因为信息传递为单方向，所以传递路径大为简化，传送信号不会有衰减（Attenuation）现象。

缺点：当网络上的任一台计算机或线路出现故障时，网络上其他计算机的网络连接都会受到影响。

4.2.3 总线拓扑

总线拓扑（Bus Topology）也称为直线型网络，各个设备会通过单独的缆线连接到一条主干线上，以总线方式来串接所有的计算机。当网络上的设备要传送信息时，必须先判断传输介质（总线）是否正被使用。在总线上一次只能有一台计算机传送信息，而且只有目标计算机才会接收此信息。图4-10为总线拓扑的示意图。

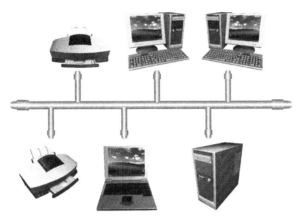

图 4-10　总线拓扑示意图

优点：由于计算机与外围设备都在此总线上，因此安装与扩充设备都很容易，成本花费也较低。

缺点：当添加或移除此网络上的任何节点时，必须中断网络的功能。当传输出现问题时，由于只利用一条总线，因此其他网络上的节点也会受到影响。另外，整个网络的规模或范围不能太大，否则会降低传输效率。

4.2.4　通信传输方向

通信网络按照通信传输方向来分类，可以分为三种模式。

- 单工

单工（Simplex）是指传输数据时，只能进行固定的单向传输，所以一般单向传播的网络系统都属于此类，比如有线电视网络、广播系统、扩音系统等。

- 半双工

半双工（Half-Duplex）是指传输数据时，允许在不同时间内互相交替单向传输，也就是同一时间内只能单方向从一端传送至另一端，无法双向传输，比如火腿族（指无线电爱好者）或工程人员所用的无线电对讲机。

- 全双工

全双工（Full-Duplex）是指传输数据时，即使在同一时间内也可以同步进行双向传输，也就是收发端可以同时接收与发送数据，比如日常使用的电话系统双方能够同步接听与说话、计算机网络联网完成后可以同时上传或下载文件。

> 所谓"带宽"（Bandwidth），是指在固定的时间内网络所能传输的数据量，通常在数字通信中是以 bps（波特率）为单位，即每秒可传输的位数（Bits Per Second），常用传输速率如下。
> Kbps：每秒传送千位数。
> Mbps：每秒传送兆位数。
> Gbps：每秒传送千兆位数。

4.2.5 数据传输交换技术

所谓"公用数据网络"（Public Data Network），就是一种在传输数据时才建立连接的网络系统。由于数据从某节点传送到另一节点的可能路径有多种，因此如何快速有效地将数据传送到目的端取决于采用哪一种数据传输交换技术，本节将为大家介绍三种常见的数据传输交换技术。

- 电路交换

"电路交换"（Circuit Switching）如同大家所使用的电话系统一样。当要打电话时才拨打对方的电话号码，以便使用线路交换功能来建立连接。不过，一旦建立了通信两端的连接后，这个连接将维持在专用状态，无法让其他节点使用正在连通的线路，另外费用也较贵，而且连接时间缓慢。

- 信息交换

"信息交换"（Message Switching）技术就是让信息带有目的端的地址，这样在传送过程中可以选择不同的传输路径，因此线路使用率较高。在传输过程中使用了"接口信息处理器"来暂存转发的信息，当数据传送到每一节点时，还会进行错误检查，因而传输错误率低。其缺点是传送速度慢，需要较大的空间来暂存待转发的数据，另外实时性也较低，重新传送的概率高，所以不适用于大型网络与实时性强的信息传输，通常用于如电子邮件的传送方式。

- 分组交换

"分组交换"（Packet Switching）技术就是一种结合电路交换与信息交换优点的交换方式，利用计算机"存储-转发"（Store and Forward）的功能，将所传送的数据分为若干"分组"（Packet，也称为"数据包"或"数据分组"）。"分组"是网络传输的最小单位，也是一组二进制数据，每一分组中包含分组的包头与包尾信息。每一个分组可经由不同路径与时间传送到目的端，再解开分组，并重新组合恢复为数据原来的面目。这样不但可确保网络的可靠性，并可随时检测网络的数据流量，适时进行流量控制。优点是节省传送时间，并可提高线路的使用率，目前大部分的通信网络都采用这种方式。对远距离且短时间的传送，分组交换网络是一种高效率与高可靠度的网络。缺点是由于分组传送顺序不一,因此需要花费重新组合分组的时间成本。

4.3 通信传输介质

在一个通信网络系统中,通信传输质量的好坏往往受到通信介质(Communication Media)种类的影响。通信介质的选择可以从成本、速度、稳定性来考虑。当前通信介质可以分为以下两大类。

- 引导式介质(Guided Media):是一种具有实体线材的介质,例如双绞线(Twisted Pair)、同轴电缆(Coaxial Cable)、光纤(Optical Fiber)等。
- 非引导式介质(Unguided Media):又称为无线通信介质,例如红外线(Infrared)、无线电波、微波等。

4.3.1 双绞线

"双绞线"(见图4-11)是一种将一对绝缘导线相互绞绕在一块的网络连接介质,通常又可分为"无屏蔽双绞线"(Unshielded Twisted Pair,UTP)与"屏蔽双绞线"(Shielded Twisted Pair,STP)两种。例如,家用电话线路是一种"无屏蔽双绞线",优点是价格便宜,缺点是容易被其他电磁辐射所干扰。另外,应用于IBM"令牌环"(Token Ring)网络上的电缆线就是一种"屏蔽双绞线",由于屏蔽双绞线在线路外围加上了金属隔离层,不易受到电磁干扰,因此成本相比"无屏蔽双绞线"要高一些,另外架设也不容易。相比其他线缆,"双绞线"的优点是成本较低,也是最为常见的一种传输线材;缺点则是比起其他传输介质(如同轴电缆、光纤),其传输带宽小。

图4-11 双绞线剖面图

4.3.2 同轴电缆

"同轴电缆"(见图4-12)构造的中央为铜导线,外面围绕着一层绝缘层,然后再围上一层网状编织的导体,这层导体除了有传导的作用之外,还具有隔绝电子噪声的作用,最后最外围会加上塑料套以保护线路。在价格上比双绞线略高,普及率也仅次于双绞线。

第 4 章 电子商务的网络基础建设

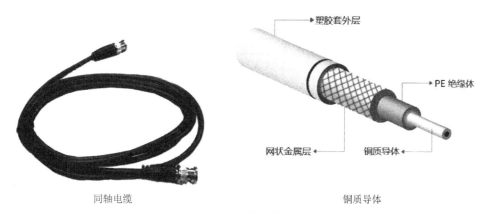

图 4-12 同轴电缆的外观与剖面图

4.3.3 光纤

"光纤"（见图 4-13）所用的材质是玻璃纤维，并利用光的反射来传递信号，主要是由纤芯（Core）、涂覆层（Cladding）及外层（Jacket）所组成的。它利用光的反射特性来实现信号的传输。传输的原理是当光线在介质密度比外界高的玻璃纤维中传输时，如果入射的角度大于某个角度（临界角），折射就会消失，而发生全反射的现象，也就是光线会完全在玻璃纤维线路中传送，而不会有光线折射到玻璃纤维外界。由于光纤所传送的是光信号，因此不但速度快，而且不受电磁波的干扰。光纤通常使用在"异步传输模式"（Asynchronous Transfer Mode，ATM）的网络中。例如，在 100Base-FX 高速以太网络中，就是使用一对光纤来进行连接的。

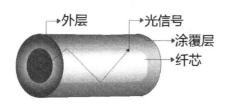

图 4-13 光纤的剖面图

4.3.4 红外线

"红外线"是相当简单的无线通信介质之一，频率比可见光还低，较适用于低功率、短距离（约 2 米以内）的点对点（Point to Point）半双工传输。红外线传输具备以下特点。

（1）传输速率基本为每秒 115KB。

（2）最大传输角度为 30°。
（3）属于点对点半双工传输。
（4）最大传输距离为 2 米。

无线鼠标或笔记本电脑间的传输都采用红外线方式（见图 4-14）。由于红外线连接方式是利用光学的原理来进行无线网络的连接和数据传输，因此它会受到相当大的限制，使得红外设备不适合当作局域网的端口设备。

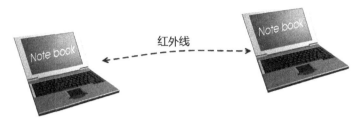

图 4-14　红外线适合笔记本电脑间的传输

4.3.5　无线电波

无线电波像收音机接收的电波一样，具备信号穿透性强和不受方向限制的特性，与无线光学技术比较起来，它确实更适用于无线局域网，也不容易受到铺设和维护线路的限制。但是，因为无线电波的频段相当宝贵，所以受到各国之间的严格管控。为了可以合理使用无线电波，各国之间协调制定了一个标准，规定可以使用一个 2.4GHz 的公用频段，无线网络就采用这个频段来作为电波的传输介质。如果是点对点长距离无线传输模式，就必须通过微波转换站才能接收，如图 4-15 所示。

图 4-15　无线电波传送示意图

4.4 参考模型

由于网络通信系统涉及复杂的软、硬设备与操作界面，因此需要建立一套大家可以遵循的开放式标准，可让通信网络上的硬件、软件、通信协议、传输数据进行适当的分配与协调，这就是"参考模型"的由来。

在 1978 年由国际标准化组织（International Organization for Standardization，ISO）所提出的网络参考模型称为"OSI 参考模型"（Open System Interconnection Reference Model），允许不同制造商所制造的计算机能够在不同的网络上交流与联系。模型理论是以结构化的方法来设置通信网络，将整个网络系统按照不同功能进行模块化，划分为七层，分别为"应用层"、"表示层"、"会话层"、"传输层"、"网络层"、"数据链路层"和"物理层"，如图 4-16 所示。

图 4-16 OSI 七层模块与通信协议示意图

- 应用层（Application Layer）

应用层为 OSI 模型的第七层，也是最上层。应用层对一般用户来说，应该最为熟悉。因为这一层直接提供了用户程序与网络沟通的"操作界面"，比如浏览器、FTP 客户端、各种网络应用软件等。

- 表示层（Presentation Layer）

表示层是 OSI 模型的第六层。表示层主要的工作就是协调网络数据交换格式（如 ASCII、JPEG、MPEG）、字符转换码、数据的压缩与加密。例如，图文电视的应用必须建立数据交换格式，由编码和转换函数来处理字符集和数字转换，确保传送的数据能被其他系统解读，并决定数据传输时是否要进行压缩或加密。

- 会话层（Session Layer）

会话层是 OSI 模型的第五层。会话层主要的工作是在数据传送前制定连接建立的模式、数据请求与响应方式、传输参数的设置等。例如，可利用全双工、半双工或单工来建立双向连接，并维护与终止两台计算机或多个系统间的会话，通过线程的运行，决定计算机何时可传送/接收数据。

- 传输层（Transport Layer）

传输层是 OSI 模型的第四层。传输层主要的工作是控制数据流量、数据确认、检测错误处理、网络与主机地址的转换等。例如，面向连接的 TCP 与面向非连接的 UDP 都属于此层的通信协议。

- 网络层（Network Layer）

网络层是 OSI 模型的第三层。网络层主要的工作是负责为信息寻址并将逻辑地址与名称转换成实际地址，包括 IP 寻址与路径选择、路径搜索、网络管理、数据分组与重组等。例如，IP 地址所处理的是"逻辑地址"，如果两台传递数据的主机之间有许多不同的传输路径，那么在这一层就必须考虑各种因素，以便选择出最适当的传输路径。

- 数据链路层（Data Link Layer）

数据链路层是 OSI 模型的第二层。数据链路层主要的工作是负责将数据封装成"帧"（Frame）以及将数据帧"解封"，并决定数据的实际传送地址、流量、传送时间和检测错误的工作等。由于要考虑传输的流量，因此会将所接收的数据分组，切割为更小的数据帧，并在前后分别加上帧头和帧尾，让接收端便于识别。此外，数据链路层通常用于两个相同网络节点间的传输，因此网卡、网桥或交换式集线器（Switch Hub）等设备都是属于此层的产品。

- 物理层（Physical Layer）

物理层是 OSI 模型的第一层。物理层所处理的是真正的电子信号，主要的工作是定义网络信息传输时的实际规格，包括连接方式、传输介质、信号转换等，也就是对调制解调器、集线器、连接线与传输方式等加以规定。例如，我们常见的"集线器"（Hub）就属于典型的物理层设备。

提示

在 OSI 模型提出之前，TCP/IP 早于 1982 年就提出来了。当时 TCP/IP 的架构又被称为 TCP/IP 模型。同年美国国防部（Department of Defense）将 TCP/IP 纳为它的网络标准。TCP/IP 模型使用的是美国国防部所制定的四层模块，包括应用层、传输层、网络层以及链路层，而且 TCP/IP 通信协议也适用于自身的四层架构，所以 TCP/IP 模型又称为 DoD 模型。

4.5 通信协议简介

由于 OSI 模型只是提供了概念上的分层结构，并非通信的方法，因此必须建立"标准化"（Standardization）协议，才能让沟通的双方有遵循的方式。在庞大的网络世界中，为了让所有计算机都能互相沟通，就必须制定一套可以让所有计算机都能够了解的语言，这种语言就是成为"通信协议"。通信协议就是一种公开化的标准，而且会定期根据用户的需求逐步改进，本节将介绍几种常见的有线通信协议。

4.5.1 TCP

"传输通信协议"（Transmission Control Protocol，TCP）是一种"面向连接"的数据传输方式。也就是说，当发送端发出数据分组（Packet）后，接收端接收到数据分组时必须发出一条消息告诉接收端："我收到了！"如果发送端过了一段时间仍没有接收到确认信息，表示数据分组可能遗失，必须重发。基本上，TCP 的数据传送是以"字节流"来进行的，数据的传送具有"双向性"。建立连接之后，任何一端都可以进行数据的发送与接收，而它也具备流量控制的功能，双方都具有调整流量的机制，可以根据网络状况来适时调整。

TCP 能确保对方收到数据，这是因为它会在数据分组的前面加上一个 TCP 包头，其内容包含了流量控制、顺序和错误检查等相关信息。进行 TCP 连接时都会指定一个端口（port）编号，让送往主机的数据能正确抵达目的地。一般来说，端口号必须先注册，才能在网络上提供数据的服务。例如，邮件服务器会使用端口号 25，当邮件要发送时，会在邮件头部加入此端口号作为标记，才能把数据送到这个端口。

4.5.2 IP

"网际协议"（Internet Protocol，IP）是 TCP/IP 中的核心，存在于 DoD 网络模型的"网络层"，也是构成互联网的基础，是一个"非连接式"（Connectionless）的传输通信协议，主要负责主机之间网络数据分组的寻址与路由，并将数据分组从来源处送到目的地。IP 可以完全发挥网络层的功能，并完成 IP 数据分组的传送、分割与重组。也就是说，IP 可接受传输而来的信息，再分割、封装成大小合适的 IP 数据分组，然后再往链路层传送。

4.5.3 UDP

"用户数据报协议"（User Datagram Protocol，UDP）是一种较简单的通信协议。TCP 的可靠性虽然较好，但是所需要的资源较高。每次在需要交换或传输数据时，都必须建立 TCP 连接，并在数据传输过程中不断地进行确认与应答的工作。对于一些小型但频率高的数据传输，这些工作会耗掉相当多的网络资源。UDP 则是一种非连接型的传输协议，允许在完全不理会数据是否传送至目的地的情况下进行传送。虽然这种传输协议比较不可靠，但是它适用于广播式的通信。也就是说，UDP 具备"一对多"数据传送的优点，这是 TCP "一对一"数据传送所没有的特点。

4.6 互联网连接方式

调制解调器是上网的重要工具，原理是利用调制器（Modulator）将数字信号调制为模拟信号，再通过线路进行传送，而接收方收到模拟信号后，再通过解调器（Demodulator）将模拟信号还原成数字信号。原理如图 4-17 所示。

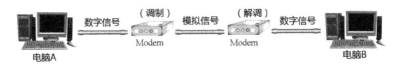

图 4-17　调制解调器的工作原理

如果按带宽来分，可以分为窄带与宽带两种。传统的拨号式调制解调器的传输速率最多只能到 56Kbps，因此称为窄带。传输速率在 56Kbps 以上的则称为宽带，例如目前相当流行的宽带上网 ADSL 调制解调器与电缆调制解调器（Cable Modem）。让电脑连上互联网有许多种方式，本节中我们将会一一介绍，读者可以根据自身的主客观条件来选择最合适的联网方式。

4.6.1　传统电话拨号上网

利用现有的电话线路，在接至服务器之后，就可以建立网络连接了。由于是通过电话线的语音频道，因此数据的传输速度目前只能到 56Kbps，而且不能同时进行数据传送与电话语音服务。

4.6.2　ADSL 调制解调器

ADSL 上网是宽带上网的一种，利用一般的电话线（双绞线）为传输介质。这种技术能使同一线路上的"语音"与"数据"分离，下载时的连接速度最快可以达到 8Mbps，而上传的网速最快可以达到 1Mbps。正是因为上传和下载的速度不同，所以称为 ADSL（Asymmetric Digital Subscriber Line，非对称数字用户线路）。

如果使用 ADSL 方式上网，就可以同时上网和打电话，不必再另外申请一条电话线。有关申请 ADSL 账号的过程和拨号上网账号类似，不过申请 ADSL 服务时，相关线路的连接和设置工作将会由工程人员来负责。图 4-18 是 ADSL 调制解调器传输线路的示意图。

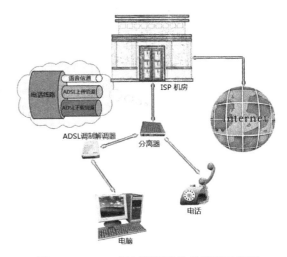

图 4-18　ADSL 调制解调器传输线路示意图

4.6.3　电缆调制解调器

电缆调制解调器利用家中的有线电视网的同轴电缆线来作为和互联网连接的传输介质。

由于同轴电缆中既包含有收发数据的数字信号又包含电视频道的模拟信号,因此能够在进行数据传输的同时收看一般的有线电视节目。如果家中安装了有线电视系统,就可以直接向有线电视的运营商申请账号。由于电缆调制解调器的上网架构采用的是"共享"架构,因此当用户数量增加时,网络带宽会被分割掉,这样传输速率会受到影响。图 4-19 是电缆调制解调器传输线路的示意图。

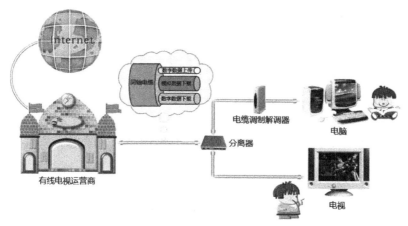

图 4-19　电缆调制解调器传输线路示意图

4.6.4　专线上网

一般中小企业可通过向 ISP 申请一条固定传输线路与互联网连接,利用此数据专线,就可以实现全年全天候的网络应用服务。专线的带宽有 64Kbps、512Kbps、T1、T2、T3、T4 等。

> T1 是一种拥有 24 个信道,且每秒传送可达 1.544Mb 的数字化线路,T2 则拥有 96 个信道,且每秒传送可达 6.312Mb 的数字化线路。T3 则拥有 672 个信道,且每秒传送可达 44.736Mb 的数字化线路。T4 拥有 4032 个信道,且每秒传送可达 274.176Mb 的数字化线路。

4.6.5　卫星直拨

所谓卫星直拨(Direct PC),就是通过卫星来进行互联网数据的传输服务。它采用了异步传输(Asynchronous Transmission)方式,可根据用户的需求采用预约或实时服务方式,经由网络操作中心和卫星电路,以高达 3Mbps 的速度下载数据至客户端的个人计算机。卫星直拨的用户必须加装一个碟型天线(直径约 45~60cm),并在计算机上连接解码器,这样就能够通过卫星从互联网接收下载数据。以下是客户端在使用 Direct PC 时的标准配备。

77

碟型天线（Antenna）	金属制天线盘，可安装于室内或室外
接收器（LNB）	卫星信号接收器，负责接收经由碟型天线汇集的卫星信号，然后再传送到客户端
缆线及相关套件	同轴缆线及电力加强设备等
Direct PC 适配卡	驱动程序和使用 Direct PC 时所需的应用程序

4.6.6 光纤上网

随着通信技术的进步，上网的民众对于带宽的要求越来越高。与 ADSL 相比，光纤上网可提供更高速的带宽，最高速度可达 1Gbps，并且是用光信号代替电信号来传输数据，在传输过程中的光信号损耗比传统电线的电信号损耗低得多。光纤成本日益降低，又因为能提供更稳定的上网质量和更高的上网速度，所以光纤的用户群将逐渐超越 ADSL 的用户群。同时，光纤传输也没有 ADSL 受距离限制的问题，预估此消彼长的情况会越来越明显，光纤将逐渐成为民众宽带上网的首选。

4.7 互联网的热门服务功能

互联网的蓬勃发展带动了人类有史以来最大规模的信息革命和社会变革。无论是民族、娱乐、通信还是政治、军事、外交等方面，无一不受到互联网的影响。只要连上互联网，就可以轻松享用全世界服务器上所提供的各种信息和服务。接下来我们将介绍互联网上较传统的服务功能。

4.7.1 万维网

万维网（World Wide Web，WWW）可以说是目前互联网中最流行的服务项目。它是一种构建在互联网上的多媒体整合信息系统。它利用超媒体（Hypermedia）的数据获取技术，通过一种超文件的表达方式，将全世界所有的信息链接在一起！

所谓超链接，就是 WWW 上的链接技巧。通过已定义好的关键词与图片，只要用户单击某个图标或某段文字，就可以直接链接到相对应的文件。"超文件"则是指具有超链接功能的文件。至于浏览器，它们是用来连上 WWW 网站的软件。目前市面上常见的浏览器也不少了，由于历史的原因，仍以微软公司所开发的 IE（Internet Explorer）浏览器为主。

WWW 主要是由全球大大小小的网站所组成的，主要以"主从式架构"（Client / Server）为主，分为"客户端"（Client）与"服务器"（Server）两部分。服务器在网络上提供各种服务或信息，而客户端则只需要向服务器提出请求。服务器在接收来自客户端的请求信息后，就会将查询的信息传送回客户端。这个过程如图 4-20 所示。

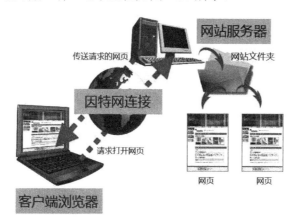

图 4-20　WWW 上网浏览过程示意图

- **全球资源定位器**

当你打算连接到某一个网站时，首先必须知道此网站的"网址"，网址的正式名称应为"全球资源定位器"（Universal Resource Locator，URL）。简单地说，URL 就是 WWW 服务器主机的地址，用来指出某一项信息所在的位置以及访问方式。严格一点来说，URL 就是在 WWW 上指明通信协议并以地址来使用网络上各种各样的服务功能。URL 的标准格式如下：

服务协议：// 网页所在主机名/存放路径/网页名称

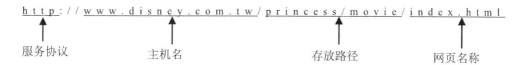

上述"服务协议"是指计算机相互之间进行数据通信时所必须遵循的共同协议。其中，http 是用于访问万维网（WWW）的文件。

4.7.2　电子邮件

电子邮件（electronic-mail，e-mail）可让人们以全天候的方式互相传递信息，尤其是现在的电子邮件不只是传送简单的文字了，它传送的内容可以包括声音、影像、动画等。一般来说，电子邮件地址的格式主要由"用户名称"与"邮件服务器名称"两个部分组成，两者之间以"@"符号隔开，如下所示：

"用户名称"是由用户自己选定的，目前只能使用英文字母与数字。"@"的正确读法是"at"，是"在"的意思。"@"后面接的是邮件服务器的名称，也就是用户电子邮件账户的主机名。电子邮件地址具有唯一性，互联网上的每一个 e-mail 账号都不相同。

在了解电子邮件的相关组件之后，接着我们就来介绍电子邮件的运行机制：首先寄信人从自己的电脑使用电子邮件软件发出邮件，这时电子邮件会先经过寄信人所在的邮件服务器 1 确认无误后，再通过互联网将邮件送至收件人所在的邮件服务器 2。接着邮件服务器 2 会将接收到的电子邮件分类至收信人的邮件账号（邮箱），等待收信人登录电子邮件软件收取邮件。收信人从自己的电脑使用电子邮件软件传送存取邮件的指令至邮件服务器 2，在验证用户账号和密码无误后，即允许收信人开始下载邮件。这个过程如图 4-21 所示。

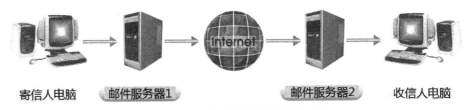

图 4-21　电子邮件收发过程的示意图

4.7.3　文件传输协议

FTP（File Transfer Protocol）是一种文件传输协议，通过此协议，不同计算机系统也可以在互联网上相互传输文件。文件传输分为两种模式：下载（Download）和上传（Upload）。下载是通过互联网获取服务器中的文件，将其存储在本地计算机上。而上传则正好相反，是用户通过互联网将自己计算机上的文件传送到服务器上。网络上有许多共享软件（Shareware）和免费软件（Freeware）都放在 FTP 的服务器上，只要使用 FTP 文件传输程序连到所需软件存放的服务器，就可以将文件下载到本地计算机的硬盘中。为了方便进行文件传输，通常需要使用 FTP 软件，例如 CuteFTP、WS_FTP 等，如图 4-22 所示。

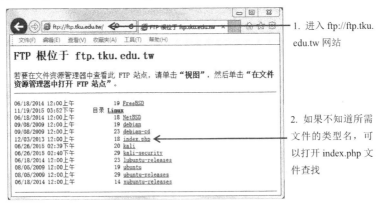

图 4-22　通过 FTP 上传或者下载文件

4.7.4 电子公告牌系统

电子公告牌系统（Bulletin Board System，BBS）是一种较小型的区域性在线讨论服务，通常是学生族的最爱。在互联网尚未兴起前，它就已经在校园中广泛流行了。通过 BBS，可进行在线交谈、公告与阅读文章、收发信件等。一般大专院校几乎都架设有 BBS 网站。至今 BBS 仍是各大专院校学生上网讨论的主要园地。图 4-23 为北大未名 BBS 网站。（改编者注："未名 BBS"的名称源于北大著名的"未名湖"。）

图片来源：http://www.bdwm.net/

图 4-23　北大未名 BBS

4.7.5 即时通信

即时通信（Instant Message，IM）是一种互联网时代的全新沟通方式——通过互联网就可以立即互相交流和聊天。如果想要跟自己的好友们利用即时通信沟通，双方都必须安装即时通信软件，并且都要在线，这样才能通过即时通信软件，以文字（键盘打字）、语音（需有麦克风、耳机或音箱）或视频（需有 WebCam）进行沟通，也可以多人以群组的方式进行通信。腾讯公司就靠 QQ 这个即时通信软件起家的。图 4-24 就是 QQ 即时通信软件中聊天室的样子。

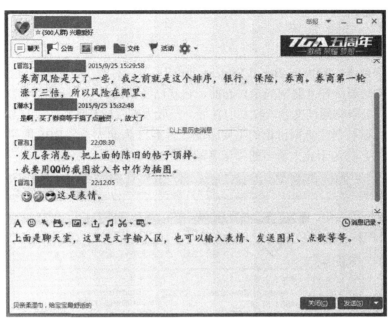

图 4-24　腾讯公司的 QQ 即时通信的聊天室

Windows Live Messenger（MSN）是微软开发的即时通信软件，过去曾经是电脑族最常用的即时通信工具，高峰期全球用户达三亿人，但在智能手机普及后，用户人数减少了很多，为了恢复往日盛况，微软公司并购了 Skype 后，正式宣告 MSN 于 2013 年 4 月 8 日引退，将由 Skype 软件取而代之。Skype 用户除了可跨平台传送即时消息、进行视频通话与拨打电话之外，用户之间仍然可以像使用 MSN 一样传送即时消息，分享文件和联络人的信息。

项目研究与分析　网络电话

网络电话（IP Phone）是利用 VoIP（Voice over Internet Protocol）技术将模拟的语音信号经过数字化（Digitized）和压缩后，以数据分组（Data Packet，或称为数据包）的形态在 IP 数据网络（IP-based data network）传输语音的通话方式。

腾讯公司的 QQ 已经发展成为可以支持语音直接通话的即时通信软件，除了以前的即时文字通信和聊天之外，它也可以让线路两端的用户进行语音通话。通过 QQ，只要愿意，就可以与全球各地的好友或客户进行联络，甚至进行视频会议与通话。QQ 也有移动设备的版本，在智能手机和平板电脑上都可以使用。

想要使用 QQ 网络电话，通话双方都必须具备计算机并安装了 QQ 软件，而且要有麦克风、耳机、音箱；如果想要进行视频通话，则必须配备有网络摄像头（Web CAM）和高速的宽带连接。若要视频的效果更佳，则除了带宽和高清晰度的网络摄像头，计算机的性能也不能太差。对于要和外地的家人和朋友经常进行视频通话的用户，QQ 是一套相当不错的视频通话软件。如果想安装 QQ，就可以从 QQ 网站下载最新版本的 QQ 软件，如图 4-25 所示。

第 4 章 电子商务的网络基础建设

图 4-25 从 http://im.qq.com 网址下载 QQ 软件

QQ 对 QQ 的通话完全免费。如果要和对方视频通话，就必须先确认对方也有安装网络摄像头，然后在即时通信的聊天室里单击"摄像头"的图标，如图 4-26 所示。

图 4-26 单击 QQ 里的"网络摄像头"图标就可以开始视频通话

本章重点整理

- "网络"（Network），最简单的定义就是利用一组通信设备，通过各种不同的介质，将两台以上的计算机连接起来，彼此可以进行"资源共享"与"信息交流"。
- "局域网"是一种最小规模的网络连接方式，覆盖范围可能局限于一个房间、同一栋大楼或者一个小区域内，实现联网和资源共享的目的。
- 在对等式网络中，并没有核心的服务器，网络上的每台计算机都具有同等的地位，并且可以同时享用网络上每台计算机的资源。优点是架设容易，不必另外设置一台专用的网络服务器，成本花费自然较低。
- 环形拓扑（Ring Topology）以计算机的发送端口为开始，连接下一台计算机（工作站）的接收端口，将所有计算机按序连接，串成一个环形，最典型的就是 Token Ring 网络。
- 全双工（Full-Duplex）是指传输数据时，即使在同一时间内也可以同步进行双向传输，也就是收发端可以同时接收与发送数据，比如日常使用的电话系统双方能够同步接听与说话、计算机网络连接建立完成后可以同时上传或下载文件。
- "带宽"（Bandwidth）是指在固定的时间内网络所能传输的数据量，通常在数字通信中是以 bps 为单位，即每秒可传输的位数（Bits Per Second）。
- 引导式介质（Guided Media）是一种具有实体线材的介质，例如双绞线（Twisted Pair）、同轴电缆（Coaxial Cable）、光纤（Optical Fiber）等。
- 光纤所用的材质是玻璃纤维，并利用光的反射来传递信号，主要是由纤芯（Core）、涂覆层（Cladding）及外层（Jacket）所组成的。它利用光的反射特性来实现信号的传输。
- 无线电波像收音机接收的电波一样，具备信号穿透性强和不受方向限制的特性，与无线光学技术比较起来，它确实更适用于无线局域网上，也不容易受到铺设和维护线路的限制。
- 在 1978 年由国际标准化组织（International Organization for Standardization，ISO）所提出的网络参考模型称为"OSI 参考模型"（Open System Interconnection Reference Model），允许不同制造商所制造的计算机能够在不同的网络上交流与联系。
- 在 OSI 模型提出之前，TCP/IP 早于 1982 年就提出来了。当时 TCP/IP 的架构又被称为 TCP/IP 模型。同年美国国防部（Department of Defense）将 TCP/IP 纳为它的网络标准，所以 TCP/IP 模型又被称为 DoD 模型。
- TCP 的数据传送是以"字节流"来进行的，数据的传送具有"双向性"。建立连接之后，任何一端都可以进行数据的发送与接收，而它也具备流量控制的功能，双方都具有调整流量的机制，可以根据网络状况来适时调整。
- ADSL 上网是宽带上网的一种，利用一般的电话线（双绞线）为传输介质。这种技术能使同一线路上的"语音"与"数据"分离，下载时的连接速度最快可以达到 8Mbps，而上传的网速最快可以达到 1Mbps。正是因为上传和下载的速度不同，所以称为 ADSL（Asymmetric Digital Subscriber Line，非对称数字用户线路）。
- 电缆调制解调器（Cable Modem）是利用家中的有线电视网的同轴电缆线来作为和互联网连接的传输介质。由于同轴电缆中既包含有收发数据的数字信号又包含电视频道的模拟信号，因此能够在进行数据传输的同时收看一般的有线电视节目。
- 卫星直拨（Direct PC）就是通过卫星来进行互联网数据的传输服务。它采用了异步传输（Asynchronous Transmission）方式，可根据用户的需求采用预约或实时服务方式，经由网络操作中心和卫星电路，以高达 3Mbps 的速度下载数据至客户端的个人计算机。
- 光纤上网可提供更高速的带宽，最高速度可达 1Gbps，并且是用光信号代替电信号来传输数据，在传输过程中的光信号损耗比传统电线的电信号损耗低得多。
- WWW 主要是由全球大大小小的网站所组成的，其主要是以"主从式架构"（Client/Server）为主，分为"客户端"（Client）与"服务器"（Server）两部分。
- URL 就是 WWW 服务器主机的地址，用来指出某一项信息所在的位置以及访问方式。严格一点来说，URL 就是在 WWW 上指明通信协议并以地址来使用网络上各种各样的服务功能。
- FTP（File Transfer Protocol）是一种文件传输协议，通过此协议，不同计算机系统也可以在互联网上相互传输文件。文件传输分为两种模式：下载（Download）和上传（Upload）。

本章习题

1. 简述网络的定义。
2. 试解释主从式网络与对等式网络之间的差异。
3. 按照通信网络的架设范围与规模，可以分为哪三种网络类型？
4. 通信网络按照通信传输方向来分类，可以分为哪三种模式？
5. 请比较模拟信号与数字信号之间的不同点。
6. 目前通信介质可以分成哪两大类？
7. 电子邮件要能够收发，必须有哪几项组件的配合？
8. 实际申请一个 BBS 账号，并张贴文章以及在讨论区回复一篇文章。
9. 试简述网络电话。
10. 请说明红外线传输的特点。
11. 什么是专线上网？

第 5 章　企业电子化

随着信息技术蓬勃迅速地发展，计算机在办公室内所能协助处理的范围也日渐扩大，不同信息系统在计算机的辅助下，将企业内部的运营信息与企业管理融为一体，使经营管理者从中获得不同层次和种类的经营情报与策略，于是揭开了企业电子化（electronic-Business）或称企业 e 化的序幕。

管理之父彼得杜拉克博士曾说："做正确的事情，远比把事情做正确更加重要"。因此，身为现代的管理者，首先需要具备系统规划、思考及执行能力，能够有效地收集信息并有效地运用组织资源与相关信息系统，最终实现企业与组织的目标。

在经营环境迅速改变过程中，企业运营技术的改革有几个明显趋势，企业 e 化的目标在于运用网络与数字化科技来加快企业组织流程的进行，重新建立自己的竞争策略，并让企业成员有更多的时间专注于自身专业的核心工作上。

5.1　企业 e 化简介

企业 e 化所包含的范围不只是简单的电子商务所提到的商品买卖和提供服务，除了通过网络与客户互动与交易外，还涵盖了改造企业或其上下游商业伙伴间的供应链运营与流程。根据 Malecki（1999）对企业 e 化的定义为：运用企业内网络（Intranet）、企业外网络（Extranet）及互联网（Internet），将重要的企业信息与知识系统与其供货商、经销商、客户、员工以及合作伙伴紧密结合。简单来说，企业 e 化最大的意义在于借助网络技术的运用，改变原有企业的流程，让企业的运营更有效率，最终目的就是希望为整个企业组织带来优化的绩效表现。

- Intranet

"企业内部网络"（Intranet，或称为内联网）是指企业体内的互联网，将互联网的产品与观念应用到企业组织中，通过 TCP/IP 来串联企业内部和外部的网络，以 Web 浏览器作为统一的用户界面，更以 Web 服务器来提供统一服务的窗口。服务对象原则上是企业内部的员工，以联系企业内部工作群体为主，并使企业内部组织结构各层级的距离感消失，达到良好沟通的目的。在不影响企业文件的机密性与安全性的前提下，充分利用互联网达成资源共享的目的。

- Extranet

"商际网络"（Extranet，或称为外联网）是为整合企业上下游各相关策略联盟企业所构成的网络，需要使用防火墙管理，通常 Extranet 是属于 Intranet 的子网，可将用户延伸到公司外部，以便客户、供货商、经销商以及其他公司可以访问企业网络的资源。目前多应用于"商品电子目录"与"电子数据交换"（Electric Data Interchange，EDI）。企业如果能善于利用 Extranet，不需花费太多费用，就能降低管理成本，大幅提升企业的竞争力。

- Internet

互联网（Internet，也称为因特网）最简单的说法就是一种连接各种计算机网络的网络，以 TCP/IP 为它的网络标准，即只要通过 TCP/IP，就能享受互联网上所有一致性的服务。互联网上并没有中央管理单位的存在，而是由数不清的个人网络或各种组织的网络组合而成，这种网络聚合体中的每一位成员都自行运营并担负自身的费用。

5.1.1　企业 e 化的范围

企业 e 化除了可以提升企业整体效率与市场竞争力之外，也提供了一个新的方法，使之能够有效地改进企业内部、企业之间以及整个电子商务运营的业务流程。现代企业 e 化的重要范围主要是以业务流程重组（Business Process Reengineering，BPR）为主，为产业上中下游构建垂直整合的架构，使企业降低成本，提高生产效率，进而增加企业整体的竞争与获利能力。

例如，台塑及其关系企业源于创办人王永庆先生对于企业 e 化管理的远见，自 1978 年开始将管理制度"计算机化"，迄今有了将近四十年的企业 e 化的实践经验，在台湾地区的制造业中堪称推动企业计算机化管理的先驱。台塑集团又于 2000 年 4 月成立台塑电子商务网站，简称为"台塑网"（见图 5-1），由台塑集团旗下的台塑、南亚、塑化、台化、总管理处等共同投资成立，拥有台湾地区七千多家的材料供货商和大约三千家的工程第三方，是企业 e 化效果的最佳典范。

图片来源：http://www.e-fpg.com.cn/

图 5-1　台塑网是台塑集团 e 化效果的最佳典范

5.1.2 电子政务

世界各国政府认识到电子政务（e-Government）对于企业、社会和民众的重要性，莫不大力推动和改进网络基础建设，以民众为核心提供面向民众的各类在线服务。中国中央人民政府以及各个地方政府都已追随国际信息技术发展的方向，将政府的信息和服务"数字化"和"网络化"，目的是提高政府组织各个层级的工作效率和反应能力。各项政务采用共同的数据库，经由计算机间的联网，让民众能够在单一窗口中办理各项业务，提供以用户为中心的网络服务平台，以实现电子化政府的建设。图 5-2 就是中华人民共和国中央人民政府门户网站中电子政务的体现。

图片来源：http://www.gov.cn/

图 5-2 中央人民政府门户网站中电子政务的体现

电子政务有利于政府服务渠道的多元化和政府信息的公开化。电子政务通过计算机间的联网，共享相同的数据库，可以将各项对民众的服务统一起来，让民众能够在单一窗口中办理各项业务，例如网络报税、商务投资、申办企业、电子公文以及政府数字出版等。

5.2 业务流程重组

在网络世界中，企业已经不像过去那样有本土企业和国际企业那么明显的区分了。大家必须开始面对全球所有企业的强力竞争。在建立企业电子化系统的过程中，每一个阶段电子化能力的提升都代表着企业运营效率的提升。业务是电子化的核心，业务流程的改造可以巩固其核心的竞争力。

电子商务改变了传统的商务流程,给业务流程重组提供了应用的舞台。为了达到企业电子化的目的,企业经常必须辅以业务流程重组(Business Process Reengineering,BPR)工程,让企业的流程应用和组织结构进行大的整合,以便能够有效地改进企业内部、企业之间以及整个电子商务运营的业务流程,使得在电子商务时代创造一个高绩效的企业商业模式。事实上,业务流程重组往往是企业电子化过程中的最终目标之一,并将有效地改进企业在电子商务环境下的业务流程。

企业流程也可说是组织协调、信息交流和知识的运营方法。例如,完成一张客户的订单就会牵涉到跨部门的复杂步骤,需要业务、营销、财务与制造部门的紧密协调。BPR是目前"信息管理"科学中相当流行的课题,所诠释的精神是如何运用最新的信息工具(包括企业决策模式工具、经济分析工具、通信网络工具、计算机辅助软件工程、活动仿真工具等)来实现企业不断创新变革的目标。这个目标不仅是改进企业中的各个业务流程,还希望带领企业走一条持续发展壮大的大道,实现公司远大的愿景。

企业未来发展的重点是为业务流程重组,即应强调运筹与供应链管理的必要性,以及让信息科技在企业竞争中发挥完整的功能,通过信息系统达到供应链和上下游厂商的整合,以提升产业竞争优势。"业务流程重组"对于企业组织的影响层次可包含以下三个阶段(见图5-3)。

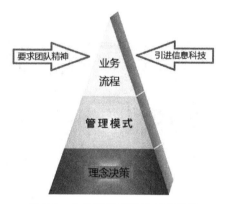

图 5-3 业务流程重组的三个阶段

- 业务流程阶段

要先调查现有的流程、找出瓶颈与盲点才知道该怎么改,要进行详细的评估与规划,尝试利用信息科技将企业内部的结构化与非结构化业务通盘改变,最后以提高绩效和产能为最终目标。这个过程中包括以下五种工作的范围。

(1)绩效不佳,且位于"工作临界点"(Critical Point)的流程。
(2)以顾客服务为驱动的关键流程。
(3)附加价值高的流程。
(4)高冲击性的核心流程。
(5)跨部门的工作流程。

- 管理模式阶段

为了巩固"业务流程阶段"的改进成果,"业务流程重组"执行团队还必须同步员工薪资和福利、管理模式与技巧、组织结构与制度等方面的变动。另外,在业务流程重组进行时,仍需考虑组织结构和技术层面的影响,并时时评估新的流程与技术给组织结构所带来的人事、结构及工作内涵的变化,否则上一阶段所做的努力可能会前功尽弃。

- 理念决策阶段

当成功地完成了前两个阶段的目标与任务之后,这时"业务流程重组"执行团队的理念及目标都因为信息科技与团队管理精神而进行了彻头彻尾的改变,也只有本阶段的真正完成,才能为"业务流程重组"画下一个完美的句点,并将全新的理念与标准化业务普及到企业的每个角落。

例如,宏基计算机与宏基科技的合并案就是业务流程重组的成功案例,公司的发展方向转型以服务为主。施振荣先生指出,新宏基公司的目标是希望以信息电子的产品营销、服务、投资管理为核心业务,成为新的世界级服务公司(见图 5-4)。

图片来源:http://www.acer.com.cn/

图 5-4 新宏基公司立志成为世界级的服务公司

5.3 企业 e 化与信息系统的应用

"企业 e 化"就是信息化,就是将企业运营的整个流程信息化,通过信息系统的运行来提高企业的运营效率。

5.3.1 信息系统特性

现代化的信息系统随着信息科技的日新月异以及企业组织的不断调整，应该具备以下四种特性。

- 人机配合

由于信息系统是一个人机系统，因此必须让所参与的人员和计算机能配合良好，方能运作顺畅。许多信息系统过分重视计算机硬件，而忽略了人员训练与沟通，导致人工操作流程失败以及使用人员的抵制，因而影响整体信息系统的绩效。

- 经济价值

早期的计算机价格相当昂贵，企业中员工需要多人共享一台计算机，但随着微处理器的强力（Sheer Power）发展与个人计算机的快速普及，计算机基本人手一台而且协助员工处理的工作量也大为增加，这样就使得信息系统给企业带来的经济价值和帮助企业获利能力的提升变得举足轻重。

- 通信网络

"网络"（Network）的核心作用就是让其上运行的信息系统在联网的计算机和设备上能够高速有效地进行"资源共享"与"信息交换"。例如，"7-11"连锁小超市（见图5-5）的信息系统每天可以通过通信网络，将分布在各地为数众多分店的零售端进销存管理系统（Point of Sale，PoS）的最新销售信息传送到公司总部。

图片来源：http://www.7-eleven.com

图 5-5 "7-11"连锁小超市

- 实时迅速

计算机化的信息系统可以大大提高数据处理的速度,包括更新文件、计算、分类、查询、编制报表等,都比人工操作处理迅速。例如,最快速的在线实时订位系统,一旦交易发生,几乎在数秒或更短的时间内就立刻响应。

5.3.2 信息系统的规划

在考虑信息系统规划的方向时,可以从许多不同角度来思考,例如企业的目标与策略、内部和外部的资源与环境因素、研发进程的规划、预算个案计划、信息发展目标和策略、组织信息需求与信息系统架构等。在此我们将介绍由美国人波曼(Browman)等教授提出的所谓三阶段信息系统规划模型(见图 5-6)。

图 5-6 信息系统规划的三个阶段

1. 策略性规划

对于信息系统的规划,最困难之处就是如何从组织的整体策略中导引出正确的规划。换句话说,本阶段的目的在于制定信息系统的目标与策略,必须与组织总体性目标、细分目标以及策略并行而不相悖。也就是产生符合组织整体策略的目标与方法,在这个阶段所要执行的内容有以下几项。

(1)定义出信息系统的目标并收集各种数据。
(2)按照既定目标排定任务流程。
(3)通盘考虑所有可能的影响因素。

2. 组织信息需求分析

这个阶段的主要成果是将信息系统的所有流程及需求安排妥当,主要的执行内容包括以下两项。

(1)了解组织对信息系统的整体需求。
(2)指定信息系统的开发流程。

另外,本阶段可以使用两项重要的辅助工具,说明如下。

- 企业系统规划(Business System Planning,BSP)

BSP 是一种由 IBM 公司所提倡的一套系统化的分析方法,强调的是从上而下的设计,也就是从高层主管开始,了解并界定其信息需求,再按组织层次往下推演,直到了解全公司的信息需求并完成整体的系统结构为止。强调的是企业流程驱动,主要是代表企业的主要活动和决策领域,并不是针对某特定部门的信息需求。

- 关键成功因素(Critical Success Factor,CSF)

CSF方法的核心就是从管理的角度来找出信息的需求。它起源于丹尼尔(R. Daniel, 1961)所提出的"成功因素"理论,也就是说CSF是找出管理阶层所认为的能让企业成功的关键因素组合。不同于BSP之处在于:CSF所关注的重点是企业经营成功的关键因素而非企业活动。它的假设是任何一个组织要能经营成功,必定要掌握一些重要的因素,如果不能掌握这些特定因素,则必定失败。

3. 资源分配

这个阶段的主要目的就是拟定资源分配计划和日程。一般企业的资源有限,不可能一次完成所有的信息系统,所以我们可以模块化(Module),将其分成许多子系统,再决定哪一个子系统应该事先规划。

5.3.3 信息系统的开发

信息系统的需求经常会随着主客观环境的改变而变化,如何快速顺应系统的变化需求与信息系统的开发模式有着很大的关系。在此我们将针对两种常用的信息系统开发模式,以及系统开发的生命周期模式、特色、应用程序和适用情况为大家一一介绍。

- 生命周期模式

在20世纪70年代以后,软件工业开始引用流行于硬件工业界的"系统开发生命周期"(System Development Life Cycle,SDLC)模式作为软件工程的开发模式,并很快成为信息系统发展模式的主流。

SDLC模式就是先行假设所开发的信息系统像生物系统一样具有自己的生命周期,而且每个信息系统可以分成从生产起始阶段到系统淘汰并终止的几个阶段。在此生命周期的每一阶段,如果发现错误或问题,就应该回到前面的阶段加以修正,才能够继续进行后续的阶段,这种方法也称为瀑布模式,如图5-7所示。

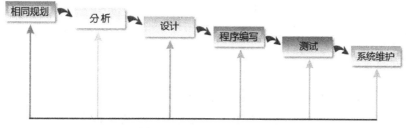

图5-7 SDLC模式示意图

SDLC的优点是对每一个阶段的分工和责任归属有相当清楚的区分。缺点是如果在每一个阶段的需求分析不尽完善,就会让以后的开发工作困难重重。另外,因为是按序方式进行阶段转换,往往会导致系统在没有开发完成之前看不到任何成果。

- 为软件建立原型的模式

为软件建立原型(Software Prototyping)就是建立一个信息系统的初步模型,它必须是可操作的,且可以完成系统的部分关键功能,另外再配合高级开发工具与技术,如非程序设计语言、数据库管理系统、用户自建系统、数据字典、交互式系统等。图 5-8 是建立原型的示意图。

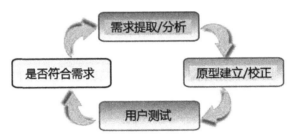

图 5-8　建立原型模式的基本概念

原型最主要的就是需要快速、经济有效地被开发出来,之所以提出"建立软件原型",就是要在短时间内让用户对开发的目标软件提出修正意见。经过修正之后,再经过类似的反馈(Feedback)过程,周而复始反复进行,直到最后信息系统被用户接受为止。图 5-9 就是模型化的开发流程,共分为五个阶段。

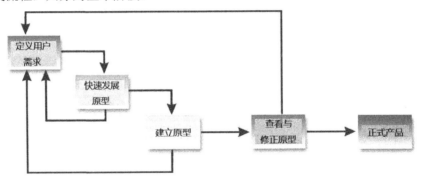

图 5-9　建立模型的示意图

建立原型的优点是可以让用户在很短时间内就能使用系统。不过,因为原型系统经常是使用高级辅助工具设计出来的,所以不可避免会缺乏结构化的考虑而无法通过质量保证检验。

- 螺旋状模式

B.Boehm 综合了传统的生命周期、建立原型与风险分析的优点,提出了螺旋状模式的开发方式,就是将信息系统中所包含的多个子系统采用由内到外的螺旋状圆圈来表示系统的演进采用递增式的开发过程,通常适用于需求改变不太频繁的系统项目以及项目管理者以控制风险为驱动的开发模式。这种模式通过三个步骤形成一个周期。

(1)找出系统目标和可行方案。

(2)按目标进行评估。

(3)按评估后的风险决定下一个步骤。

此种递增式的过程就是以"系统演进"的观念代替了"系统修改"的观念,每一个圆圈代表产品的某一层次的演进,随着螺旋的每一次循环,更完整的系统版本便建立起来。一般说来,螺旋状模式的工程象限内包含了四项主要活动,分别是目标规划、风险分析、开发产品与顾客评估。当风险分析指出有风险较高的产品时,在工程象限内就可利用多次建立原型的开发过程,等到系统在前一步骤确定后,再进行 SDLC 法的开发过程。图 5-10 为螺旋状模式的基本概念示意图。

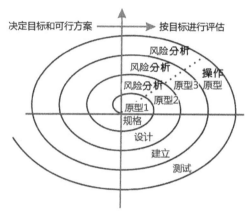

图 5-10　螺旋状模式的基本概念

5.3.4　电子数据处理系统

"企业 e 化"的第一步就是建立内部的"电子数据处理系统"(Electronic Data Processing System,EDPS)。所谓的"电子数据处理系统",主要用来支持企业或组织内部的基层管理与运营部门,例如员工薪资处理、账单印发、应付应收账款、人事管理等,让原本属于人工处理的工作迈向自动化或计算机化,进而提高工作效率和降低运营成本。EDPS 的特色包括以下五点(见图 5-11)。

(1)快速处理:处理速度极快,通常是以微秒或毫秒计。

(2)大量存储:能够存储大量数据,永久保存。

(3)高精密度:自动验证并改正错误,准确度几乎达到百分之百。

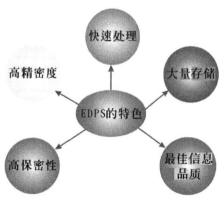

图 5-11　EDPS 的五点特色

(4)高保密性:具有经常检查诊断与预先警告的功能,数据还可进行加密操作,故在系统使用期间,非常隐秘可靠。

(5)最佳信息品质:能够综合多项有关信息,分析比较后做出最佳建议,以供抉择。

特别是近年来由于"电子文件数据交换标准"(Electronic Data Interchange,EDI)的流行,大幅减少了"企业与企业之间"或"办公室与办公室之间"的数据格式转换问题,因此不但可将文件传送和信息交换全权交由计算机来处理,更能加速整合客户与供货商或办公室各单位之间的生产力。

例如,"办公室自动化"就是指对办公室内向来在数据上很难处理或结构不明确的办公室业务,充分结合了 EDPS 与 EDI 的特点,将计算机科技、行为理论与通信技术应用于传统数据处理无法妥善处理的办公室工作流程。

5.3.5 管理信息系统

所谓"管理信息系统"(Management Information System,MIS),可能很容易与"信息管理"在概念上模糊不清。就两者的本质而言,"信息管理"着重于"管理",而 MIS 着重于"系统"。

MIS 是一种"概念驱动"(Concept-Driven)的整合性系统。不像 EDPS 所着重的是工作效率的增加,MIS 的作用是加强改进组织的决策质量与管理方法的运用效果。美国管理学专家 Gordon B. Davis 曾经将 MIS 定义为:"一种人机集成系统,并提供信息来支持组织性例行工作、管理与决策活动;此系统范围涵盖计算机硬件、人工操作流程、决策模式与数据库。"MIS 的决策模式如图 5-12 所示。

图 5-12 MIS 的决策模式

在 MIS 的组成要素中,"计算机硬件"、"人工操作流程"与"数据库"等都属于"人机界面"(User Interface,UI,或称为"人机接口")的考虑因素,而决策模式才是 MIS 真正的运行方式。MIS 所提供的决策模式有如下三种。

(1)最佳决策模式:问题中的各种变量关系都已确定,此时利用 MIS 处理数据时,可得最大功效与最佳决策模式。

(2)模拟分析模式:问题中变量仅有部分可知,这时可按照决策者的需求,进行适当的模拟分析。

（3）通用分析模式：问题中的变量完全不可知，此时仅能运用统计或数学分析来预测未来的可能趋势来得到一种通用模式。

通常 MIS 必须架构在一般 EDPS（如生产、营销、财务、人事系统等）之上，并将处理所得结果经由垂直与水平的整合流程提供给管理者作为运营上的判断依据。图 5-13 是企业内信息系统的分层操作图。

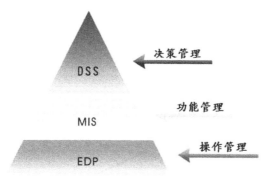

图 5-13　企业内信息系统的分层操作图

5.3.6　专家系统

"专家系统"（Expert System，ES）是一种将专家（如医生、会计师、工程师、证券分析师）的经验与知识构建于计算机中，以类似专家解决问题的方式通过计算机推理出某一特定问题的建议或解答。例如，环境评估系统、医学诊断系统、地震预测系统等都是大家耳熟能详的专业系统。

至于专家系统的组成架构，有下列五种组件（见图 5-14）。

- 知识库（Knowledge Base）

知识库用来存储专家解决问题的专业知识（Know-how），一般建立"知识库"的模式有以下三种。

（1）基于规则驱动（Rule-Based）。

（2）基于范例驱动（Example-Based）。

（3）基于数学驱动（Math-Based）。

- 推理引擎（Inference Engine）

推理引擎是用来控制与推理知识过程的工具，常见的推理引擎模式有"正向推理"（Forward Reasoning）和"反向推理"（Backward Reasoning）两种。

- 用户界面（User Interface）

因为专家系统所要提供的目的就是一个拟人化的功能，所以希望给用户提供一个友好的界面。

- 知识获取接口（Knowledge Acquisition Interface）

专家系统的知识库与人类的专业知识相比仍然是不完整的，因此必须是一种开放的系统，并通过"知识获取接口"不断充实、改进知识库的内容。

- 工作暂存区（Working Area）

一个问题的解决往往需要不断地推理，因为可能的解答也许有许多组，所以必须反复地推理。"工作暂存区"的功能就是把许多较早得出的结果暂时放在这里。

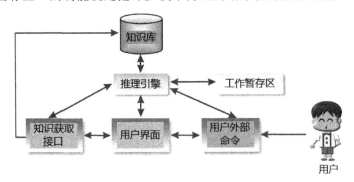

图 5-14 专家系统的结构及执行示意图

5.3.7 策略信息系统

"策略"（Strategy）可以视为企业、市场与产业界三方面的交集点。台湾地区首富郭台铭就曾经清楚定义："策略是方向、时机与程度，而且顺序还不能弄错，先有方向，再等时机，最后决定投入的程度。"

所谓"策略信息系统"（Strategic Information System，SIS），就是支持企业目标管理和竞争策略的信息系统，或者可以看成是结合了产品、市场甚至部分风险与独特有效功能的市场竞争利器。规划良好的 SIS，必须遵循以下三个步骤来建立。

1. 拟订总体策略

企业首先必须从多元化层面来考虑，决定将要实行信息化的总体策略目标。目标的正确与清晰是未来实行 SIS 成功与否的关键。

2. 目标寻找策略

建立了 SIS 的明确目标之后，可以从以下三种策略模式挑选一种来执行。

- 差异化策略驱动

加大企业本身与竞争者的差异化程度，对周围环境保持敏感，特别是对于市场上的新产品、新机会、新威胁,都保持高度关注。例如,美国的 UPS 快递公司内部的 SIS 可以允许客户在全球范围内追踪、查询当前在外执行快递运送的交通工具与快递邮件的最新情况,既可以全盘掌握突发的紧急状况,又可以避免延误(Delay)。这种通过 SIS 产生和其他快递公司与众不同的差异化服务绝对是增加运营绩效的关键因素。

- 成本策略驱动

这种策略的好处是一举两得,达到双赢的效果。例如,有些知名的保险公司建立了追踪地区性犯罪率和地区人口素质追踪的 SIS,不但可以减少不当的理赔,而且所节省下来的成本还可以回馈保户,并使得同业对手的竞争力大为降低。

- 创新策略驱动

这种策略的目的是改变企业经营的传统方式,并且采取崭新多元的策略切入市场,期待以成功的 SIS 实现"企业重组"(Business Reengineering)的理想。例如,目前银行间的竞争相当激烈,各种营销策略层出不穷,开设 24 小时"网上银行"就是一种增加对客户服务时间的创新策略驱动的 SIS。图 5-15 是北京银行的"网上银行"登录页面。

图片来源:https://ebank.bankofbeijing.com.cn/

图 5-15 北京银行的"网上银行"网页

3. 应用信息技术

选择包括"信息处理"(Information Processing)、"信息存储"(Information Storage)与"信息传送"(Information Transition)等相关信息应用技术。

5.3.8 决策支持系统

MIS 偏向企业整体信息的管理，但运用的结果是管理者不一定知道真正所需的信息，而信息专业（IT）人员也不一定懂管理。Gorry 与 Morton 两位麻省理工学院的教授于 1971 年将 MIS 概念与决策支持系统（Decision Support System，DSS）概念相结合，以便解决这类问题。

决策支持系统的主要特色是利用"交互的基于计算机的系统"（Interactive Computer-Based System）协助企业决策者使用"数据与模型"（Data and Model）来解决企业内的"非结构化问题"。

通常企业内部所面临的问题可以划分为"结构化问题"（Structured Program）与"非结构化问题"

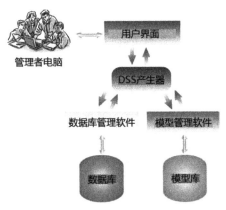

图 5-16 DSS 架构与运行的示意图

（Unstructured Problem）两种。由于 DSS 以处理"非结构化问题"居多，因此必须结合第四代应用软件工具、数据库系统、技术仿真系统、企业管理知识于一体，来形成一套以"企业管理数据库"（Business Management Database）与"知识数据库"（Knowledge Database）为基础的"管理信息系统"。图 5-16 为 DSS 架构与运行的示意图。

对于 DSS 的特性而言，在于其支持决策，但并不能取代决策，另外希望达到"效能"的提升，而不是只要"效率"。也有许多学者将 DSS、MIS 与 EDPS 比拟为一个三角形关系：EDPS 被视为信息科技应用的第一个阶段，MIS 是 EDPS 的延伸系统，DSS 则是建立在 MIS 所提供的信息上，并为决策者提供"沙盘推演"（What-if）。

5.3.9 主管信息系统

"主管信息系统"（Executive Information System，EIS）可视为一种对象更高级、操作更简单的 DSS。EIS 的主要功能是使决策者拥有超强且"界面友好"的工具，以使他们对销售、利润、客户、财务、生产力、顾客满意度、股市/汇市变动、景气状况、市场调研情况等领域的信息进行查看，并分析各项关键因素与绩效的趋势。另外，还提供多维分析（Multi-Dimension）、综合性的数据来辅助高级主管进行决策，而这些信息往往是公司运营的关键成功因素（Critical Success Factor，CSF），也是组织制定策略与愿景（Vision）的重要依据。

 提示：CSF 方法的核心就是从管理的角度来找出需求的信息。它起源于丹尼尔（R. Daniel, 1961）所提出的"成功因素"理论，也就是说 CSF 是找出管理阶层所认为的能让企业成功的关键因素的组合。

简单地说，EIS 就是一种组织状况汇报系统，主要功能是发现问题并监督问题解决的情况。也就是利用"例外管理"和"目标管理"的原则来辅助经营者得到实时、易于存取的信息,让高层主管有更丰富的信息、更充裕的时间来掌握企业的各种状况。

5.4 认识数据库

网络改变了人类沟通的方式,也可以说数据库改变了人类管理数据的方式,因为数据库系统普及的程度远超乎许多人的想象。随着信息科技的逐渐普及与全球国际化的影响,企业所拥有的数据量成倍增长(见图 5-17)。无论是庞大的商业应用软件,还是小至个人的文字处理软件,每项工作的核心仍与数据库有极大的关系。鉴于此,不同功能的应用程序与数据库的整合应用就成为现代企业组织提升竞争力的一个关键因素。

图 5-17 计算机化工作的增加带动了数字化数据的大量成长

5.4.1 数据库管理系统简介

"数据库"(Database)是什么?简单来说,就是存放数据的地方。更严谨的定义是:"数据库"是以一致的操作方式,将一群相关"数据集"(Data Set)或"数据表"(Data Table)所组成的集合体,尽量以不重复的方式存储在一起,并利用"数据库管理系统"(DataBase Management System,DBMS)以中央管控的方式为企业或职能部门提供所需的数据。

数据库管理系统是一套用来管理数据库的应用软件,可以提供各项查询功能以及针对数据进行安全管控的机制。用户可以使用数据库管理系统的添加、删除、更新与选择等功能来修改与查询数据库里的数据。目前相当普及的 Access 2013、MySQL 都是一种 DBMS。数据库管理系统的说明请看图 5-18。

通常 DBMS 经过特别的规划来配合公司的真正需求,而且也设计成适合在大型计算机系统上或主从式网络系统上运行。而且 DBMS 不只是可以存储数据,只要用户指定一些数据库操作语句,就可以从数千甚至数百万个数据中轻易筛选出用户所需要的那些数据。

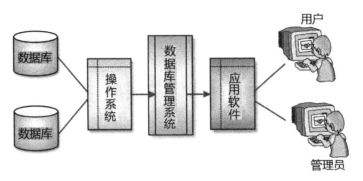

图 5-18 数据库管理系统运行的示意图

5.4.2 常见的数据库结构

数据库的结构模式按照设计理念与方式来区分,有以下五种常见的结构。

- 关系数据库结构

以二维表格(Two-Dimension Table)方式来存储数据,由许多行和列的数据所组成,这种行列关系称为"关系"(Relational,或称为"关联")。关系是目前最流行也最为普及的数据库类型。优点是容易理解、设计简单、可用比较简单的方式存取数据,从而节省了程序开发或数据查询的时间,也适合于随机查询。缺点是访问速度慢,所需的硬件成本较高。例如,dBase、Foxpro、Access、SQL Server、Oracle 等软件建立的数据库就为关系数据库。图 5-19 为关系数据库中两关联数据表的例子。

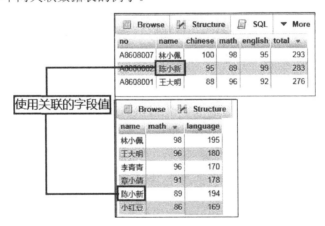

图 5-19 关系数据库中关联数据表的例子

- 树形数据库结构

此类型的数据库中各个数据都是以树形结构的关系来存储,如同家族中父母与子女的关系,一个父节点可拥有好几个子节点,但是一个子节点只能有一个父节点,故名为"树形结构"。其优点是适合于树形的数据应用(如一般公司内的组织结构)。如果数据不具有树形结构，那么存取方式就会比较复杂。另外，当删除父节点时，子节点的数据也会被删除。图 5-20 为树形数据库示意图。

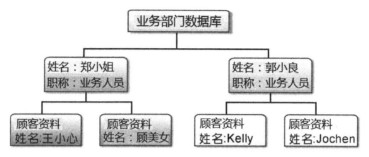

图 5-20　树形数据库示意图

- 网状数据库结构

类似树形数据结构，不过除了一个父节点可拥有好几个子节点，一个子节点也可以存在多个父节点。优点是数据不需要重复存储，可节省存储空间，也提供了多对多的存取关系，弹性较大。缺点是程序设计上相当复杂，另外查询与修改时相当困难，也容易出问题。图 5-21 为网状数据库。

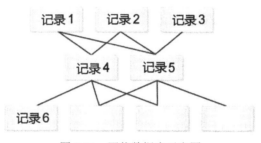

图 5-21　网状数据库示意图

以上是传统数据库的常见结构，目前还有以面向对象概念为主的两种数据库结构，分述如下。

- 面向对象的数据库结构

将数据库中的每一个数据当作一个对象，而有相同结构的对象则称为同一个"类"（Class）。传统数据库模式的数据是用来存储文字与数值数据的。不过在今日多媒体信息充斥的时代，可能包括图像、视频、音频等类型。面向对象数据库结构就是为了处理这些复杂的数据类型而产生的。优点是扩充性高、弹性类型定义以及操作过程简化。缺点则是实际世界中并非所有对象都具有树形关系，而且查询语言比较复杂等。图 5-22 为面向对象数据库的示意图。

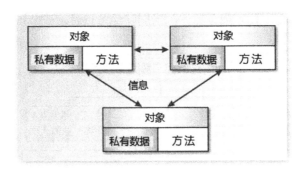

图 5-22　面向对象数据库的示意图

- 对象关系数据库结构

对象关系数据库（Object Relational DataBase，ORDB）延伸现有的关系数据库系统，并嵌入了面向对象功能。简单来说，利用面向对象为发展方向的同时，也保留了许多关系数据库系统的特质。以现实情况而言，关系数据库系统仍是主流，若贸然将现有的数据库系统完全改换为面向对象的数据库，风险实在太高。因此许多产品采用折中方式，延续现有的关系数据库，比如 PostgreSQL 以及 IBM 的 DB2/6000 C/S 等。

项目研究与分析　多媒体数据库

传统的数据库通常只存储文字或是数值数据，然而当多媒体在计算机系统平台上出现后，数据库有了急剧的改变。随着信息科技的逐渐普及与全球国际化的影响，企业所拥有的数据量成倍增长，近年来不管是硬盘容量还是主存储器的容量都在突飞猛进，多媒体与数据库系统的整合就是未来信息应用不可避免的趋势。通常文字数据是所有的媒体中最便于查询与对比的数据，这是因为文字信息本身的内容极为明确清楚，比如搜索引擎对特定文字字符串的查询。

多媒体数据库就是针对企业与组织的需求，将不重复的各种数据数字化后的文件存储在一起，包括各种不同形式的数据，如文字、图像或影音等文件，并利用数据库所提供的功能将所存放的数据加以分析与归纳。因为这些媒体都可以用数字化形式来有效率地存储、传播和再利用，因此对许多组织机构而言是相当具有吸引力的。

多媒体数据库系统除了要负责管理庞大且结构复杂的多媒体数据外，还应该具有提供适当查询接口、为用户提供方便而高效的获取多媒体数据库中数据的能力，以及传统数据库管理系统具有的管理功能，比如添加、删除、更新与选择等功能。一个多媒体数据是由多个特征所描述的，可用多维数据来表示，和传统文字性数据能够以数据内容直接对比的方式来搜索不同，前者要求数据库必须具有高效的多媒体数据存储能力与多维数据的索引等。所以，对于多媒体数据的搜索方向应从数据特征着手，从数据模型或样本来进行对象的搜索与对比，比如影像的颜色或视频移动的位置与轨迹等。

第 5 章　企业电子化

本章重点整理

- 根据 Malecki（1999）对企业 e 化的定义为：运用企业内网络（Intranet）、企业外网络（Extranet）及互联网（Internet），将重要的企业信息与知识系统与其供货商、经销商、客户、员工以及合作伙伴紧密结合。
- "企业内部网络"（Intranet，或称为内联网）是指企业体内的互联网，将互联网的产品与观念应用到企业组织中，通过 TCP/IP 来串联企业内部和外部的网络，以 Web 浏览器作为统一的用户界面，以便以 Web 服务器来提供统一服务的窗口。
- "商际网络"（Extranet，或称为外联网）是为整合企业上下游各相关策略联盟企业所构成的网络，需要使用防火墙管理，通常 Extranet 是属于 Intranet 的子网，可将用户延伸到公司外部，以便客户、供货商、经销商以及其他公司可以访问企业网络的资源。
- 现代企业 e 化的重要范围主要是以业务流程重组（Business Process Reengineering，BPR）为主，为产业上中下游构建垂直整合的架构，使企业降低成本，提高生产效率，进而增加企业整体的竞争与获利能力。
- 电子商务改变了传统的商务流程，给业务流程重组提供了应用的舞台，为了达到企业电子化的目的，企业经常必须辅以业务流程重组（Business Process Reengineering，BPR）工程，让企业的流程应用和组织结构进行大的整合。
- 企业系统规划（Business System Planning，BSP）是一种由 IBM 公司所提倡的一套系统化的分析方法，强调的是从上而下的设计，也就是从高层主管开始，了解并界定其信息需求，再按组织层次往下推演，直到了解全公司的信息需求并完成整体的系统结构为止。
- SDLC 的优点是对每一个阶段的分工和责任归属有相当清楚的区分。缺点是如果在每一个阶段的需求分析不尽完善，就会让以后的开发工作困难重重。另外，因为是按序方式进行阶段转换，往往会导致系统在没有开发完成之前看不到任何成果。
- "电子数据处理系统"（Electronic Data Processing System，EDPS）主要用来支持企业或组织内部的基层管理与运营部门，例如员工薪资处理、账单印发、应付应收账款、人事管理等，让原本属于人工处理的工作迈向自动化或计算机化，进而提高工作效率和降低运营成本。
- 美国管理学专家 Gordon B. Davis 曾经将 MIS 定义为："一种人机集成系统，并提供信息来支持组织性例行工作、管理与决策活动；此系统范围涵盖计算机硬件、人工操作流程、决策模式与数据库。"
- "专家系统"（Expert System，ES）是一种将专家（如医生、会计师、工程师、证券分析师）的经验与知识构建于计算机中，以类似专家解决问题的方式通过计算机推理出某一特定问题的建议或解答。
- "策略信息系统"（Strategic Information System，SIS）就是支持企业目标管理和竞争策略的信息系统，或者可以看成是结合了产品、市场甚至部分风险与独特有效功能的市场竞争利器。

- "决策支持系统"（Decision Support System，DSS）的主要特色是利用"交互的基于计算机的系统"（Interactive Computer-Based System）协助企业决策者使用"数据与模型"（Data and Model）来解决企业内的"非结构化问题"。
- "数据库"是以一致的操作方式，将一群相关"数据集"（Data Set）或"数据表"（Data Table）所组成的集合体，尽量以不重复的方式存储在一起，并利用"数据库管理系统"（DataBase Management System，DBMS）以中央管控的方式为企业或机关提供所需的数据。
- 对象关系数据库（Object Relational DataBase，ORDB）延伸现有的关系数据库系统，并嵌入了面向对象功能。简单来说，利用面向对象为发展方向的同时，也保留了许多关系数据库系统的特质。
- 多媒体数据库就是针对企业与组织的需求，将不重复的各种数据数字化后的文件存储在一起，包括各种不同形式的数据，如文字、图像或影音等文件，并利用数据库所提供的功能将所存放的数据加以分析与归纳。

本章习题

1. 什么是系统开发生命周期模式？试说明之。
2. 请简单说明"业务流程重组"的意义。
3. 为什么MIS是一种"概念驱动"的整合性系统？
4. 由美国人波曼（Browman）等教授提出的所谓三阶段信息系统规划模型是什么？
5. 请说明"专家系统"的优点。
6. 简述"企业电子化"的定义。
7. 举出两种常用的信息系统开发模式。
8. 简述关系数据库结构的概念及其优缺点。
9. 什么是"策略"？试说明之。
10. 试简述多媒体数据库。
11. 试说明关键成功因素。

第 6 章　协同商务应用与工具

在过去，电子商务技术一直朝着如何为企业更快速地在网上获利而发展，不过到了今天许多企业主们开始思考如何运用电子商务的模式来强化企业经营实力，以及如何整合整个产业链的协同合作，而这将是企业面对全球化竞争的一大利器。这种电子商务的创新应用称为协同商务（Collaborative Commerce，CC，也称为合作型商务）。

随着商业环境不断地快速变迁以及 B2B 的发展日益成熟，协同商务是一个新的商业策略模式，无论是企业资源计划（Enterprise Resource Planning，ERP）、供应链管理（Supply Chain Management，SCM）、客户关系管理（Customer Relationship Management，CRM），还是知识管理（Knowledge Management，KM），目前都已经无法满足企业对快速响应市场的迫切需求，必须将这些知识系统工具（例如 ERP、SCM、CRM、KM 等）整合起来，以实现信息共享。协同商务对于企业的重要性与日俱增，简单来说，协同商务就是一种买卖双方彼此互相分享知识并紧密合作的一个商业环境。例如，中国一汽（见图 6-1）的协同商务工作就相当成功。

图片来源：http://www.faw.com.cn/

图 6-1　中国一汽网站首页

6.1 企业资源计划

"企业资源计划"(Enterprise Resource Planning, ERP)系统是一种企业信息系统,能提供整个企业的运营数据,可以将企业行为用信息化的方法来规划管理,并为企业流程提供所需的各项功能,配合企业运营目标,将企业各项资源整合,以提供实时而正确的信息,并将合适的资源分配到所需的部门。

ERP 已成为现代企业电子化系统的核心,借助信息科技的协助,将企业的运营策略与商业模式导入以信息系统为主干的企业实体中。以今日全球产业竞争的速度和激烈程度,一般 MIS 系统早已无法满足企业实际的需要,许多先知卓见的企业早已经导入了 ERP 基础系统,中大型企业在财力和人力等资源较充分的情况下,对 ERP 系统的导入准备能做完善的调查和规划。

6.1.1 ERP 的定义

ERP 系统最早是由美国著名管理咨询公司高德纳公司(Gartner Group Inc.)于 1990 年提出,架构与企业预算架构类似,可以整体考虑规划财务、会计、生产、物料管理、销售与分销、人力资源、零件采购、库存维护等整合在一起的系统,是一个跨部门、地区的整合工作流程,能全方位拟定应对策略以提升企业的竞争力,并且能实时掌控与支持公司的各项关键决策。

在 21 世纪知识经济的社会大环境下,以一个简单定义来看 ERP,它就是一种"业务流程重组"的解决方案,借助信息科技的协助,将企业的运营策略与商业模式导入以信息系统为主干的企业实体中,并对其进行有效的管理。ERP 其实并非是一种全新开发的系统,而是由"物料需求计划"(Material Requirement Planning, MRP)与"制造资源规划"(Manufacturing Resources Planning, MRP II)逐渐演变而成的系统,请看以下说明。

- 物料需求计划(MRP)

本阶段约在 20 世纪 70 年代期间,当时人工成本低廉,企业生产管理的核心重点是烦琐的物料规划和管理,由于消费者的要求不高,因此生产模式为多量少样,需求重点是以大量生产达到降低成本的目的。通过使用 MRP 生产物料需求管理系统,涵盖销售与生产相关的计划,一方面降低采购成本,一方面考虑现有的库存状况,满足客户对质量的要求,随时计算与查询未来需要采购的生产资料,达到生产能顺利进行的目标。

- 制造资源规划(MRP II)

本阶段约在 20 世纪 80 年代期间,消费者驱动的市场成为主流,企业产出的产品必须要转化成利润,在考虑企业实际产能的前提下,以最小的库存保证生产计划的完成,同时对生产成本加以管理。MRP II 系统主要应用于所有与制造有关的资源上,由于产业竞争加剧,除了必须管控物料外,产能规划也成为企业管理的重点,将物料需求规划(MRP)的范围扩大到所有的制造业资源,如物料、人力资源、机器设备、产能与资金等,并规划整合为一个系统。

6.1.2　ERP 系统导入方式

导入 ERP 系统不同于导入一般的计算机系统,不同行业导入 ERP 会有不同的挑战和困难。由于每家信息技术厂商的 ERP 系统都有其本身的系统架构,加上各个企业需求上的差异,因此在 ERP 系统导入企业的过程中,除了都要建立在非常稳定的网络基础设施上,往往还会造成财务与制度的重大冲击,人力瓶颈也经常是造成企业实施成功与否的最大障碍。目前国内主要的 ERP 系统供货商为金蝶(见图 6-2)和用友,而国际大公司则为思爱普(SAP)和甲骨文(Oracle)。

图片来源:http://www.kingdee.com/

图 6-2　金蝶公司的 ERP 解决方案

导入 ERP 系统并非只是买一套软件就完事了,从一般现场管理到电子化流程都需要有一套严谨的制度,否则根本无法发挥 ERP 系统的效益。因此必须审慎评估,通常是以下面三种方式来实施。

- 全面性导入方式

对于一般企业选择的导入方式来说,最普遍的方式莫过于全面性导入,具体指的是公司各部门全面同时导入,用这种大幅度的改变,调整组织的运营方式与人员编制。好处是一次可以解决所有的问题,同步达到业务流程重组的目标,是普遍较常采用的模式。不过贸然地大规模改变组织实体,也有可能造成企业内部产生严重的危机。

- 渐近式导入方式

渐近式导入是将系统划分为多个模块,主要是选择企业的一个事业单位或业务部门,每次导入少数几个模块或一次将所需要的模块导入,导入的时间相对较短,好处是可以让企业逐步习惯新系统的操作方式,等到系统运行顺畅后再开始进行企业全面性的导入。这种一个成功了再换下一个的模式可以大幅降低失败的风险。缺点是必须等待所有部门逐步导入后企业才有一套整合的 ERP 系统,可能消耗较多的时间成本。对于 ERP 经验不足或 IT 部门能力有限的企业,这是可以考虑实行的较佳方式。

- 快速导入方式

在时间珍贵、竞争激烈的产业环境中,企业为了要增加时效性,有时 ERP 系统厂商提供的解决方案并不完全适用,企业可根据某些业务需求来进行规划,例如选择导入财务、人事、生产、制造、库存、分销系统等部分模块,等到将来有需要时,再逐步将其他模块导入,最后推广到全公司。如此可达到快速导入的需求,由于导入的眼光只局限在单一模块,因此缺乏整体规划,可能会有"只见树木不见森林"的副作用。

6.2 供应链管理

随着全球市场竞争态势日趋激烈,供应链管理(Supply Chain Management,SCM)已经成为企业保持竞争优势、增加企业未来获利并协助企业与供货商或企业伙伴之间的跨组织整合所依赖的信息系统。

SCM 就是一个企业与其上下游的相关业者所构成的整合系统,包含从原料流动到产品送达最终消费者手中的整个链条上的每一个组织与组织中的所有成员,它们形成了一个层级之间环环相扣的连接关系,目的就是在一个令顾客满意的服务水平下使得整体系统成本最小化。美的公司整个都应用了 SCM 系统,并将它运用到自己的网上商城(见图 6-3)。

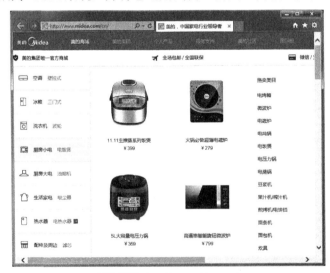

图片来源:http://www.midea.com

图 6-3 美的公司建立了完备的电子供应链管理系统

6.2.1 供应链的类型

供应链通常会被归类为推式或拉式两种。事实上，推与拉的供应链各有其策略优势，不同产业因为产品与市场的不同，会有不同形态的供应链。不过，绝大多数产业的供应链是由"推式"与"拉式"共同组成的混合式供应链，甚至同一公司不同的产品线也是如此。以销售日用品的电商为例，顾客对这些产品现货的要求较高，基本上均属于推式的供应链，但是3C消费商品，如大尺寸电视，以少量的顶层客户为主，则多属于拉式的供应链。请看以下对两种供应链的详细说明。

- 推式供应链（Push-Based Supply Chain）

推式供应链模式又称为库存驱动的模式，生产预测是以长期预测为基础，响应市场的变动往往会花较长的时间，制造商通常会以从零售商那里收到的订单来预测顾客的需求。从营销的角度来说，先把产品放在连锁商店的货架上，再卖给消费者，在渠道营销学上属于"推动策略"（Push Strategy）。优点是有计划地为一个目标需求量（市场预测）提供平均最低成本与最有效率的产出原则，容易达到经济规模成本最小化。不过，缺点是这可能导致市场需求不如预期时，容易造成长鞭效应，推出的产品越多，库存风险就越大。

提示：长鞭效应（Bullwhip Effect）的作用就是把整个供应链比作一条鞭子，整个供应链从顾客到生产者之间，当需求信息变得模糊而造成误差时，随着供应链越拉越长，波动幅度就越来越大，这种波动最终会造成上游的订货量和存货量形成相当大的差距，造成商品积压，而且越往上游的供货商，情况就越严重。长鞭效应产生的根源来自于对终端消费信息的掌握度不足，解决之道就是将这条鞭子缩得越短越好，通过高效能的供应链管理系统，直接降低企业的库存成本，实现可以实时响应客户需求的理想境界。

- 拉式供应链（Pull-Based Supply Chain）

拉式供应链模式又称为订单驱动的模式，必须以顾客为导向，也就是要重视所谓实际需求牵引（Demand Pull），而非以预测数据为依据。在一个完全拉式系统中，公司不囤积任何的存货，而只是响应特定的订单。随着信息科技的进步，尤其是网络工具的发达，让供应链更有可能由"推式"模型发展为"拉式"模型。优点在于可以快速响应消费者的需求，大幅减少库存量，不容易造成长鞭效应。缺点则是定制化的服务会导致成本过高，无法降低生产成本。

6.2.2 供应链运营参考模型

供应链管理系统有效地整合了供应链中的合作厂商，从原料供应、制造生产排程到最后的分销工作都利用电子化工具,以最有效率的方式和最低成本为客户提供最正确数量的产品。美国供应链协会(Supply Chain Council,SCC)提出了供应链运营参考模型(Supply Chain Operations Reference model,SCOR)。这个适合于不同工业领域的供应链运营参考模型,也是第一个标准的供应链流程参考模型。理论基础是将企业供应链的活动放入SCOR模式中,为供应链管理提供一个流程架构,确保不同部门和企业之间可以用同一种语言沟通,其中将供应链的流程划分为五大类——计划(Plan)、采购(Source)、制造(Make)、配送(Deliver)及退货(Return)。简单来说,SCOR模型可说是建立在以下五个业务流程的架构上(见图6-4)。

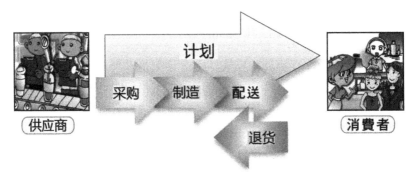

图6-4 SCOR模型中的五个业务流程

- 计划

计划活动包含了评估企业整体产能与资源、总体需求计划以及针对产品与分销渠道进行最佳的存货计划、配送计划及生产的计划与控制。

- 采购

采购工作包含了寻找供货商、收料、进料、质量检验与发料以及建立起一套完整的采购管理流程。

- 制造

制造工作包含了领料、产品制造、生产状况掌握、产品测试与包装出货等的生产质量管理流程控制。

- 配送

配送工作是调整用户的订单收据、建立仓储网络、配送质量、派递送人员提货并送货到顾客手中、建立配送的通用工作与管理流程。

- 退货

退货工作是供应链中的问题处理部分,建立一套流程来处理接收客户退货、换货、销毁及其相关的工作流程,并在客户使用产品出问题时提供支持。

供应链管理系统的目标是在提升客户满意度、降低公司成本及企业流程质量最优化的三大前提下，以计算机与网络科技对供应链的所有环节以有效的组织方式进行综合管理，希望对于买方而言，可以降低成本和提高交货的准确性；对于卖方而言，能消除不必要的仓储与节省运输成本，强化企业供货的能力与生产力。

相对于企业电子化需求的两大主轴而言，ERP 是以企业内部资源为核心，SCM 则是企业与供货商或策略伙伴之间的跨组织整合。在大多数情况下，ERP 系统是 SCM 的信息来源，ERP 系统导入与实施时间较长，SCM 系统实施时间较短。

6.3 客户关系管理

管理大师杜拉克（Peter F. Drucker）曾经说过，商业的目的不在于"创造产品"，而在于"创造客户"。客户（Customer）是指产品或服务的经常性购买者，企业存在的唯一目的就是提供服务和商品去满足顾客的需求。

自从互联网应用于商业活动以来，改变了企业的商业模式，也改变了商业的营销模式，以无国界、零时差的优势，提供全年全天候的商品营销和服务。由于互联网的普及和其遍布全球的特性，使得它成为一种新兴且强势的营销渠道，所有的网络用户都是商品的潜在客户。没有客户的支持，企业就不可能成功。

"客户关系管理"（Customer Relationship Management，CRM）在今日的网络热潮下，尤其是在企业竞争力与商业模式必然受到来自全球对手的挑战时，几乎已经成为企业为生存和发展而必修的最基本管理课题。

6.3.1 CRM 的目标

CRM 是由 Brian Spengler 在 1999 年提出的。最早开始发展客户关系管理的国家是美国。CRM 的简单概念就是企业必须学习在适当的时候提供适当的服务给适合的顾客。

对于一个企业而言，赢得一个新客户所要花费的成本几乎是维持一个旧客户五倍的成本，留得越久的顾客，给企业带来越多的收益。小部分的优质客户给企业贡献了大部分的利润，这个发现通常被称为 80-20 法则，也就是 80% 的销售额或利润来自于 20% 的客户。

客户关系管理就是企业通过与客户充分地互动来了解和影响客户的消费行为。例如，通过电子商务网站，访客的个人信息与购买行为可以从网页浏览记录得知，通过流量来源的特性分析，在初期了解潜在的客户、提高顾客的满意度（Customer Satisfaction），中期则着重于与客户的互动与沟通、建立客户的忠诚度（Customer Loyalty），长期则是以提高客户获利率（Customer Profitability）为目标。相对于 ERP、SCM 等系统对企业的效益着重于节流的效果，CRM 对企业的效益则着重于创造企业营收目标，可以说是属于开源的系统。

6.3.2 客户关系管理系统

客户关系管理系统（见图 6-5）就是一种业务流程与科技的整合，是随着互联网兴起、相关技术延伸而生成的一种商业应用系统。目标在于有效地从多方面获取客户的信息，建立一套信息化的标准模式，运用信息技术来大量收集且存储客户相关的数据，然后分析整理出有用的信息，并把这些信息用于辅助决策的整个流程。

CRM 重视与客户的交流，对企业而言，导入 CRM 系统可以记录分析所有的客户行为，同时将客户分类为不同群组，借此营销与调整企业的相关产品线。无论是供应端的产品供应链管理还是需求端的客户需求链管理，它们都应该全面整合并包括营销、业务、客服、电子商务等部门，还应该在服务客户的机制与流程中主动了解与审查客户满意的依据，并适时推出满足客户的商品，进而达成企业获利的最终目标。

图 6-5 客户关系管理系统

发展已有十多年的 CRM 系统曾经历了多次变化，借力电子商务兴起的 CRM 风潮，希望通过信息技术与管理思维，强化与客户之间的关系。客户关系管理系统所包含的范围相当广，就产品所要求的重点加以区分，可分为操作型（Operational）、分析型（Analytical）和协同型（Collaborative）三大类 CRM 系统。它们彼此之间还可以通过各项机制进行整合，让整体效能发挥到最高。

- 操作型 CRM 系统：主要是通过工作流程的制定与管理，即运用企业流程的整合与信息工具，协助企业增进其与客户接触各项工作的效率，涉及供应链管理系统等，并以最佳方法取得最佳效果。
- 分析型 CRM 系统：收集各种与客户接触的数据，要发挥良好的成效则有赖于完善的数据仓库（Data Warehouse），并借助在线事务处理（Online Transaction Processing，OLTP）、在线分析处理（Online Analytical Processing，OLAP）与数据挖掘（Data Mining）等技术，经过整理、汇总、转换、存储与分析等数据处理过程，帮助企业全面了解客户的行为、满意度、需求等信息，并提供给管理阶层作为决策的依据。

提示　在线事务处理是指通过网络与数据库的结合，以在线交易的方式处理一般实时性的工作数据，主要用于自动化的数据处理工作与基础性的日常事务处理，有别于传统的批处理，常见例子为航空订票系统和银行交易系统。
在线分析处理可被视为是多维度数据分析工具的集合。用户在线即可完成关联性或多维度数据库（例如数据仓库）的数据分析工作，并能实时快速地提供整合性决策，主要是提供整合信息，以支持决策为主要目的。

- 协同型 CRM 系统：通过一些功能组件与流程的设计，整合了企业与客户接触与互动的渠道，包含客服呼叫中心（Call Center）、网站、e-mail、社区机制、网络视频、电子邮件等负责与客户沟通联络的机制，目标是提升企业与客户的沟通能力，同时强化服务的时效与质量。

目前国内外运用客户关系管理的企业相当多，其中超过半数是服务业与零售业，比如零售业可将客户关系管理系统与进销存系统整合，尤其是航空公司、餐饮、银行、3C 电商、保险公司、广告公司等。"百度糯米"网也不例外，也建立了相当完善的客户关系管理系统。图 6-6 就是"百度糯米"网的首页界面。

图片来源：http://bj.nuomi.com/

图 6-6　百度糯米

6.3.3　数据仓库与数据挖掘

在竞争日益激烈的今天，不断追逐新顾客已经不是聪明的策略了，有效的客户关系管理系统才能够协助企业创造更多收益。随着消费市场需求形态的转变与信息技术的快速发展，为了要应付现代庞大的互联网信息收集与分析，数据库管理系统除了提供数据存储管理之外，还必须能够提供实时的分析结果。

数据仓库（Data Warehouse）与数据挖掘（Data Mining）都是客户关系管理系统（CRM）的核心技术，两者的结合可帮助企业快速有效地从大量整合性数据中分析出有价值的信息，有助于构建商务智能（Business Intelligence，BI）与决策的制定。

商务智能是企业决策者决策的重要依据，属于数据管理技术的一个领域。BI一词最早是在1989年由美国高德纳（Gartner Group）分析师Howard Dresner提出的，主要是利用在线分析工具（如OLAP）与数据挖掘技术来萃取、整合及分析企业内部与外部各个信息系统的数据，将各个独立系统的信息紧密整合在同一套分析平台，并进而转化为有效的知识，目的是为了使用户在决策过程中可以实时解读出企业自身的优劣情况。

由于传统数据库管理系统只能应用于在线事务处理，对于提供在线分析处理（OLAP）功能却尚显不足，因此为了能够在庞大的数据中提炼出实时、有效的分析信息，在1990年由Bill Inmon提出了数据仓库（Data Warehouse）的概念。传统数据库着重于单一时间的数据处理，而数据仓库则是属于整合性数据存储库，企业可以通过数据仓库分析出客户属性及行为模式等，以便于未来做出正确的市场响应。

企业建立数据仓库的目的是希望整合企业的内部数据，并综合各种整体外部数据来建立一个数据仓库，以作为支持决策服务的分析型数据库，能够有效地管理和组织数据，并能够以现有格式进行分析处理，进而帮助做出决策。通常可使用在线分析处理技术（OLAP）建立多维数据库（Multi Dimensional Database），有点像是电子表格的方式，整合各种数据类型，以提供多维度的在线数据分析，进一步辅助企业做出有效的决策。

数据挖掘（Data Mining）是一种近年来被广泛应用在商业和科学领域的数据分析技术。因为在数字化时代里，泛滥的大量数据却未必马上有用，数据挖掘可以从一个大型数据库所存储的数据中萃取出有价值的知识，是属于数据库知识挖掘的一部分，也可以看成是一种将数据转化为知识的过程。

数据挖掘是整个CRM系统的核心,企业可借助营销信息系统从企业的数据仓库中收集大量顾客的消费行为与信息，然后利用数据挖掘工具，找出顾客对产品的偏好和消费模式，之后便可进一步分析和确认顾客的需求，并将顾客进行分类。将这些分析结果用于开发具有净利润的商品，以实现企业利润最大化的目标。

随着现代信息科技的进步与数据数字化软件的开发，数据挖掘技术常会搭配其他工具，例如利用统计、人工智能或其他分析技术，尝试在现有数据库的大量数据中进行更深层的分析，自动地发掘出隐藏在庞大数据中各种有意义的信息。

6.4 知识管理

知识（Knowledge）是将某些相关联的、有意义的信息或主观结论累积成某种可相信或值得重视的共识，也就是一种有价值的智慧结晶。当知识大规模地参与影响社会的经济活动时就是所谓的知识经济时代。在知识经济时代的企业经营特征主要体现在知识取代传统的有形产品。知识是企业最重要的资源，因此知识管理（Knowledge Management）将成为企业管理的核心。

知识管理就是企业通过正式的途径获取各种有用的经验、知识与专业能力，不仅包含获取与运用知识，还必须加以散布与衡量冲击，使其能创造竞争优势、促进研发能力以及强化顾客价值的一连串管理活动。

对于企业来说，知识可区分为内隐知识与外显知识两种。内隐知识存在于个人身上，与员工个人的经验与技术有关，是比较难以学习与转移的知识。外显知识则存在于组织，比较具体客观，属于团体共有的知识，比如已经书面化的制造流程或标准操作规范，相对也容易保存与分享。

知识管理的目标在于提升组织的生产力与创新能力，通常当企业内部信息科技越普及时，越容易推动知识管理。知识管理的重点之一就是要将企业或个人的内隐知识转换为外显知识，因为只有将知识外显化，才能通过信息科技与设备把它们存储起来，以便日后进行知识的分享与再利用。

企业利用较资深员工的带领，仿照母鸡带小鸡的方式让新员工从他们的身上开始学习。不过在实际推动实施知识管理内容时，必须与企业经营绩效相结合，才能说服企业高层全力支持。例如，台积电就是台湾地区最早开始导入知识管理的企业，难怪它的毛利率可以遥遥领先竞争对手一倍以上。

6.5 认识协同商务

在 e 化浪潮竞争激烈的环境中，如何善用企业资源、降低运营成本、巩固上下游客户的关系也将会是企业能否成功的关键因素。随着互联网的快速发展，相关商业上的功能也不断地进步，而目前的趋势是逐渐走向商务应用合作，以提升整个价值链的竞争力。

协同商务被看成是下一代的电子商务模式，美国高德纳（Gartner Group）公司在 1999 年对协同商务提出的定义是：企业可以利用互联网的力量整合内部与外部供应链，从包括顾客、供货商、分销商、物流、员工等可以分享给相关的合作伙伴，扩展到提供整体企业之间的商务服务甚至是增值服务，最终实现信息共享，使得企业获得更大的利润。

协同商务对于企业未来的生存相当重要，把具有共同商业利益的合作伙伴整合起来，将企业从内到外的所有资源（比如企业资源计划系统（ERP）、供应链管理系统（SCM）、客户关系管理系统（CRM）、知识管理（KM）工具）整合起来，以达到企业分享知识和经验的效果。

通过协同商务与更深化的电子化应用，不仅可以为企业及其合作的第三方提供更实时与便捷的交易信息，对外也可以拓展客户群、提高工作效率，进而提高获利的能力。美国研究机构梅塔集团（META Group）从商务模式观点归纳出四种企业协同商务的运营模式，主要分为"设计协同商务"（Design Collaboration）、"营销与销售协同商务"（Marketing/Selling Collaboration）、"采购协同商务"（Buying Collaboration）与"规划与预测协同商务"（Planning /Forecasting Collaboration），如图6-7所示。通常需结合不同的协同运营模式来实施，或者将四种模式整合为一种解决方案。

图6-7　协同商务的四种运营模式

- 设计协同商务

未来和产品有关的单位，包含供货商与客户，例如设计者、制造者、供货商、营销人员等，都可同时参与产品的开发并且互相沟通讨论，通过网络让合作厂商都看得到。从产品设计时开始整合外部的伙伴，建立高度互动的关系，既能大幅节省产品设计开发所需的时间，同时也可以降低和避免制造、营销时所产生的损失。

- 营销与销售协同商务

强调和渠道伙伴之间的协同商务，着重于彼此之间信息、订单、价格与品牌等流程的共享，并提供可供承诺的信息，让制造商到零售商之间的各个渠道紧密结合，并协力支持消费者对产品或服务的需求。

- 采购协同商务

数个厂商可以结合起来大量地购买某些产品或服务，以求降低采购成本的协同商务，而单个供货商则可凭借合作来共同提供产品或服务，方便买方一次大量采购，而不需同时向数家供货商下订单。

- 规划与预测协同商务

供货商跟零售商可以通过协同商务来预测商品的销售，主要目的在于减少供需之间商业流程的差异，让供应链更加符合实际需求，这样可以减少库存。

项目研究与分析　数字化学习（e-Learning）

数字化学习（e-Learning，也称为电子化学习或网络化学习）的运用已经成为企业推动知识管理的方式之一，也是知识经济时代提升人力资源价值的新利器。数字化学习能够使员工自我提升，同时强化了员工对外的竞争力。数字化学习借助网络无处不在的特性，让用户上网就可以学习到所需的专业知识，让学习者可以更加自主地安排学习课程。例如，时代光华公司就专注于e-Learning的产品化、产业化和产业链化，网站首页如图6-8所示。

第 6 章　协同商务应用与工具

图片来源：http://www.21tb.com/

图 6-8　时代光华公司网站首页

21 世纪知识经济发展的关键在于企业高素质专业人才的培养，数字化学习可以视为正式的教育学习课程，例如在线教育（Online Education）、在线培训（Online Training）、在线测验（Online Test）等模式，其核心内容包括了数字化学习课件的研发、数字化学习授课活动的设计、数字化学习网络环境的建设、数字教材内容的开发共四个部分。

追溯数字化学习的起源与发展，可以说深受早期"远程教学"与"计算机辅助教学"发展的影响。远程教学（Distance Learning）的内容可以涵盖早期的讲义函授、广播教学、电视 VCR 教学等活动，到如今通过计算机网络的数字化学习的交互式教学模式。

从广义的角度来看，数字化学习所牵涉的范畴相当广，凡是应用数字化电子媒体所制作的教学内容都可视为"数字化学习"。近几年来，对于数字化学习热情的风起云涌，除了拜"信息科技创新"之赐外，更重要的是它可以改进传统面授培训的缺点。根据数字化学习的过程，可以将它归纳为以下三点特色。

（1）开放与弹性的学习方式：无论何时何地，只要能上网就可以通过万维网（WWW）来学习所需的知识，而且用户可以自己按照个人的需求来安排学习顺序，也可轻松选择最适合的时间来学习。

（2）互动性高与个性化的学习环境：课程教材具备影音、动画、讨论版等多样化的学习方式，用户可以根据需求与时间来打造专属的学习环境。

（3）自我考评学习结果：利用在线考评系统，不但可以节省打印考卷的纸张，而且效率也相当高。老师在题库系统中直接针对考评的范围、题型、题数进行设置，计算机即会自动产生电子试卷。学生只要利用自己的计算机，通过网络连到指定的网址，就能够进行在线考评。

如果以学习方式来区分，数字化学习可分为同步型学习、异步型学习和混合型学习三种，现分别介绍如下。

- 同步型学习

同步型学习是指老师与学习者在同一时间上线进行授课和学习的活动,也就是借助高速网络,建立一个可以让老师与学生进行实时、互动、多点和面对面沟通的教学环境,类似视频会议的模式。

在这种数字化学习系统中,老师与学生被分隔到不同的地点,需要用计算机软件设计出一套教学系统来建立一个虚拟的学习环境,此虚拟教室包含了在线讲师、学习者和技术环境三种要素。通过虚拟教室的教学系统,授课的老师除了可以在线为学生进行授课,还能够进行考试、指定作业、回答问题等双向互动教学活动。主要优点是可以克服地理上的限制,缺点则是时间上没有弹性。

- 异步型学习

事先录制好老师授课过程与教材,学生随时可以上网学习,没有时间限制,具有弹性。利用这种教学方式类似视频点播(Video on Demand,VoD)服务的功能,可以根据个人的需要点播相应的教学视频节目,就好像点播视频网站的各种视频一样。好处是学生能够根据自己的能力、需求、时间与地点来上线学习,但相对而言互动性较差,只能用讨论区留言、电子邮件等工具来向授课老师提问与交流。图6-9是央视网(CCTV)的大学公开课。

图片来源:http://opencla.cntv.cn/

图6-9 央视网(CCTV)的大学公开课

- 混合型学习

兼具同步和异步学习特性,也就是教室学习加上网络学习的机制。通过多样化的授课方式,如讲师授课、计算机辅助教学(Computer Aided Instruction,CAI)光盘或在线课程,让当面授课和在线学习交互进行——学生可以在线与老师互动学习和讨论,或进行小组的讨论,因此可强化和延伸学习效果。计算机辅助教学(CAI)如图 6-10 所示。

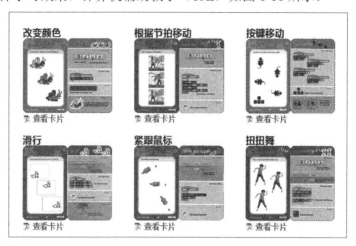

图 6-10　混合型学习可以结合 CAI 的辅助教学

本章重点整理

- 协同商务被看成是下一代的电子商务模式,美国高德纳(Gartner Group)公司在 1999 年对协同商务提出的定义是:企业可以利用互联网的力量整合内部与外部供应链,从包括顾客、供货商、分销商、物流、员工等可以分享给相关的合作伙伴,扩展到提供整体企业之间的商务服务甚至是增值服务,最终实现信息共享,使得企业获得更大的利润。
- 美国研究机构梅塔集团(META Group)从商务模式观点归纳出四种企业协同商务的运营模式,主要分为"设计协同商务"、"营销与销售协同商务"、"采购协同商务"与"规划与预测协同商务"。通常需结合不同的协同运营模式来实施,或者将四种模式整合为一种解决方案。
- 企业资源计划系统(ERP)已成为现代企业电子化系统的核心,借助信息科技的协助,将企业的运营策略与商业模式导入以信息系统为主干的企业实体中。目前国内主要的 ERP 系统供货商为金蝶和用友,而国际大公司则为思爱普(SAP)和甲骨文(Oracle)。
- ERP 并非是一种全新开发的系统,而是由"物料需求计划"(MRP)与"制造资源规划"(MRP II)逐渐演变而成的系统。
- 对于一般企业选择的导入方式来说,最普遍的方式莫过于全面性导入,指的是公司各部门全面同时导入,用这种大幅度的改变,调整组织的运营方式与人员编制。
- 供应链管理(SCM)就是一个企业与其上下游的相关业者所构成的整合系统,包含从原料流动到产品送达最终消费者手中的整个链条上的每一个组织与组织中的所有成员,它们形成了一个层级间环环相扣的连接关系,目的就是在一个令顾客满意的服务水平下使得整体系统成本最小化。
- 推式供应链（Push-Based Supply Chain）模式又称为库存驱动的模式，生产预测是以长期预测为基础，响应市场的变动往往会花较长的时间，制造商通常会以从零售商那里收到的订单来预测顾客的需求。
- 解决长鞭效应最好的方法是将这条鞭子缩得越短越好，通过高效能的供应链管理系统，直接降低企业的库存成本，实现实时响应客户需求的理想境界。
- 拉式供应链（Pull-Based Supply Chain）模式又称为订单驱动的模式，必须以顾客为导向，也就是要重视所谓实际需求牵引（Demand Pull），而非以预测数据为依据。
- 绝大多数产业的供应链是由"推式"与"拉式"共同组成。以销售日用品的电商为例，顾客对这些产品现货的要求较高，基本上均属于推式的供应链，但是3C消费商品，如大尺寸电视，以少量的顶层客户为主，则多属于拉式的供应链。
- 美国供应链协会（Supply Chain Council，SCC）提出了供应链运营参考模型（Supply Chain Operations Reference model，SCOR），适合于不同工业领域的供应链运营参考模型。理论基础是将企业供应链的活动放入SCOR模式中，为供应链管理提供一个流程架构，将供应链的流程划分为五大类——计划（Plan）、采购（Source）、制造（Make）、配送（Deliver）及退货（Return）。
- 相对于企业电子化需求的两大主轴而言，ERP是以企业内部资源为核心，SCM则是企业与供货商或策略伙伴之间的跨组织整合。在大多数情况下，ERP系统是SCM的信息来源，ERP系统导入与实施时间较长，SCM系统实施时间较短。
- 相对于ERP、SCM等系统对企业的效益着重于节流的效果，CRM对企业的效益则着重于创造企业营收目标，可以说是属于开源的系统。
- 管理大师杜拉克（Peter F. Drucker）曾经说过，商业的目的不在于"创造产品"，而在于"创造客户"。客户（Customer）是指产品或服务的经常性购买者，企业存在的唯一目的就是提供服务和商品去满足顾客的需求。
- 对企业而言，导入CRM系统可以记录分析所有的客户行为，同时将客户分类为不同群组，借此营销与调整企业的相关产品线。
- 在线分析处理（Online Analytical Processing，OLAP）可被视为是多维度数据分析工具的集合，用户在线即可完成关联性或多维度数据库（例如数据仓库）的数据分析工作，并能实时快速地提供整合性决策，主要是提供整合信息，以支持决策为主要目的。
- 企业建立数据仓库的目的是希望整合企业的内部数据，并综合各种整体外部数据来建立一个数据仓库，以作为支持决策服务的分析型数据库，能够有效地管理和组织数据，并能够以现有格式进行分析处理，进而帮助做出决策。
- 数据挖掘是整个CRM系统的核心，企业可借助营销信息系统从企业的数据仓库中收集大量顾客的消费行为与信息，然后利用数据挖掘工具，找出顾客对产品的偏好和消费模式，之后便可进一步分析和确认顾客的需求，并将顾客进行分类，将这些分析结果用于开发具有净利润的商品，以实现企业利润最大化的目标。

- 对于企业来说，知识可区分为内隐知识与外显知识两种。内隐知识存在于个人身上，与员工个人的经验与技术有关，是比较难以学习与转移的知识。外显知识则存在于组织，比较具体客观，属于团体共有的知识，比如已经书面化的制造流程或标准操作规范，相对也容易保存与分享。
- 数字化学习（e-Learning）是指在互联网上建立一个方便的学习环境，借助网络无处不在的特性，将专业课程数字化之后放在网络上，让用户上网就能学习到所需的专业知识，让学习者可以更加自主地安排学习课程。

本章习题

1. 梅塔集团从商务模式观点归纳出哪四种企业协同商务运营模式？
2. 试简述协同商务的内容。
3. 什么是计划与预测协同商务？
4. 请说明企业资源计划的内容。
5. 试叙述客户关系管理系统的目标。
6. 什么是物料需求计划？
7. 有哪几种类型的客户关系管理系统？
8. 请说明供应链管理。
9. 什么是知识经济？试简述之。
10. 对于企业来说，知识可区分为哪些？
11. 试说明推式供应链的优缺点。
12. 如果以学习方式来区分，数字化学习可分为哪三种类型？
13. 请简述客户关系管理系统。
14. 企业建立数据仓库的目的是什么？
15. 什么是在线分析处理？

第 7 章 无限可能的移动商务

网络已成为现代人生活最需要的通信工具，虽然宽带使用的普及程度越来越高，不过随之而来的网线也越来越多，很容易造成一间办公室内经常看到一大堆网线，这也可能是加速了无线通信网络兴起与流行的原因之一吧。电子商务模式自互联网兴起以来，是最具规模性的科技与商业的大整合，但是仍然需要通过固定的客户端上网才能实现电子商务，这慢慢就变成了一种限制。

近年来随着各种无线通信设备的普及、云计算的服务趋于成熟，以及企业移动应用的增加，需要不受时空限制，就能实时把声音、影像等多媒体数据直接传送到移动设备上。有了移动应用，我们就可以在任何时间、地点立即获得实时新闻、阅读信件、查询信息甚至进行消费和购物等无所不在的服务。移动商务的示意图如图 7-1 所示。

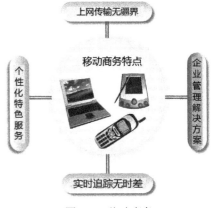

图 7-1 移动商务

无线网络就是利用光波（有红外线——Infrared 和激光——Laser）或无线电波（有窄带微波、扩展频谱（DSSS）、跳频技术（FHSS）、HomeRF 和 Bluetooth——蓝牙技术）等传输介质来进行数据传输的信息科技。自从"后 PC 时代"来临，智能手机和平板电脑在世界各地"攻城掠地"，移动设备产业在近几年飞速成长，随着 4G 移动宽带时代的来临，过去固定宽带上的内容与服务也会更多地转移到移动设备上来（没有了固定设备的限制），应用移动化的趋势不可逆转。

7.1 移动商务简介

移动商务（Mobile Commerce，M-Commerce）基本的定义是：用户使用移动终端设备通过移动通信网络来进行商业交易活动。较狭义的定义是：通过移动网络所进行的一种具有货币价值的交易。而广义的定义是：只要是人们由通过移动网络来使用的服务与应用，都可以被定义在移动商务的范畴内。

移动商务的出现，不但突破了传统定点式电子商务受到空间与时间的局限，而且在竞争日趋激烈的数字时代里，还能够大幅提升企业与个人的工作效率。用户可以通过随身携带的任何移动终端设备，利用无线网络轻松上网，随时处理各种个人或公司的事务，真正达到"任何时间、任何地点都可以完成任何工作"的境界。

第 7 章　无限可能的移动商务

生产力是当今经济环境中各种类型企业最关心的话题。移动性（Mobility）的增加对生产力的提升相当重要。越来越多的企业把移动上网视为降低成本或提高生产力的法宝，因此企业移动化（企业 M 化）自然而然就成为全球专家和业者关注的焦点。从早期的 e 化（Electronic，电子化）到接下来的 I 化（Internet，网络化），再到现在的企业 M 化（Mobile，移动化），是时代潮流演进的必然结果。移动化的基本特性包含了效率、效能与整合。企业移动化是电子化的延伸，就是将企业的商务活动移动化，以降低成本、节省时间、提高管理效率。

迎接 4G 时代的新商机，无线上网的带宽和安全性也将逐渐被企业用户所接受，企业进行"移动化"变革的脚步在加速，移动商务提供了企业内外管理应用的全新解决方案，包括移动办公云、安全防护、移动会议室等服务。

移动化服务与电子化服务提供商的重叠度相当高，而且移动化服务提供商必须与其他电子化服务的部门合作，企业移动化收获的最大效益，就是通过移动手持设备来实现流程的改造。无线技术不但成本低廉，而且提供了自行调整的自由度，尤其适合持续变迁与扩充的应用环境，进而降低运营成本、增加收益。移动通信运营商为不同的行业提供了相应的企业移动化的解决方案，如图7-2所示。

图片来源：http://www.chinamobile.com/

图 7-2　中国移动公司提供了企业移动化的解决方案

7.2 移动商务相关的基础建设

随着新兴无线通信技术与互联网的高度普及,加速了无线网络的发展与无线应用的流行。无线网络可应用的产品范围相当广,涵盖了信息、通信、消费类产品的3C产业,并可与互联网整合,且提供了有线网络无法达到的无线漫游服务。用户可以在会议室、走道、酒店大堂、餐厅以及任何有"热点"(Hot Spot)的公共场所轻松上网畅游(见图7-3)。

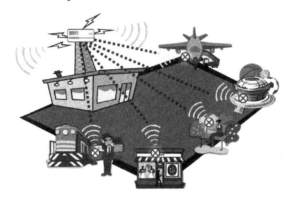

图 7-3 只要有无线网络覆盖,用户就可以随时随地上网

所谓"热点",是指在公共场所提供的无线局域网(WLAN)服务的连接地点,让大众可以使用笔记本电脑、智能手机或其他移动设备,通过热点的无线"访问节点"(AP)连接到互联网,无线上网的热点越多,无线网络覆盖的区域便越广。

例如,CMCC就是中国移动运营商的公共WiFi,近几年这样的热点已经遍布了机场、火车站、大型商场、写字楼等场所,是中国移动提供的付费式无线网络服务,即采用802.11系列标准的无线局域网,在全国各地的城市里架设了难以计数的"无线访问接入点"(WLAN AP)。人们可随时随地使用手机收发e-mail、在麦当劳快餐店写报告、在公园里上网或在机场收听网络广播。人们只要连通CMCC无线网络,无论是使用智能手机还是笔记本电脑上网都行,实现了e城市的梦想。

无线网络在目前的日常生活中应用范围已相当广泛了,如果按其所涵盖的地理面积大小来划分,无线网络的种类可以分为"无线广域网"(Wireless Wide Area Network,WWAN)、"无线城域网"(Wireless Metropolitan Area Network,WMAN)、"无线个人网络"(Wireless Personal Area Network,WPAN)与"无线局域网"(Wireless Local Area Network,WLAN)。

7.2.1 无线广域网

"无线广域网"(WWAN)是移动电话和数据服务所使用的数字移动通信网络(Mobile Data Network),由电信业者经营,其组成包含移动电话、无线电、个人通信服务(Personal

Communication Service，PCS）、移动卫星通信等。以下将介绍常见的移动通信标准。

- AMPS

"模拟移动通信系统"（Advance Mobile Phone System，AMPS）是北美第一代移动电话系统，采用模拟信号传输，即第一代模拟移动电话系统（1G）。例如，早期耳熟能详的"黑砖头大哥大"。

- GSM

"全球通系统"（Global System for Mobile communications，GSM）是 1990 年由欧洲开发出来的，故又称泛欧数字移动电话系统，即第二代移动电话通信协议。目前世界上两大 GSM 系统为 GSM 900 和 GSM1800，由于采用不同的频率，因此适用的手机也不同。GSM 的优点是不易被窃听，可以进行国际漫游。但缺点是通话易产生回音而且通话语音质量不太稳定。

- GPRS

"通用分组无线服务技术"（General Packet Radio Service，GPRS）属于 2.5G 移动通信标准。GPRS 通过"分组交换"（Packet Switch）技术，使数据传输速率大幅提升为 171.2Kbps。与 GSM 相比，GPRS 数据传输速率足足提高了 20 倍。

- CDMA

"码分多址"（Code Division Multiple Access，CDMA）与 GSM 一样同属于 2G 移动通信标准，是 3G 手机所依赖的传输技术的根源。码分多址的功能主要用于控制带宽资源，也就是在同一带宽内的"码分"技术，可以指定给每个客户端不同的展频码。不过，基站需求数量却比 GSM 少一半，主要用于北美、日本、韩国及中国市场。CDMA 比较先进，比如传输范围较广，传输速率较快。

- 3G

3G（Third Generation）就是第三代移动通信系统，主要目的是大幅提升数据传输速度，比 2.5G-GPRS（160Kbps）更具优势。除了 2G 时代原有的语音与非语音数据服务，还多了网页浏览、电话会议、电子商务、视频电话、电视新闻直播等多媒体动态影像传输，更重要的是在室内、室外和通信的环境中能够分别支持 2Mbps（兆比特每秒）、384Kbps（千比特每秒）以及 144Kbps 的传输速率。

- 3.5G/3.75G

3.5G 使用的技术为高速下行分组接入（High-Speed Downlink Packet Access，HSDPA），是 3G 技术的升级版本，主要用来加快客户端设备（User Equipment，UE）的下行传输速率。如果上网的地方未支持 3.5G 无线网络，3.5G 无线网络还会自动转换为 3G 或 GPRS 无线网络。由于 HSDPA 上传速度不足（只有 384Kbps），后来又开发了高速上行分组接入（High Speed

Uplink Packet Access，HSUPA）的技术，又称 3.75G，其上传速度达 5.76Mbps，3.75G 为双向视频或网络电话提供了更佳的传输速率。

- WiMAX 与 LTE/4G

WiMAX（Worldwide Interoperability for Microwave Access，全球微波互联接入）与 LTE（Long Term Evolution，长期演进技术）被外界视为 4G 的新时代技术，但两者具有不同的协议规格，两个系统的竞争越趋白热化。WiMAX 近几年来已经成为无线网络界流行的专用词汇，这项技术的标准规格又称为 IEEE 802.16，其传输速率最高可达 70Mbps，基站以单点对多点（PTMP）的无线网络为主。

LTE 以现有的 GSM/UMTS 的无线通信技术为核心发展而来，能与 GSM 服务提供商的网络兼容，理论上的最快传输速率可达 170Mbps，有可能成为全球电信业者发展 4G 标准的新宠儿。目前全球 LTE 正在快速布局和建设，包含日、德、美、中等都已着手发展 LTE，所以未来 4G 技术将成为 LTE 与 WiMAX 之间的竞争。2013 年 12 月 4 日中华人民共和国工业和信息化部（简称工业和信息化部）正式向三大运营商发布 4G 牌照，中国移动、中国电信和中国联通均获得 TD-LTE 牌照。2015 年 2 月 27 日，工业和信息化部向中国电信集团公司和中国联合网络通信集团有限公司发放"LTE/第四代数字蜂窝移动通信业务（FDD-LTE）"经营许可。

- 5G

5G（Fifth Generation）指的是移动电话系统的第五代，也是 4G 之后的延伸，5G 技术通过整合多项无线网络技术而来，包括几乎所有以前几代移动通信的先进功能。对一般用户而言，最直接的感觉是 5G 比 4G 更快了。虽然目前全球还没有一个具体标准，不过在 5G 时代，全球将可以期待一个共同的标准。韩国三星电子在 2013 年宣布，已经在 5G 技术领域获得关键性突破，预计未来将可实现 10Gbps 以上的传输速率。在这样的传输速率下，下载一部电影可能只需要不到一秒的时间！

7.2.2 无线城域网

无线城域网（WMAN）是指传输范围可涵盖城市或郊区等较大地理范围的无线通信网络，例如可用来连接距离较远的地区或大范围的校园。此外，IEEE 组织于 2001 年 10 月完成标准的审核与制定，802.16 为"全球微波互联接入"（Worldwide Interoperability for Microwave Access，WiMAX），802.16 有能力确保用户以一个固定不变的速率完成传输任务，而在通信安全上则采用数据加密标准（DES）技术，并且提供的服务有"时分双工"（Time Division Duplex）处理的数据和语音、互联网连接、网络电话（VoIP）等。WiMAX 是英特尔公司大力主导推广的新一代远距无线通信技术，国内外许多学校也逐步尝试在校园中建立 802.16 试验网络。

WiMAX 有点像 Wi-Fi 无线网络（即 802.11），然而最重要的差别是 WiMAX 通信距离以数十千米计（约 50 千米），而 Wi-Fi 是以米计（约 100 米）。简单来说，Wi-Fi 是代表 802.11 标准的小范围局域网通信技术，为 WLAN 带来了类似有线以太网络（Ethernet）一样的性能。WiMAX 与 Wi-Fi 相比，只是它的信号范围更广、传输速度更快，所受到的干扰也比 Wi-Fi 小。由于 WiMAX 不必铺设网线，因而被视为取代固网的"最后一英里"的技术，所提供的网络访问速度与 DSL 和缆线提供的网络访问速度接近，可以凭借它的宽带与远距离传输能力来协助 ISP 业者建设无线网络的"最后一英里"。

7.2.3 无线局域网

无线局域网（WLAN）的特性是高移动性、节省网络成本，并利用无线电波（如窄带微波、跳频技术、HomeRF等）以及光传导（如红外线与激光）作为载波（Carrier）。无线局域网标准是由"电气和电子工程师协会"（IEEE）在1990年11月制订出的一个称为"IEEE 802.11"的无线局域网通信标准，采用 2.4GHz的频段，数据传输速度可达11Mbps。无线网络802.11X 是一项可提供随时上网功能的突破性技术，创造了一个无疆界的高速网络世界。只要在笔记本电脑上插入一块无线局域网卡，搭配无线访问接入点（Access Point，AP），就可以在办公大楼内部四处走动，同时保持与企业内部网络和互联网的顺畅连接。通过无线局域网上网的示意图如图7-4所示。

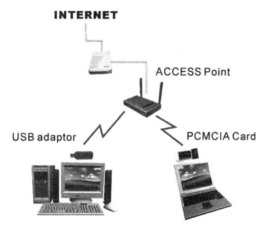

图 7-4　通过无线局域网上网的示意图

一般来说，窄带微波与红外线在 WLAN 上较少被采用，最广为流行的是展频技术，在无线局域网的应用则是按照 FCC（Federal Communications Commission，美国联邦通信委员会）所规范的 ISM（Industrial，Scientific，Medical），它所开放的频率范围为 902M～928MHz 和 2.4G～2.484GHz 两个频段。以下将介绍常见的无线局域网（WLAN）通信标准。

- 802.11b

802.11b 是以 802.11 架构为基础的一个扩展版本，采用的展频技术是"高速直接序列"，频段为 2.4GHz，最大可传输带宽为 11Mbps，传输距离约 100 米，是目前使用最普遍的标准。

在 802.11b 的规范中，设备系统必须支持自动降低传输速率的功能，以便可以和支持"直接序列"展频的产品兼容。另外，为了避免干扰情况的发生，在 IEEE 802.11b 的规范中，频段的使用最好能够间隔 25MHz 以上。

- 802.11a

802.11a 采用一种多载波调制技术，称为 OFDM（Orthogonal Frequency Division Multiplexing，正交频分复用）技术，并使用 5GHz ISM 频段。最大传输速率可达 54Mbps，传输距离约 50 米。802.11a 虽拥有比 802.11b 更高的传输速率，但和 802.11b 互不兼容，而且价格较高，尚未被市场广泛接受。

- 802.11g

在无线局域网的标准中，802.11a 与 802.11b 是两种互不兼容的架构。这让网络设备制造商无法确定哪一种规格才是未来发展的方向，因此最后又开发出 802.11g 的标准。802.11g 标准结合了 802.11a 与 802.11b 标准的精华，在 2.4GHz 频段使用 OFDM 调制技术，使数据传输速率最高提升到 54 Mbps，并且保证未来不会再出现互不兼容的情况。由于 802.11b 的 Wi-Fi 系统后向兼容，又拥有 802.11a 的高传输速率，因此 802.11g 使得原有无线局域网系统可以向高速无线局域网延伸，同时延长了 802.11b 产品的使用寿命。

- 802.11n

IEEE 802.11n 是一项新的无线网络技术，也是无线局域网技术发展的重要分水岭，使用 2.4GHz 与 5GHz 双频段，所以与 802.11a、802.11b、802.11g 都兼容。802.11n 的基本技术仍是 Wi-Fi 标准，不过使用了包括"多输入多输出"（Multiple Input Multiple Output，MIMO）技术与"信道绑定"（Channel Binding）技术等，所以 802.11n 不但提供了可媲美有线以太网的性能——更快的数据传输速率，而且网络的覆盖范围更大。在未来数字家庭环境中，将会大量以无线网络连接取代有线网络连接，802.11n 的数据传输速率估计将达 540Mbps，此项新标准要比 802.11b 快 50 倍，而比 802.11g 快 10 倍左右。

- 无线访问接入点

无线访问接入点（Access Point）扮演中介角色，或称"无线网桥"，可将有线网络信号转化为无线网络信号。无线访问接入点的作用是充当无线移动设备与有线网络设备连接的转接设备，类似移动电话基站的性质，所以有人也称之为"无线网络基站"。目前各个厂家的"无线访问接入点"设备也同时拥有网络交换机（Switch）、路由器（Router）、IP 分享器、打印机服务器等扩展功能。图 7-5 就是一个"无线访问接入点"设备。

无线网卡则是一块符合 IEEE 802.11 系列标准的网络适配卡，安装在客户端，是与无线访问接入点沟通的硬件。无线

图 7-5　无线访问接入点

网卡的接口随着计算机主机的不同而有不同的接口，比如 PCMCIA、USB、PCI、CF 等，最好选择符合 Wi-Fi 认证的网卡。

 Wi-Fi（Wireless Fidelity）是泛指符合 IEEE 802.11 无线局域网传输标准与规格的认证。也就是当消费者在购买符合 802.11 规格的相关产品时，只要看到 Wi-Fi 这个标志，就不用担心各种厂商间的设备不能互相沟通的问题。

目前常见的无线网卡多为 PCMCIA 与 USB 的接口，主要是安装在移动性高的笔记本电脑上使用。例如，利用无线上网功能，人们可以在会议室、走道、酒店大堂、餐厅等任何含有"无线热点"的公共场所轻松上网。

7.2.4 无线个人网络

无线个人网络（WPAN）通常是指在个人数字设备之间进行短距离数据传输，通常不超过 10 米，并以 IEEE 802.15 为标准。最常见的无线个人网络应用就是红外线传输，目前几乎所有笔记本电脑都已经将红外线网络（Infrared Data Association，IrDA）作为标准配置。其优点是省电，成本也低廉。传输速率约为 100Kbps，多应用在低带宽需求的数据传输，比如电视机、空调、床头音响等遥控器，它们都是利用红外线来传送控制指令。缺点是红外线无线传输设备在进行数据传输时需将两个传输设备相互对准，而且红外线无线传输易受干扰。

- 蓝牙（Bluetooth）

蓝牙（Bluetooth）是由爱立信等公司于 1994 年开发出来的，并且在 1998 年推出"Bluetooth 1.0"标准。可以让个人计算机、笔记本电脑、移动电话、打印机、扫描仪、数码相机等数字产品之间进行短距离无线数据传输。蓝牙技术主要支持"点到点"（Point-to-Point）和"一点到多点"（Point-to-Multipoint）的连接方式，使用 2.4GHz 频段，目前传输距离大约有 10 米，传输速率约为 1Mbps，预估未来可达 12Mbps。蓝牙 4.0 技术规格是最新的蓝牙技术规格，其具有低功耗、使用便利的特性，支持双工与单工传输模式。由于拥有极低的运行和待机功耗，因此蓝牙技术的应用将进一步涉足可穿戴产品市场，包括健康医疗、运动管理、消费电子等相关领域的应用。图 7-6 是罗技公司出品的采用蓝牙技术进行连接的鼠标和耳麦。

- HomeRF

HomeRF（Home Radio Frequency）也是短距离无线传输技术的一种。HomeRF 技术是由"国际电信联盟"（International Telecommunication Union，ITU）所发起的，这种技术提供了一个不昂贵并且可以同时支持语音与数据传输的家庭网络，也是针对未来消费类电子产品数据和语音通信的需求所制定的无线传输标准。设计的目的主要是为了让家用电器设备之间能够进行语音和数据的传输，并且能够与"公共交换电话网"（Public Switched Telephone Network，PSTN）和互联网进行各种交互式操作。HomeRF 工作于 2.4GHz 频段上，并采用数字跳频的展频技术，最大传输速率可达 2Mbps，有效传输距离为 50 米。

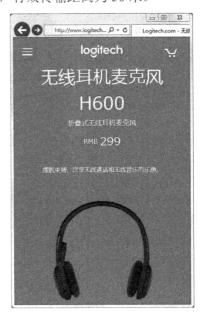

图片来源：http://www.logitech.com.cn/

图 7-6　罗技公司的蓝牙鼠标和耳麦

7.3　认识移动设备

移动设备是一种口袋大小的计算设备，同时也是可以通过无线通信网络上网的设备。早期的 PDA（个人数字助理）定位为电子商用记事本，而发展到今天则成为结合了相机、影音娱乐、PDA 等功能的智能手机以及平板电脑等。由于价格越来越便宜，因此如今已经普及到几乎人手一部智能手机的程度。接下来介绍目前常见的移动设备。

7.3.1　笔记本电脑

随着网络科技的快速发展，电脑用户开始注重数据分享与快速传送，这样个人电脑的可便携性就显得格外重要。许多商务人士有随身携带电脑的需求，计算机厂商便推出了"笔记本电脑"（Laptop）。笔记本电脑就是针对移动计算需求而设计的，可以带着到处游走，而且随时都可以通过网络与外界保持联系。不过，这种计算机的扩展能力较低，配置与性能也比台式机略逊一筹，但是其机体轻巧抗震、移动性与稳定性高，又具备通信功能，因此深受商务人士的喜爱。图 7-7 为宏基和华硕的笔记本电脑。

图 7-7　性能卓越与外形优雅的宏基与华硕笔记本电脑

近来相当流行的 Ultrabook（超级本）就是由英特尔（Intel）公司所提出的一种全新概念的轻薄型笔记本电脑，在各方面都以用户体验与需求为优先考虑，试图将笔记本电脑定义成"有键盘的平板电脑"。Ultrabook 适合需要长时间随身携带笔记本电脑的商务人士，机身厚度不超过 0.8 英寸，价格低于 1000 美元。还支持 USB 3.0 和 Thunderbolt 等多项新的传输技术。其特性是在保有高能效的同时，还具有超轻薄体积、时尚外观与更持久的电池续航能力，让用户可以在使用电池的情况下有更长的工作时间。当然，Ultrabook 还搭配了让数据访问速度更快的固态硬盘以及全新的超快速启动技术（Rapid Start）。

7.3.2　平板电脑

平板电脑（Tablet PC）是下一代移动商务 PC 的代表，外形类似平板状的微型电脑，使用具有触控功能的触摸屏幕取代了鼠标与键盘。它提供了接近笔记本电脑的功能，除了可存储大量电子图书之外，更轻更薄的特性让它更适于用户贴身携带，而且使用时能接受手写输入或用户的语音输入。这样简易的操控性使平板电脑适合于更多人使用。图 7-8 和图 7-9 分别为联想公司和苹果公司的平板电脑。

图片来源：http://www.lenovo.com.cn

图 7-8　功能和性能卓越的联想平板电脑

图片来源：http://www.apple.com/cn/

图 7-9　永远创新流行的苹果平板电脑

以 iPad 为首的平板电脑（见图 7-10）是"后 PC 时代"的代表产品，不仅能完成传统 PC 的任务，还能真正提供移动上网与云计算服务。苹果 iPad 延续了平板电脑的概念，在人机界面上采用手指触控，例如使用 iPad 记录日程就非常轻松简单。除了可以上网、查阅电子邮件、阅读电子书和玩游戏，iPad 还具有更精准的卫星技术和更丰富的街景图库，通过它的地图（Maps）功能就能轻松搜索邻近地区的重要地标。

图片来源：http://www.apple.com/cn/

图 7-10　苹果最新推出的平板电脑——iPad Pro

全新 iPad Pro 拥有 A9X 芯片与先进的无线技术，它的中央处理器性能是 iPad Air 2 的 1.8 倍，图形处理器性能是其两倍。即便是对性能要求非常高的应用和游戏，也能轻松地运行。

- 变形电脑

近年来随着移动设备的快速兴起，出现一种结合台式机、笔记本电脑、平板电脑并可以拔插组合的或者转轴式的多合一变形金刚（Transformers）版本的变形电脑。它同时兼具平板的智能移动性和笔记本电脑的高性能，显示屏幕与键盘可以分拆与组合，对满足轻度工作需求并兼顾娱乐体验的消费者而言，这种"变形金刚"电脑从 2013 年起似乎成了个人电脑的趋势之一。例如，微软公司推出的 Surface Pro 4（见图 7-11），整体性能媲美笔记本电脑，只要将触摸屏和键盘拆卸后，就可立即变身为平板电脑。

图片来源：http://www.microsoft.com/zh-cn

图 7-11　微软公司推出的平板电脑 Surface Pro 4

7.3.3　掌上电脑

掌上电脑（Handheld computer）是一种真正可手持的电脑产品，通常是指小到足以放置在手掌上的微型电脑设备，比如之前相当受欢迎的"个人数字助理"（Personal Digital Assistant，PDA），经常用于一些特殊场合，像是利用手写输入做笔记、显示通讯录、查询约会或待办事项等。PDA 多结合了手机功能，有些还提供支持全球定位系统（GPS），并具备更强大的多媒体功能，通过蓝牙无线通信，可让用户轻松移动上网下载图片、铃声以及游戏等多媒体内容。图 7-12 为 PDA 产品。

图 7-12　PDA

7.3.4 智能手机

智能手机（Smartphone）就是一种运算能力和功能比传统手机更强的手机，不但硬件配置较高、传输速率较快，而且具备上网功能。iPhone 6 一上市全球便再次掀起了抢购热潮，这款超人气的苹果智能手机，简直具备了一台微型电脑的功能。图 7-13 为 iPhone 6 智能手机。

图片来源：http://www.apple.com/cn/

图 7-13　iphone 6 一上市就遭到大家抢购

华为公司研发的智能手机也受到消费者青睐。华为的智能手机都是以 Android 系统为主要操作系统，这和 iPhone 所使用的苹果 iOS 操作系统不同，优点是 Android 平台的开放度更高，机种的选择更多，而且价格段的覆盖面也大。例如，华为的 G7 Plus 就是一款相当不错的智能手机（见图 7-14）。

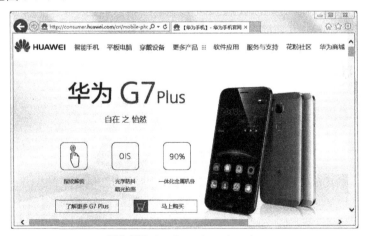

图片来源：http://www.huawei.com/cn

图 7-14　华为的 G7 Plus 智能手机

7.3.5 可穿戴设备

由于电脑设备的核心技术不断地往轻薄短小与美观时尚等方向发展，因此智能可穿戴设备（Wearable Device）近年来如旋风般兴起，被认为是下一个时代的新兴电子产品，不只是手机，人们穿的鞋子、戴的眼镜和手表，都可以用来帮助人们打点生活，甚至用于上网交流与购物。网上购物的王牌公司 eBay 正在组成新的团队，计划将电子商务带入可穿戴产品中，以拓展其业务版图。

手机配合的可穿戴设备也越来越吸引消费者的眼光，目前已经拓展到时尚、运动、养生和医疗等相关领域。例如，能够戴在手腕上并像智能手机一样执行应用程序的运动表（Samsung Gear），或者像是"Google X"实验室正在研发的能检测血糖值的智能隐形眼镜——可使用眼泪无痛测量血糖，能让糖尿病患者随时了解身体状况。图 7-15 为目前 Google 的可穿戴式智能眼镜。

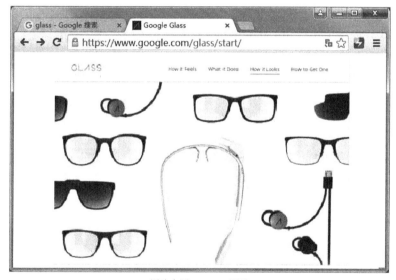

图片来源：Google 网站

图 7-15　Google 可穿戴式智能眼镜

7.4　移动设备的操作系统

近年来随着处理器运算能力和通信芯片能力的不断提高，智能移动设备已成为目前 3C 产品的主力之一。移动操作系统类似于台式机上运行的操作系统，但是它们通常相对简单，一般都提供了无线通信功能。要发挥移动设备的强大能力，关键在于机器本身所使用的移动操作系统和各项软硬件之间的配合。随着智能手机的普及率不断提高，越来越多的手机操作系统问世，下面针对目前应用在移动设备上的主流操作系统进行介绍。

7.4.1 iOS 操作系统

当前最当红的手机 iPhone 就是使用原名为 iPhone OS 的 iOS 的智能手机嵌入式操作系统，这个操作系统可用于 iPhone、iPod touch、iPad 以及 Apple TV。这个操作系统的原名为 iPhone OS，2010 年 6 月改名为 iOS。iOS 以苹果公司自家开发的 Darwin 操作系统为基础，由 Mac OS X 核心演变而来，自 2007 年最早的 iPhone 手机开始，目前已经历了四次重大改版。iOS 是一种封闭的操作系统，并不开放给其他同行使用。图 7-16 为 iPhone 6 的最新 iOS 操作系统的主界面。

iOS 的系统架构分为四个层次，iPhone 4s 手机所使用的 iOS 5 提供了超过 200 种新功能，功能扩展支持所有的 iOS 设备，如 iPhone、iPad、iPod touch 等设备。桌面上还加入了"报刊杂志"和"提醒事项"图标，并新增了相机图标，用户一旦点击该图标就可以直接拍照，其中的 iMessage 功能还能够让用户免费互传短信、相片

图 7-16 拥有众多功能的 iPhone 手机的主界面

和视频。iOS 6 搭配在 iPhone 5 手机上，最大的改变是不再内嵌 Google 地图，而采用自家的地图系统，新的地图支持语音导航和 3D 查看功能，并且 Siri 也最终支持了中文，还具有可识别超过 30 000 个汉字的手写体识别等功能。最新的 iPhone 6 与 iPhone 6 Plus 预装的是全新的 iOS 8 操作系统，iOS 8 可以说是历代 iOS 中功能提升最大的一代操作系统。

7.4.2 Android 操作系统

Android 是 Google 推出的智能手机软件开发平台，结合了 Linux 核心的操作系统，供开发者使用 Android 的软件开发工具包。Android 承袭了 Linux 系统一贯的特色——开放源码（Open Source Software，OSS）的精神，在保持原作者源码完整性的条件下，不但完全免费，而且可以允许任意修改和复制，以满足不同用户的需求。

Google 公司在 2007 年发表 Android 操作系统后，同年成立了开放手机联盟 OHA（Open Handset Alliance），并以 Java 作为开发语言，建立了移动设备的业界开发标准，任何合作厂商都可以免费使用 Android 系统来开发各种软件。

Android 内建的浏览器是用 WebKit 的浏览引擎为基础开发而成的，配合 Android 手机的功能，可以在浏览网页时达到更好的效果。Android 拥有的最大优势就是与各项 Google 服务的完美整合，不但能享有 Google 上的优先服务，凭借开发源码的优势，越来越受到手机厂商和电讯厂商的支持。Android 目前已成为许多嵌入式系统的首选，当程序设计人员开发应

用程序时，可以直接调用 Android 基础组件，因而减少了开发应用程序的成本，Android SDK 的版本已经到 Android 4.4 版本，用户可以自行上网下载（见图 7-17）。

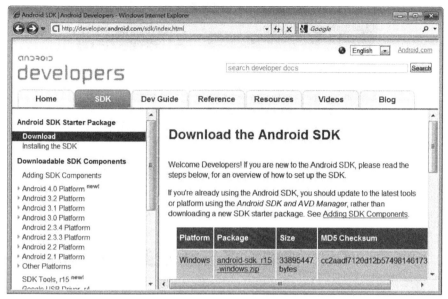

图片来源：http://developer.android.com/sdk/index.html

图 7-17　Android SDK 的官方网页

7.4.3　Windows Phone 操作系统

Windows CE（Embedded Compact）则是微软为便携设备设计的嵌入式操作系统，在这个操作系统上可以执行精简版的 Word、Excel 等软件。因为符合一些小型嵌入式设备的精简化需求而被业界采用，Windows CE 可以用于各种各样的硬件平台，最有名的是 Pocket PC 以及微软的智能手机。应用程序可用 VC++、VC# 和 VB 语言编写，所以开发人员可选用自己最熟悉的语言来开发。但在嵌入式市场发展越来越大的势头下，微软也开始顺应不同需求而推出不同版本的各种嵌入式操作系统。Windows Mobile 就是微软专门为了智能手机与口袋型电脑（Pocket PC）所设计的一套开发环境，设计上与 Windows CE 的核心程序相同，但它并不算是一个操作系统，只是微软旗下的一个品牌。

近年来面对 Android 与 iOS 的强大攻势以及在 Windows Mobile 的市场占有率快速下降的情况下，微软推出了改版后的 Windows Phone。Windows Phone 的前身是 Windows mobile 6.5，主要的销售对象是普通的消费市场，而非以前版本所瞄准的企业市场。后来微软于 2011 年底开始推出 Windows Phone 的一项重大更新，发布了开发代号为 Mango 的新一代智能手机操作系统，Mango 除了增加多任务处理能力，还支持包括中文在内的 35 种语言，另外还增加了多达 500 个新功能。微软的 Windows Phone 网站如图 7-18 所示。

图片来源:https://www.microsoft.com/zh-cn
图 7-18 微软的 Windows Phone 官网

7.5 移动设备在线服务平台

由于智能手机能够按用户需求任意安装各种应用软件,因此为了增加操作系统的附加价值,各家公司都针对其移动设备操作系统推出了在线服务平台。各家在线服务平台提供了多样化的应用软件、游戏等。让消费者在购买智能手机后,能够方便地下载所需的各种服务。例如,"愤怒的小鸟"就是一款用于移动设备的著名游戏。图 7-19 是开发这款游戏的公司的官网。

图片来源:http://www.rovio.com/
图 7-19 "愤怒的小鸟"公司的网页

智能手机越来越流行,同时带动了 App(应用)的快速发展。当然各个厂家的智能手机也都如雨后春笋般地出现并走向市场。App 是 application(应用程序)的缩写,这里是指移动设备上的应用程序,也就是软件开发商针对智能手机和平板电脑所开发的一种应用程序。App 涵盖的应用程序包括了日常生活方方面面有关的各项需求。App 市场的成功带动了如"愤怒的小鸟"(Angry Bird)这样的 App 开发公司的迅速蹿红,让 App 下载开创了另一类移动商务模式。

7.5.1 App Store

App Store 是苹果公司针对使用 iOS 操作系统的系列产品(如 iPod、iPhone、iPad 等)所开创的一个让网络与手机相融合的新型商业模式,让 iPhone 用户可通过手机上网购买或免费试用里面的软件。与 Android 的开放性平台最大的不同是,苹果公司的 App Store 上面的各类 App,都必须经过苹果公司工程师的审核,确定没有问题才允许放到 App Store 中让用户下载。这也是一种崭新的移动商务模式。人们只需要在 App Store 程序中点几下,就可以轻松地更新并且查阅各种软件的信息。App Store 除了将所有的销售软件加以分类,让用户方便查找外,还提供了方便的现金流处理方式和软件下载安装方式,甚至还有软件评比机制——成为用户选购软件的依据。图 7-20 为 App Store 首页的用户界面。

图 7-20　App Store 首页的用户界面

7.5.2　Google Play 和其他 Android App 网站

Google 也推出了针对 Android 系统的一个在线应用程序服务平台——Google Play。人们可以通过 Google Play 网页寻找、购买、浏览、下载和评比用于 Android 手机的免费或付费的 App 与游戏。Google Play 是一个开放平台,任何人都可上传其所开发的应用程序,鉴于 Android 平台手机的各种优点,在可预见的未来,为手机开发应用程序将像今天为计算机开发应用程序一样普遍。

在国内,获取 Android 的 App 还有很多其他网站,如安卓市场、豌豆荚(见图 7-21)、91 助理等。

图 7-21 "豌豆夹"手机客户端的界面

7.6 移动商务的创新应用

在信息科技高速发展的今日,移动商务的种类和范围包罗万象,包括移动理财、移动存货管理、客户服务管理、产品的位置服务与推送、移动拍卖、移动办公等,只要能够通过无线上网的应用就都在其涵盖的范畴之内。本节将分别针对不同的应用领域,为读者做概括性的说明。

7.6.1 移动信息服务

通过人手一部的手机或平板电脑,这种个性化设备的快速普及也成为移动商务快速发展的推手,而移动商务最普遍且直接的应用就是移动信息服务。目前移动商务可提供的个性化移动信息服务包括短信收发、电子邮件收发、多媒体下载(比如图片、动画、影片、游戏、音乐等)、信息查询(比如新闻气象、交通状况、股市信息、生活情报、地图查询等)等。

例如,目前各个证券公司推出的可查看行情和随时下单的证券交易手机客户端,就能让投资人不用一直待在电脑前看盘,可以随时、随地、实时地掌握股票市场的变动。此外,通过"位置服务"功能,消费者可以在到达某个商业区时,利用 GPS 的定位功能,确定当前所在的地址,并且快速查询所在位置周边的商店、餐馆以及促销活动等实时信息,并能及时以各种商家所提供的促销信息与广告来选择服务。例如,快餐店、加油站以及百货公司促销等。

移动购物功能可以让消费者通过无线上网终端执行快速的产品搜索、价格对比、使用购物车下单等。例如,浏览商品网站、查询商品内容与价格信息、查询商品促销信息、在线支付等应用(见图 7-22)。网上银行的功能则可以让用户使用手机上网,进行余额查询、付款、转账、缴费(比如税款、电话费、水费、电费、天然气费)等。

图 7-22 移动商务提供随时随地上网购物的功能

7.6.2 无线射频识别技术

相信各位都有在超市疯狂购物后带着满车的货品等在收银台前并耐心等候收银员慢慢地扫描每件货品的条形码的烦人经历。这不仅让收银员工作强度变大，也会让消费者心情烦躁。不过，这些困难都可以通过日益流行的无线射频识别（Radio Frequency Identification，RFID）技术来解决。

RFID 也称为"电子标签"，就是一种非接触式自动识别系统，可以利用射频信号以无线方式传送和接收数据。RFID 是一种内建无线电技术的芯片，主要的两种设备是应答器（Transponder）与阅读机（Reader），如图 7-23 所示。

图片来源：http://cn.ute.com/

图 7-23 RFID 的应用

一般在所出售的物品贴上 RFID "电子标签",每个电子标签都会发射出自己唯一的 ID 编码,随后提供详细的产品信息,电子标签阅读机检测到这些射频后,就可以读出电子标签中所存的数据,然后送到后端的数据库系统进行物品识别或者查询。目前已有越来越多的企业开始使用 RFID 技术,这项技术将为供应链管理带来新一轮的变革,RFID 除了应用于供应链的管理,相关的行业人士更看好其与消费类电子产品结合所带来的商机。

未来在 RFID 集成到智能手机中的技术更加成熟后,将为消费者带来更加便利的移动生活体验,让信息与商品的获得更具实时性与互动性。例如,新型图书馆里的电子标签、医院里的病患检测、机场里的航空包裹和行李识别、小区中出入的门禁设置等,甚至于日趋流行的"物联网"应用等。RFID 技术将会在其中扮演重要的角色。

7.6.3 二维码的应用

大家是否在杂志、网页、卖场、商品样册或广告海报的角落发现过图 7-24 那样的正方形里面有三个"回"字特征的条形码?这就是二维条形码(Quick Response Code,快速响应码),简称二维码。二维码制作成本低而且操作简单,只要通过手机扫描后,即可获取相关的信息。二维码是由日本 Denso-Wave 公司发明的。不同于一维条形码都以线条粗细来进行编码,二维码利用线条与方块组合来进行编码,比以前的一维条形码具有更大的数据存储量,除了文字之外,还可以存储图片、记号等相关信息。

图片来源:http://news.newone.com.cn/
图 7-24 二维码的使用越来越普遍

除了互联网外,二维码能够快速发展的主要因素就是移动设备(比如智能手机、平板电脑)的快速普及。人们只要拿着安装有二维码识别软件的智能手机,对准二维码一扫描,在程序读取成功后,就可以把信息内容立即转化为文字或者转化为链接——到对应网址进行内容的下载。有些人也会在自己的名片上放二维码,当别人扫描完名片上的二维码后,就可以连接到你的个人网站以获得更多个人的专有信息。

　　二维码可以让用户将数据输入手持设备的操作变得更加简单，因此可以利用二维码快速输入商品信息的能力，将其运用到移动商务上。例如，有些商店或餐厅会在宣传促销广告上放置二维码。消费者扫描后就会进入优惠券专区，消费时只要出示手机屏幕上的优惠券即可享有特定的优惠。图 7-25 即为麦当劳提供的促销二维码页面。消费者扫描该二维码后就可获得麦当劳的优惠券。

图片来源：http://www.quanmama.com/

图 7-25　麦当劳提供的免打印优惠券——手机扫描二维码进店展示即可

7.6.4　无所不在的 NFC

　　NFC（Near Field Communication，近场通信）是由飞利浦、诺基亚与索尼共同研发的一种短距离非接触式数据交换技术，又称近距离无线通信。只要让两个 NFC 设备相互靠近，就可以开始启动 NFC 功能，接着彼此就可以交换数据和分享内容了。

　　RFID 与 NFC 都是新兴的短距离无线通信技术。RFID 是一种较长距离的射频识别技术，侧重于射频识别，可应用在物品的识别上。NFC 则是一种较短距离的高频无线通信技术，属于非接触式点对点数据传输技术，可应用在移动设备。它在 13.56MHz 频率范围工作，一般有效传输距离为 10~20 厘米，数据交换速率可达 424Kbps，这些特性使之成为移动交易、服务接收工具的最佳解决方案。例如，下载音乐和影片、图片互传、购买物品、交换名片、下载优惠券和交换通讯簿等。

　　NFC 在全球发展的速度很快，就连苹果的 iPhone 6/6 Plus 也搭载了 NFC，目前可以用于 Apple Pay 支付服务。事实上，智能手机已经成为现代人包含通信、娱乐、摄影及导航等多重用途的移动工具，如果再结合了 NFC 功能，那么只要一机在手就能够实现"多卡合一"的服务功能，轻松享受乘车购物的便利生活。

项目研究与分析　物联网时代的来临

物联网（Internet of Things，IoT）是近年信息产业中一个非常热门的话题，被认为是互联网兴起后足以改变世界的第三次信息浪潮。它的特性是将各种具有感测部件的物品（比如RFID、环境传感器、全球定位系统（GPS）、激光扫描仪等）与互联网结合起来而形成一个巨大的网络系统，并通过网络技术让各种实体对象、自动化设备彼此沟通和交换信息。

台积电董事长张忠谋在2014年出席台湾半导体产业协会年会（TSIA）时，明确指出："下一个big thing是物联网，它将是未来五到十年内成长最快速的产业，要好好掌握住机会。"他认为物联网是个非常大的构想，不仅限于地上的、可穿戴的、量体温血压的，很多东西都能与物联网连接。对半导体来说，将会是下一个重要的市场。

讨论物联网这项新兴的技术不仅限于只是在讨论一项科技，而是在谈论怎么改变人类的生活方式。近几年随着全球各大厂商的积极投入，世界各地的物联网应用已经越来越多，不仅触及各个领域，也有许多深入的具体应用。在这个网络中，物品能够彼此直接进行交流，无须任何人为操控，实现了智能化远程控制的识别与管理。物联网把信息技术充分运用在各行各业之中，牵涉到十分广泛的软件、硬件之间的整合，包括医疗护理、公共安全、环境保护、政府工作、家居安防、空气污染监测、地质监测等领域。

物联网提供了远距医疗系统发展的基础技术，医疗设备可自动追踪患者的生命体征以及发现是否遵从治疗的情况。当患者生病时，通过智能手机或特定终端测量设备，对于各种发病症状，医院的系统中会自动进行对比与分析，提出初步治疗方案以避免病症加重。长期以来，降低慢性病患者并发症的风险一直是医疗服务提供者面临的巨大挑战，现在可以借助简单、持续性的健康监测和记录，解决传统问诊在短暂的时间内无法察觉的疾病与机能退化征兆的问题。图7-26为中国移动公司的"物联网"官网。

图片来源：http://iot.10086.cn/

图7-26　中国移动公司的"物联网"官网

本章重点整理

- 移动商务（Mobile Commerce，M-Commerce）基本的定义是：用户使用移动终端设备通过移动通信网络来进行商业交易活动。
- 越来越多的企业把移动上网视为降低成本或提高生产力的法宝，因此企业移动化（企业 M 化）自然而然就成为全球专家和业者关注的焦点。
- "热点"（Hotspot）是指在公共场所提供的无线局域网（WLAN）服务的连接地点，让大众可以使用笔记本电脑、智能手机或其他移动设备，通过热点的无线"访问节点"（AP）连接到互联网，无线上网的热点越多，无线网络覆盖的区域便越广。
- "无线广域网"（WWAN）是移动电话和数据服务所使用的数字移动通信网络（Mobile Data Network），由电信业者所经营，其组成包含有移动电话、无线电、个人通信服务（Personal Communication Service，PCS）、移动卫星通信等。
- "通用分组无线服务技术"（General Packet Radio Service，GPRS）属于 2.5G 移动通信标准。GPRS 通过"分组交换"（Packet Switch）技术，数据传输的速率大幅提升为 171.2Kbps。与 GSM 相比，GPRS 数据传输速率足足提高了 20 倍。
- 3G（Third Generation）就是第三代移动通信系统，主要目的是大幅提升数据传输速度，比 2.5G-GPRS（160Kbps）更具优势。
- WiMAX（Worldwide Interoperability for Microwave Access，全球微波互联接入）与 LTE（Long Term Evolution，长期演进技术）被外界视为 4G 的新时代技术，但两者具有不同的协议规格，两个系统的竞争越趋白热化。
- LTE 是以现有的 GSM／UMTS 的无线通信技术为核心发展而来，能与 GSM 服务提供商的网络兼容，理论的最快传输速率可达 170Mbps，有可能成为全球电信业者发展 4G 标准的新宠儿。
- WiMAX 有点像 Wi-Fi 无线网络（即 802.11），然而最重要的差别是 WiMAX 通信距离是以数十千米计（约 50 千米），而 Wi-Fi 是以米计（约 100 米）。
- 无线局域网标准是由"电气和电子工程师协会"（IEEE）在 1990 年 11 月制订出的一个称为"IEEE 802.11"的无线局域网通信标准，采用 2.4GHz 的频段，数据传输速度可达 11Mbps。
- 802.11a 采用一种多载波调制技术，称为 OFDM（Orthogonal Frequency Division Multiplexing，正交频分复用）技术，并使用 5GHz ISM 频段。
- Wi-Fi（Wireless Fidelity）是泛指符合 IEEE 802.11 无线局域网传输标准与规格的认证。也就是当消费者在购买符合 802.11 规格的相关产品时，只要看到 Wi-Fi 这个标志，就不用担心各种厂商间的设备不能互相沟通的问题。
- 蓝牙（Bluetooth）是由爱立信等公司于 1994 年开发出来的，并且在 1998 年推出"Bluetooth 1.0"标准。可以让个人计算机、笔记本电脑、移动电话、打印机、扫描仪、数码相机等数字产品之间进行短距离的无线数据传输。
- 平板电脑（Tablet PC）是下一代移动商务 PC 的代表，外形类似平板状的微型计算机，使用具有触控功能的触摸屏幕取代了鼠标与键盘。
- Android 是 Google 推出的智能手机软件开发平台,结合了 Linux 核心的操作系统,供开发者使用 Android 的软件开发工具包。
- App Store 是苹果公司针对使用 iOS 操作系统的系列产品(如 iPod、iPhone、iPad 等)所开创的一个让网络与手机相融合的新型商业模式,让 iPhone 用户可通过手机上网购买或免费试用里面的软件。
- 移动商务可提供的个性化移动信息服务,包括短信收发、电子邮件收发、多媒体下载(比如图片、动画、影片、游戏、音乐等)、信息查询(比如新闻气象、交通状况、股市信息、生活情报、地图查询等)等。
- 无线射频识别(Radio Frequency Identification,RFID)技术也称为"电子标签",就是一种非接触式自动识别系统,可以利用射频信号以无线方式传送和接收数据。RFID 是一种内建无线电技术的芯片,主要的两种设备是应答器(Transponder)与阅读机(Reader)。
- 二维码是由日本 Denso-Wave 公司发明的。不同于一维条形码都以线条粗细来进行编码,二维码利用线条与方块组合来进行编码,比以前的一维条形码具有更大的数据存储量,除了文字之外,还可以存储图片、记号等相关信息。
- 近场通信(Near Field Communication,NFC)是由飞利浦、诺基亚与索尼共同研发的一种短距离非接触式数据交换技术。只要让两个 NFC 设备相互靠近,就可以开始启动 NFC 功能,接着彼此就可以交换数据和分享内容了。例如,下载音乐和影片、图片互传、购买物品、交换名片、下载优惠券和交换通讯簿等。NFC 主要用于车票、门票、电子钱包等小额付款的应用设计。
- 物联网(Internet of Things, IoT)的特性是将各种具有感测部件的物品(比如 RFID、环境传感器、全球定位系统(GPS)、激光扫描仪等)与互联网结合起来而形成一个巨大的网络系统,并通过网络技术让各种实体对象、自动化设备彼此沟通和交换信息。

本章习题

1. 请说明移动商务的定义。
2. 请简述无线局域网标准。
3. 请举出常见的无线网络的类型。
4. 什么是热点?
5. 试简述频段的意义。
6. 什么是移动信息服务?
7. 请简述 GSM 的优缺点。
8. 请简单介绍 LTE。
9. 什么是 App?试简述之。
10. 什么是 App Store?

11. 试简单说明二维码。
12. 近场通信的作用是什么？试简述之。
13. 请简单说明物联网。
14. 什么是无线射频识别技术？

第 8 章　网络安全防范

随着网络的盛行，除了带给人们许多的方便外，也带来许多安全上的问题，例如黑客、计算机病毒、网络窃听、隐私权侵犯等，如图 8-1 所示。当我们可以轻易获得外界信息的同时，相应地外界也可能进入到我们的计算机与网络系统中。

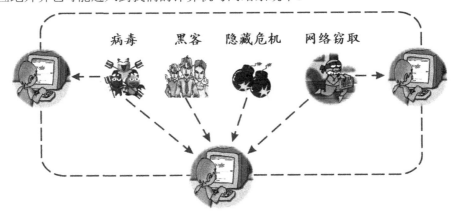

图 8-1　网络上面临的各种安全威胁

在电子商务的发展过程中，各个产业对网络技术的依赖越来越深，再加上电子商务本身的开放性、全球性、方便性等特征，也给电子商务带来诸多的安全隐忧。在这种门户大开的情形下，对于商业机密或个人隐私的安全性，都将岌岌可危。因此如何在维护网络安全上继续努力与改进将是本章讨论的重点。

8.1　信息安全简介

网络已成为我们日常生活不可或缺的一部分，使用计算机或手持设备上网的概率也越趋频繁，信息可以通过网络来互通共享，部分信息可以公开，但部分信息属于机密的，对于信息安全而言，很难有一个十分严谨而明确的定义或标准。例如，就个人用户来说，只是代表在互联网上浏览时个人资料不被窃取或破坏，不过对于企业组织而言，可能就代表着进行电子商务交易时的安全性与不法黑客的入侵等。

何谓信息安全（Information Security）？简单来说，信息安全的基本功能就是实现数据被保护的三种特性（CIA），即机密性（Confidentiality）、完整性（Integrity）、可用性（Availability），如图 8-2 所示，进而达到不可否认性（Non-repudiation）、身份验证（Authentication）与访问授权（Authority）等安全性目的。

图 8-2　信息安全要实现的三个特性

国际标准制定机构英国标准协会（BSI）曾经于 1995 年提出 BS 7799 信息安全管理系统，最新的一次修订已于 2005 年完成，并经国际标准化组织（ISO）正式通过成为 ISO 27001 信息安全管理系统要求标准，是目前国际公认最完整的信息安全管理标准。它可以帮助企业与机构在高度网络化的开放服务环境鉴别、管理和减少信息所面临的各种风险。至于信息安全所讨论的项目，也可以分别从四个角度来讨论，说明如下（参考图 8-3）。

- 实体安全：硬件建筑物与周围环境的安全与管制，例如对网络线路或电源线路的适当维护，包括预防电击、水淹、火灾等天然侵害。
- 数据安全：确保数据的完整性与私密性，并预防非法入侵者的破坏与人为操作不当或疏忽，例如不定期对硬盘中的数据进行备份与访问授权的控制。
- 程序安全：维护软件开发的效率、质量管理、调试与合法性，例如提升程序编写的质量。
- 系统安全：维护计算机与网络的正常运行，避免突然的硬件故障或存储媒体损坏而导致数据的丢失，平日必须对用户进行培训。

图 8-3　信息安全包含的四大项

8.2　认识网络安全

随着网络技术与通信科技不断推陈出新，无论是政府机关还是私人企业，都有可能面临信息安全的冲击，这些也都包括在网络安全的领域中。从广义的角度来看，网络安全所涉及的范围包含软件与硬件两个层面，例如网线的损坏、数据加密技术的问题、服务器感染病毒与传输数据的完整性等。如果从更具体的角度来看，那么网络安全所涵盖的范围就包括了黑客问题、隐私权侵犯、网络交易安全、网络诈欺与计算机病毒等问题。

8.2.1 黑客攻击

黑客（Hacker）是专门侵入他人计算机，并且进行破坏的人士，目的可能是窃取机密数据或找出该系统防护的缺陷。多数的黑客是借助互联网侵入对方的主机，接着可能是偷窥个人隐秘数据、毁坏网络、更改或删除文件、上传恶意程序（如攻击"域名服务器"（DNS））或下载重要程序和文件（窃取行为）等。现在24小时宽带上网（Always-on）已经非常普及，让用户随时处于上网状态，更增加了黑客入侵的机会，以下列出了四种黑客攻击的方式。

黑客攻击方式	说明与介绍
瘫痪服务攻击	利用程序编写技巧，让用户在不知不觉中执行该程序，然后造成计算机系统或服务器持续地执行某项工作，直到计算机资源耗尽为止
邮件炸弹程序	利用此程序在短时间内发送数百甚至数千封的邮件到特定用户的信箱中，会造成用户的邮箱空间超过承载的容量，网络中的路由器也会因此拥塞或耗尽资源。例如，"I LOVE YOU"病毒与梅丽莎病毒就是一种通过邮件收发软件中的通讯簿来转寄大量邮件
服务器漏洞	另外一种网络安全的漏洞就是服务器软件设计时的疏失。例如，微软公司曾经针对Windows NT/2000/XP/2003的用户发出最严重警告，因为发现Windows操作系统中的"ASN.1"（抽象语法符号）有严重瑕疵，ASN.1是控制计算机间共享文件的技术，也可以运行内部的安全机制。通过这个漏洞有许多方式能够入侵计算机、窃取或删除任何文件。因此微软在官方网站上紧急推出代码"KB828028"的补丁程序供用户下载
特洛伊式木马	通常会通过特殊渠道进入用户的计算机系统中，然后伺机执行如格式化硬盘、删除文件、窃取密码等恶意行为，此种病毒入侵的模式多数是e-mail的附件文件

8.2.2 网络窃听

在"分组交换网络"（Packet Switch）上，当分组从一个网络传送到另一个网络时，在所建立的网络连接路径中包含了专用网段（例如用户电话线路、网站服务器所在局域网等）和公用网段（例如ISP网络和所有互联网中的网站）。而数据在这些网段中进行传输时，大部分都是采取广播方式，因此有心窃听者不但可以获取网络上的数据分组进行分析（这类窃取程序被称为Sniffer），也可以直接在网络网关的路由器设个窃听程序，以此来寻找IP地址、账号、密码、信用卡卡号等私密性质的内容，并利用获得的这些数据进行系统的破坏或取得不法利益。

8.2.3 个人资料的滥用

隐私权是所有电子商务用户最重视的部分，也是信息安全应该维护的重要部分，不管是收发电子邮件、浏览网页或参与讨论区等活动，个人资料的处理和信息传送的过程都可能因为用户的疏忽或他人的恶意企图而外泄，被不法分子用来诈骗或从网络直接窃取财物。所以网站在收集客户资料之前应该告知用户，资料内容将如何被收集、如何进一步使用和处理，以及如何做到资料的隐秘性与完整性。目前最常用来追踪用户行为的方式就是使用 Cookie 这样的小型文本文件。Cookie 的功能是帮助网站区分到访者的身份，记录并存储到访者的使用习惯或选择等。

例如，人们在浏览网页或存取网站上的数据时，可能输入一些有关姓名、账号、密码、e-mail 等个人信息，并存储于该网站中。此时浏览器会把用户在此网站中留下的"蛛丝马迹"记录在用户计算机中的"C:\Documents and Settings \用户名称\Cookies"的文件夹中，并以纯文本文件的方式保存。当用户下次再度光临此网站时，就不必再输入那些验证的信息。其实它的作用是通过浏览器在用户计算机上记录用户浏览网页的行为，从而网站经营者可以利用 Cookies 来了解用户的造访记录，比如造访次数、浏览过的网页、购买过哪些商品等。大部分的浏览器会自动接受"Cookie"存储的内容，如果人们不愿意在浏览过的网站上留下痕迹，现在多数的浏览器均允许用户变更"Cookie"的访问授权。但大多数的用户并不知道这项功能代表什么意义，大家可以从图 8-4 所示的设置变更来限制 Cookies 的使用。

图 8-4　通过设置 Internet 选项里的隐私设置来限制 Cookie 的使用

大家可能会发现在设置窗口中有标记第一方 Cookie 与第三方 Cookie 的文字。其实，第一方 Cookie 是指用户直接连上某网站，该网站在用户的计算机中所建立的 Cookie。而第三方 Cookie 则是指当用户连上某网站时，网站上其他网页（比如广告网页）所建立的 Cookie。当用户不想让 Cookie 成为别人图利或监视的目标时，也可以自行删除，如图 8-5 所示。

有些较粗心的上网用户往往会将账号或密码设成类似的代号，或者以生日、身份证号码、有意义的英文单词等容易记忆的字符串来作为登录系统的密码，因此这类密码就成了网络入侵者的目标，盗用密码是常用的网络入侵手段。盗用密码的方法除了可以利用"暴力破解工具"（Bruteforce Tools）——进行类似逐一查字典的暴力对比方式——"查"出正确的密码，也可以利用网络监听方式来窃取数据分组内的私密数据（如账号、密码、信用卡数据等）。

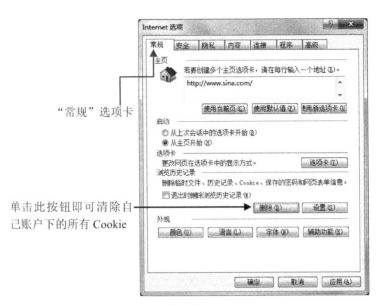

图 8-5　通过设置来删除留存的 Cookie

要避免入侵者使用以上方法来破解密码，用户必须提高警觉，除了定期更换密码外，最好将密码设置为英文字母和数字符号不规则混合的字符串。另外，系统管理者也要定期检查，查看是否有不正常的连接请求或登录记录，借此找出可能出现入侵的漏洞。

8.3　漫谈计算机病毒

计算机病毒（Computer Virus）就是一种具有对计算机内部应用程序或操作系统造成伤害的程序。它可能会不断复制自身的程序或破坏系统内部的数据，比如删除数据文件、删除程序或摧毁在硬盘中发现的任何东西。不过，并非所有的病毒都会造成损坏，有些病毒只是显示令人讨厌的信息。例如，计算机速度突然变慢，甚至经常莫名其妙地宕机，或者屏幕上突然显示乱码，出现一些古怪的界面或播放奇怪的音乐声。

8.3.1　病毒感染途径

早期的病毒感染途径通常是通过一些来路不明的磁盘进行"传播"。由于网络快速普及与发展，因此计算机病毒可以很轻易地通过网络连接侵入用户的计算机。下面列出目前常见的病毒感染途径。

- 随意下载文件

如果用户通过 FTP 或其他方式将网页中含有病毒程序代码下载到自己的计算机中，就可能造成计算机"染毒"的现象，甚至会进一步感染到同一个局域网内的其他计算机。

- 通过电子邮件或附加文件

有些病毒会藏身在某些广告或外表花哨的电子邮件或者电子邮件的附加文件中，一旦人们打开或预览这些邮件，不但会使自己的计算机受到感染，还会在不知不觉中将病毒寄送给通讯簿中的所有人，更严重地还会导致邮件服务器宕机。

- 使用不明的存储介质

如果人们使用来路不明的存储介质（如磁盘、U 盘、盗版光盘等)，也可能将病毒传染给自己计算机中的文件或程序。

- 浏览有病毒的网页

有些网页设计者为了能在网页上制造出更精彩的动画效果而使用了 ActiveX 或 Java Applet 技术，当你浏览有病毒的网页时，这些潜伏在 ActiveX 或 Java Applet 组件中的病毒将会读取、删除或破坏用户文件、进入系统内存，甚至经由局域网进入计算机的文件存储区。

8.3.2 计算机中毒的征兆

如何判断自己的计算机感染了病毒呢？如果你的计算机出现以下症状，就有可能不幸感染了计算机病毒。

1	计算机速度突然变慢、停止响应、每隔几分钟就重新启动一次，甚至经常莫名其妙地宕机
2	屏幕上突然显示乱码，或出现一些古怪的界面或播放奇怪的音乐
3	数据无故消失或破坏，或者按下电源按钮后，发现整个屏幕呈现一片空白
4	文件的长度、日期异常或 I/O 操作发生改变等
5	出现一些警告文字，告诉用户即将格式化用户的计算机，严重的还会将硬盘数据抹掉或破坏掉整个硬盘

8.3.3 常见的计算机病毒种类

对于计算机病毒的分类，并没有一个特定的标准，只不过会按照发病的特征、依附的宿主类型、传染的方式、攻击的对象等不同方式来加以分类。

- 开机型病毒

开机型病毒又称"系统型病毒"，被认为是最恶毒的病毒之一，这种类型的病毒会潜伏在硬盘的启动扇区，也就是硬盘的第 0 轨第 1 扇区，称为启动扇区（Boot Sector），此处存储着计算机开机时必须使用的启动程序。当计算机开机时，该病毒会迅速把自己复制到内存里，然后隐藏在那里，在硬盘或磁盘被使用时，伺机感染它的启动扇区（见图 8-6）。知名的此类病毒有米开朗基罗、石头、磁盘杀手等。

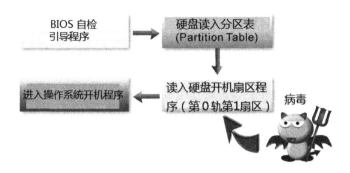

图 8-6　开机型病毒会在操作系统加载前先行进入内存

- 宏病毒

宏病毒的目的是感染特定形态的文件，和其他病毒类型不同的是：宏病毒与操作系统无关，它不会感染程序或启动扇区，而是通过其他应用程序的宏语言来传播病毒，例如 Microsoft Word 和 Excel 之类的应用程序附带的宏。而且它也很容易经由电子邮件附件、硬盘、U 盘、网站下载、文件传输以及协作的应用程序来传播，是一种成长最迅速的病毒。宏病毒可在不同时间（例如打开、保存、关闭或删除文件时）传播病毒。一般说来，只要具有编写宏功能的软件，都可能成为宏病毒的感染对象，例如 Taiwan.NO.1 与美女拳病毒。

- 文件型病毒

文件型病毒（File Infector Virus）早期通常寄生于可执行文件（如 EXE 或 COM 文件）之中，不过随着计算机技术的演进与程序设计语言及其新工具等的推出，使得文件型病毒的种类也越来越趋多样化，甚至连存档类的文件也会感染病毒。当含有病毒的文件被打开或者执行时，便会侵入操作系统取得控制权。一般将文件型病毒按传染方式的不同，分为"内存驻留型病毒"（Memory Resident Virus）与"非内存驻留型病毒"（Non-memory Resident Virus）。现在分别说明如下。

病毒名称	说明与介绍
内存驻留型病毒	又称一般文件型病毒，当用户执行了感染病毒的可执行文件，病毒就会进入内存中长驻，它可以获取系统的中断控制，只要有其他的可执行文件被执行，它就会感染这些文件。内存驻留型病毒通常有一段潜伏期，利用系统的定时器等待适当的时机发作并进行破坏活动，"黑色星期五"、"两只老虎"等都是属于这种类型的病毒
非内存驻留型病毒	这种类型的病毒在尚未执行程序之前，就会试图去感染其他的文件。一旦感染这种病毒，其他所有的文件都无一幸免，传染力很强

- 混合型病毒

混合型病毒（Multi-Partite Virus）具有开机型病毒与文件型病毒的特性，一方面会传染其他的文件，一方面也会传染系统的内存与启动扇区。感染混合型病毒的途径通常是执行了含有病毒的程序，当程序关闭后，病毒程序仍然长驻于内存中，当其他的磁盘与此台计算机有存取的操作时，病毒就会伺机感染磁盘中的文件及其启动扇区。由于混合型病毒既可以依附于文件，又可以潜伏于启动扇区，因此传染性十分强，比如"大榔头"（HAMMER）、"翻转"（Flip）病毒就属于此类型的病毒。

- 千面人病毒

千面人病毒（Polymorphic/Mutation Virus）正如它的名称所表明的，拥有不同的面貌，它每复制一次，所产生的病毒程序代码就会有所不同，因此对于那些使用病毒样本特征进行病毒对比的防病毒软件来说，千面人病毒是头号令其头痛的病毒——像是戴着面具的病毒，比如 Whale 病毒、Flip 病毒就是这种类型的病毒。

- 计算机蠕虫

计算机蠕虫是一种以网络为传播介质的病毒，比如局域网、互联网或 e-mail 等。目的是复制自己。有感染力的蠕虫会克隆自己，让自己的克隆体占据整个磁盘，也能扩散到网络上的众多计算机，以自己的克隆塞满整个系统。只要打开或执行带有这种病毒的文件，就会传染给网络上的其他计算机，比如 I Love You 病毒等。最广为人知的计算机蠕虫之一 Melissa（梅丽莎）就是伪装成 Word 文件经由电子邮件传送，并且利用 Outlook 程序瘫痪了互联网上许多公司的邮件服务器。

- 特洛伊木马

特洛伊木马是一种很恶毒的病毒程序，此种病毒模式多数是 e-mail 的附件文件。首先程序会在用户计算机系统中开启一个"后门"（Backdoor），并且与远程特定的服务器进行连接，然后传送用户信息给远程的服务器，或是主动开启通信端口。如此远程的入侵者就能够直接侵入到用户计算机系统中，进行浏览文件、执行程序或其他的破坏行为。因为特洛伊木马不会在受害者的磁盘上复制自己，在技术上不算是病毒，但是也具有杀伤力，所以在广义上被认为是病毒。

- 网络型病毒

利用 Java 和 ActiveX 设计一些足以影响计算机操作的程序在网页之中，当人们浏览网页时，便通过客户端的浏览器去执行这个事先设计好的 Java 和 ActiveX 的破坏性程序，造成计算机中的资源被消耗殆尽或宕机。

- 逻辑炸弹病毒

通常不会发作，只有在满足某一个条件或到了某一个日期时才会发作。

- 僵尸网络病毒

特洛伊木马程序通常只会攻击特定目标，还有一种僵尸网络病毒程序，入侵方式与木马程序相同，不但会借助网络来攻击其他计算机，只要遇到主机或服务器有漏洞，就会展开攻击。当中毒的计算机越来越多时,就形成由放毒者所控制的僵尸网络。

- Autorun 病毒

Autorun 病毒属于一种随身盘病毒,也有人称为 KAVO 病毒,可以通过写入 autorun.inf 让病毒或木马自动发作,会感染给所有插过这个随身盘的设备,计算机一旦中了这种病毒之后,系统可能无法开机,或者无法打开随身盘。如果随身盘插接（U 盘）或者放入（光盘）到计算机后,用户使用鼠标左键双击随身盘图标没有反应,就可能已经感染了这种病毒。

8.3.4 防毒基本措施

目前来说,并没有百分之百可以防堵计算机病毒的方法,为了防止受到病毒的侵害,我们在这里提供一些基本的计算机病毒防范措施。

- 安装防病毒软件

检查病毒需要防病毒软件,主要作用就是针对系统中的所有文件与扇区或是外部磁盘进行监控和扫描的操作,以检测每一个文件或扇区是否有病毒的存在并清除它们。新型病毒几乎每天都出现,所以并没有任何防病毒软件能提供绝对的保护。当前防病毒软件的市场也算是竞争激烈,各家防病毒软件公司为了满足用户各方面的防毒需求,在界面设计与功能上其实都大同小异。

现在的防病毒软件可以通过程序本身的在线实时更新功能来进行病毒特征库的更新,防病毒软件可以通过网络连接到服务器,并自行判断有无更新版本的病毒特征库,如果有的话就会自行下载、安装。网络上也可以找到许多相当实用的免费软件,例如 AVG Anti-Virus Free Edition,其官方网址为 http://free.avg.com/,大家不妨连上该公司的网页看看,如图 8-7 所示。

图片来源：http://www.avg.com/

图 8-7　AVG Anti-Virus 免费防病毒软件的官网

这套软件除了免费版外，也提供商业版。就防毒能力而言，免费版并不比商业版差，不但可以免费在线自动更新病毒特征库，而且占用的资源比起大多数防病毒软件还算少，不至于严重影响系统的运行性能，并且提供实时病毒防护、支持 POP3 邮件病毒防护。对于想以较少成本对计算机病毒有基本防护的用户而言，这是一项不错的选择。

- 留意防毒网站的信息

在一些新病毒出现的时候，防病毒软件公司在还没有推出新的病毒特征库或解决方法之前，会先行在网站上公布病毒特征、防治或中毒之后的后续处理方式，网站上通常也会有每日病毒的公告。另外，对于计算机中文件和内存不正常的异动也要经常留意。

- 不随意下载文件或收发电子邮件

病毒程序可能藏身于一般程序或电子邮件中，用户通过 FTP 或网页将含有病毒的程序下载到计算机中，并且执行该程序，结果就会导致计算机系统感染病毒。有些计算机病毒会藏身于电子邮件的附加文件中，并且使用令人心动的标题来引诱用户打开邮件及附加文件，比如 Word 文件，但实际上此份文件中可能包含了"宏病毒"。

- 定期备份文件

无论再怎么周全的病毒防护措施，总还是会有疏失的地方而导致病毒的侵入，所以保护数据最保险的方式还是定期做好文件备份的工作。文件备份最好是将数据存储于其他的可移动式存储介质中。

8.4 认识数据加密

从古到今，无论是军事、商业或个人为了防止重要数据被窃取，除了会在放置数据的地方安装保护设备外，还会对数据内容进行加密，以防止其他人在突破保护设备后就可得知真正的数据内容。尤其当在网络上传送数据分组时，更担负着可能被截获与窃听的风险，因此最好先对数据进行"加密"（Encrypt）的处理。

8.4.1 加密与解密

"加密"就是将数据通过特殊的算法，把原文件转换为含有无法辨识的字母或乱码的文件。加密数据即使被窃取，窃取者也无法直接将数据内容还原，这样就能够达到保护数据的目的。就专业的术语而言，加密前的数据称为"明文"（Plaintext），经过加密的数据则称为"密文"（Ciphertext）。

当加密后的数据传送到目的地后，将密文还原成明文的过程就称为"解密"（Decrypt）。这种"加密/解密"机制用到的特定数据称为"密钥"（Key）。通常情况下，密钥的长度越长密文就越难以破解。加密解密过程的示意图如图 8-8 所示。

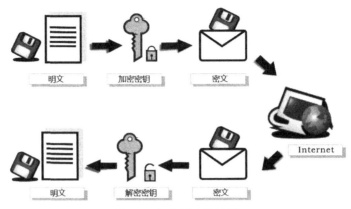

图 8-8 加密解密的过程

8.4.2 常用加密系统的介绍

数据加密/解密的目的是为了防止数据被窃取，下面将介绍目前常用的加密系统。

- 对称密钥加密

"对称密钥加密"（Symmetrical Key Encryption）又称为"单一密钥加密"（Single Key Encryption）或"秘密钥匙"（Secret Key）。这种加密方法的工作方式是发送端与接收端都拥有加密/解密的钥匙（这个共同的钥匙就称为密钥），传送端使用密钥将明文加密成密文，而接收端则使用同一把密钥将密文还原成明文。因此使用对称性加密法不但可以为文件加密，还能达到验证发送者身份的作用。因为如果用户 B 能用这一组密码解开文件，就能确定这份文件是由用户 A 加密后传送过来的，如图 8-9 所示。

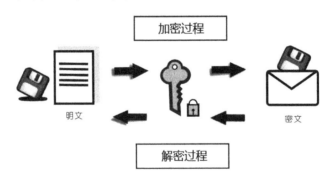

图 8-9 对称密钥加密/解密的过程

常见的对称密钥加密的算法有 DES（Data Encryption Standard，数据加密标准）、Triple DES、IDEA（International Data Encryption Algorithm，国际数据加密算法）等。对称密钥加密的优点是加解密速度快，所以适用于长度较长的文件或大量数据的加解密应用，缺点则是不容易管理密钥。

- 非对称密钥加密

"非对称密钥加密"是目前较为普遍，也是金融界应用上最安全的加密方法，也被称为"双密钥加密"（Double Key Encryption）。这种加密方法的工作方式是使用两把不同的密钥——"公钥"（Public Key）与"私钥"（Private Key）——来进行加解密。"公钥"可在网络上自由公开地用于加密过程，但只有使用"私钥"才能解密，"私钥"必须由私人妥善保管。

例如，用户 A 要传送一份新的文件给用户 B，用户 A 会使用用户 B 的公钥来加密，并将密文传送给用户 B。当用户 B 收到密文后，再使用自己的私钥解密。过程如图 8-10 所示。

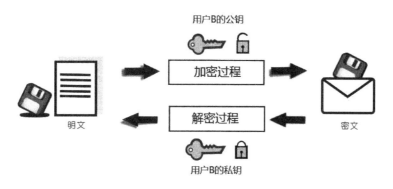

图 8-10 非对称密钥加密/解密的过程

例如，你可以将公钥告知网友，让他们使用此密钥加密信件后再发给你，一旦收到此信，你就可以使用自己的私钥来解密此信件。非对称密钥加密通常用于长度较短的信息加密。"非对称密钥加密"的最大优点是密码的安全性更高且管理容易，缺点是运算复杂、速度较慢，另外就是必须依靠"认证中心"（CA）来签发公钥。

目前普遍使用的"非对称密钥加密"为 RSA 加密，是由 Rivest、Shamir 和 Adleman 所发明的。RSA 加解密速度比"对称密钥加解密"速度要慢，它是使用两个质数作为加密与解密的一对密钥，密钥的长度一般为 40 比特到 1024 比特之间，当然为了提高加密的强度，现在有的系统使用的 RSA 密钥的长度高达 4096 比特甚至更高。这对密钥里的公钥用来加密，私钥用来解密，而且只有私钥可以用来解密。要破解以 RSA 加密的数据，在一定时间内几乎是不可能的，因此这是一种十分安全的加解密算法。

- 认证中心

认证中心（CA）的作用是确认用户身份并确保其公钥和数字签名的真实性。为了强化验证的效力，必须设立一个公信的第三方，主要负责证书的申请和注册、证书的签发以及证书的废止等管理服务。公钥证书犹如电子环境中的印鉴证明，CA 证书必须用 CA 中心的私钥对该证书进行数字签名。图 8-11 为中国金融认证中心的官网，其网址是 http://www.cfca.com.cn/。

图片来源：http://www.cfca.com.cn/

图 8-11　中国金融认证中心的官网

8.4.3　数字签名

在日常生活中，签名或盖章往往是个人对某些承诺或文件署名以确认责任。在网络世界中，"数字签名"（Digital Signature）则属于个人的一种"数字身份证"，可以用来对数据发送者的身份进行辨别。

"数字签名"的工作方式是：公钥和哈希函数互相配合使用，用户 A 先将明文的 M 以哈希函数计算出哈希值 H，接着再用自己的私钥对哈希值 H 加密，加密后的内容即为"数字签名"，最后再将明文与数字签名一起发送给用户 B。由于这个数字签名是以 A 的私有钥匙加密的，而且该私有钥匙只有 A 才有，因此该数字签名可以代表 A 的身份。因此数字签名机制具有发送者不可否认的特性，可以用来确认文件发送者的身份，使其他人无法仿冒此身份。

提示　哈希函数是一种保护数据安全的方法，它将数据进行运算，并且得到一个"哈希值"，再用发送方的私钥对哈希值进行加密，即为数字签名，接着再将数据与这个数字签名一并传送。当接收方收到数据后，同样会以哈希函数对接收的数据内容进行运算得到一个新的哈希值，并且用发送方的公钥对收到的数字签名进行解密得到发送方计算得到的那个哈希值，再将这两个哈希值进行对比。如果这两个哈希值一致，就能够确认传送过来的数据内容完整无误（没有被人篡改过）。

想要使用数字签名，当然第一步必须先向认证中心申请数字证书（Digital Certificate），用来证明公钥为某人所有以及信息发送者的不可否认性，而认证中心所签发的数字签名包含在电子证书上。每一家认证中心的申请过程不一定相同，不过只要遵照网页上的步骤说明去做，就都可以完成申请。

8.5 认识防火墙

为了防止外来的入侵,现代企业在构建网络系统时通常会将"防火墙"(Firewall)的建设纳入必要考虑的因素。防火墙是一种由路由器、主机与服务器等软硬件组成、用来控制网络访问的设备,如图 8-12 所示。它可用来设置访问控制列表,并阻断所有不允许放行的流量,并保护己方的网络环境不受来自另一个网络的攻击,让信息安全防护体系达到威慑(Deter)、检测(Detect)、延阻(Delay)、禁止(Deny)的目的。虽然防火墙介于内部网络与外部网络之间,用于保护内部网络不受外界不信任网络的威胁,但它并不是将外部的连接请求全部阻挡在外,否则就会把自己隔绝到互联网之外,失去了联网的初衷了。

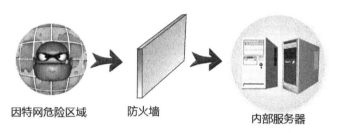

图 8-12 防火墙示意图

防火墙的工作原理相当于是在内部局域网(或服务器)与互联网之间建立起了一道虚拟的防护墙来设置隔断与保护功能。这道防护墙将一些未经允许的数据分组阻挡于受保护的网络环境之外,只有被许可的数据分组才得以进入防火墙内,比如阻挡.com、.exe、.wsf、.tif、.jpg等文件的进入,甚至于在防火墙内也会使用入侵检测系统来避免内部威胁。不过,防火墙和防病毒软件是不同性质的程序,无法达到防止计算机病毒与来自内部人为的不法行为。事实上,目前即使一般的个人网站也开始在自己的计算机中加装防火墙软件,由此可见防火墙的运用也逐渐日常化。

简单来说,防火墙介于你的计算机与网络之间,把计算机系统与网络隔开,并决定网络上的远程用户可以使用你的计算机中的哪些服务。按照防火墙在 TCP/IP 中的工作层级,可以把服务器区分为 IP 过滤型防火墙与代理服务器型防火墙。IP 过滤型防火墙的工作层在网络层,而代理服务器型防火墙的工作层则在应用层。

8.5.1 IP 过滤型防火墙

在 TCP/IP 传输方式中,所有在网络上流通的数据都会被分割成较小的数据分组(Packet),并使用一定的格式来发送。这其中包含了源 IP 地址与目的 IP 地址。使用 IP 过滤型防火墙会检查所有收到数据分组内的源 IP 地址,并按照系统管理员事先设定好的规则进行过滤。

通常我们能从数据分组中包含的信息(比如传送时间、源端/目的端的通信端口号、源端/目的端的 IP 地址、使用的通信协议等)来判断分组的条件,再决定是否准予通过。这类防火墙的缺点是无法记录来访者的信息。

8.5.2 代理服务器型防火墙

代理服务器型防火墙又称为"应用层网关防火墙"(Application Gateway Firewall)。它的安全性比 IP 过滤型防火墙的安全性高,但是只适用于特定的网络服务,比如 HTTP、FTP 或是 Telnet 等。它的工作模式主要是让互联网中请求连接的客户端与代理服务器进行沟通,然后代理服务器依据网络安全政策来进行判断,如果是允许的连接请求数据分组,就会间接传送给防火墙背后的服务器。接着服务器再将响应消息回传给代理服务器,并由代理服务器转送给原来的客户端。也就是说,代理服务器是客户端与服务器端之间的一个中介服务者。

当代理服务器收到客户端 A 对某网站 B 的连接请求时,代理服务器会先判断该请求是否符合规则。如果符合规则,那么服务器便会去网站 B 将数据取回,并回传给客户端 A。这里要提醒大家的是代理服务器会重复所有连接的相关通信(这也是它称为代理服务器的由来),并登录所有连接工作的信息。这是与 IP 过滤型防火墙的不同之处。

8.5.3 防火墙的漏洞

虽然防火墙可将机密的或高度敏感的主机隐藏于内部网络,使外部的主机无法直接连接到这些主机上来访问或窥视数据,但是即便如此,仍然会存在一些防护上的盲点。防火墙安全机制的漏洞如下。

1	防火墙必须打开必要的通道来让合法的数据分组进出,因此入侵者当然也可以利用这些信道,利用服务器软件本身可能的漏洞来侵入
2	大量数据分组的流通都必须通过防火墙,必然降低网络的性能
3	防火墙仅管制数据分组在内部网络与互联网之间的进出,因此入侵者也可以利用伪造的数据分组来骗过防火墙,达到入侵的目的,比如有些病毒以 FTP 文件方式入侵
4	虽然保护了内部网络免于遭到窃取的威胁,但是仍然无法防止内贼对内部的侵害

项目研究与分析 网络钓鱼

Phishing(网络钓鱼)是 phreak(偷接电话线的人)和 fishing(钓鱼)两个单词的组合。它是一种新兴的网络诈骗手法,主要是以计算机作为犯罪工具,利用伪造的电子邮件与网站作为"诱饵",轻则让受害者在不知不觉中泄漏了私人资料,成为发垃圾邮件的"僵尸",重则会被植入病毒(如木马程序),造成系统毁损或重要信息被窃。而最危险的情况则是诱骗受害者的银行账号和密码、信用卡的卡号以及身份证号码等个人机密信息,网络钓鱼者随后就可以伺机盗领受害者的存款或盗刷受害人的信用卡。

"网络钓鱼"诈骗方式,一般不需要高超的程序设计技巧与计算机知识,只要具备一般网页与诈骗脚本的编写能力就可以变成钓鱼黑客。很多被查获的网络黑客年龄都不大,他们利用"网络钓鱼"的工具冒充正规电商网站的客服中心,骗取会员的账号和密码。

想要防范"网络钓鱼",首先必须能分辨网页是否安全。一般而言,有安全机制的网站,其网址通信协议必须是 https://，而不是 http://，https 是组合了 SSL 和 HTTP 的通信协议，浏览器会显示 SSL 安全保护的标记，在标记上双击鼠标左键就会显示安全证书的信息，如图 8-13 所示。

图片来源：https://developer.apple.com/

图 8-13　采用 https 通信协议的苹果开发者网站

本章重点整理

- 信息安全的基本功能就是实现数据被保护的三种特性（CIA），即机密性（Confidentiality）、完整性（Integrity）、可用性（Availability），进而达到不可否认性（Non-repudiation）、身份验证（Authentication）与访问授权（Authority）等安全性目的。
- 黑客（Hacker）是专门侵入他人计算机，并且进行破坏的人士，目的可能是窃取机密数据或找出该系统防护的缺陷。
- 开机型病毒又称"系统型病毒"，被认为是最恶毒的病毒之一，这种类型的病毒会潜伏在硬盘的启动扇区，也就是硬盘的第 0 轨第 1 扇区，称为启动扇区（Boot Sector），此处存储着计算机开机时必须使用的启动程序。
- 目前最常用来追踪用户行为的方式就是使用 Cookie 这样的小型文本文件。
- 盗用密码的方法除了可以利用"暴力破解工具"（Bruteforce tools）——即进行类似逐一查字典的暴力对比方式——"查"出正确的密码，也可以利用网络监听方式来窃取数据分组内的私密数据（如账号、密码、信用卡数据等）。

- Cookie 的功能是帮助网站区分到访者的身份，记录并存储到访者的使用习惯或选择等。
- 大部分的浏览器会自动接受"Cookie"存储的内容，如果人们不愿意在浏览过的网站上留下痕迹，现在的大多数浏览器均允许用户变更"Cookie"的访问授权。
- 计算机病毒（Computer Virus）就是一种具有对计算机内部应用程序或操作系统造成伤害的程序。它可能会不断复制自身的程序或破坏系统内部的数据，比如删除数据文件、删除程序或摧毁在硬盘中发现的任何东西。
- Autorun 病毒属于一种随身盘病毒，也有人称为 KAVO 病毒，可以通过写入 autorun.inf 让病毒或木马自动发作，会感染给所有插过这个随身盘的设备。
- "加密"就是将数据通过特殊的算法，把原文件转换为含有无法辨识的字母或乱码的文件。经过加密的数据被称为"密文"（Ciphertext）。
- 当加密后的数据传送到目的地后，将密文还原成明文的过程就称为"解密"（Decrypt），而这种"加密/解密"机制用到的特定数据则称为"密钥"（Key）。
- "对称密钥加密"（Symmetrical Key Encryption）又称为"单一密钥加密"（Single Key Encryption）或"秘密钥匙"（Secret Key）。
- "非对称密钥加密"是目前较为普遍，也是金融界应用上最安全的加密方法，也被称为"双密钥加密"（Double Key Encryption）。这种加密方法的工作方式是使用两把不同的密钥——"公钥"（Public Key）与"私钥"（Private Key）——来进行加解密。
- "数字签名"（Digital Signature）是属于个人的一种"数字身份证"，可以用来对数据发送者的身份进行辨别。
- 防火墙是一种由路由器、主机与服务器等软硬件组成、用来控制网络访问的设备，可用来设置访问控制列表，并阻断所有不允许放行的流量。
- 使用 IP 过滤型防火墙会检查所有收到数据分组内的源 IP 地址，并按照系统管理员事先设定好的规则进行过滤。
- 代理服务器型防火墙又称为"应用层网关防火墙"（Application Gateway Firewall），它的安全性比 IP 过滤型防火墙的安全性高，但是只适用于特定的网络服务，比如 HTTP、FTP 或是 Telnet 等。
- Phishing（网络钓鱼）是 phreak（偷接电话线的人）和 fishing（钓鱼）两个单词的组合。它是一种新兴的网络诈骗手法，主要是以计算机作为犯罪工具，利用伪造的电子邮件与网站作为"诱饵"，轻则让受害者在不知不觉中泄漏了私人资料，成为发垃圾邮件的"僵尸"，重则会被植入病毒（如木马程序），造成系统毁损或重要信息被窃。

本章习题

1. 什么是黑客？试举例说明。
2. 请说明如何防止黑客入侵，至少提供四点建议。
3. 请简述服务器漏洞的原因。

4. 什么是 Cookie？
5. 请说明防火墙的工作原理。
6. 请简述"加密"与"解密"。
7. 请简述数据加密/解密的方式，至少提出两种。
8. 请说明"对称密钥加密"与"非对称密钥加密"之间的差异性。
9. 请举出防火墙的种类。
10. 目前防火墙的安全机制有哪些缺点？试简述之。
11. 在 Internet Explorer 浏览器 Cookie 的设置窗口中，有标记第一方 Cookie 与第三方 Cookie 的文字，请说明两者间的差异性。
12. 从广义的角度来看，信息安全所涉及的影响范围包含软件与硬件，共可以分为哪四类？
13. 信息安全所讨论的项目可以从哪四个角度来讨论？
14. 常见的网络犯罪模式有哪些？
15. 常见的计算机病毒感染途径有哪些？
16. 计算机病毒的中毒征兆是什么？

第 9 章 电子商务付款方式与交易安全机制

整个电子商务的交易流程包括消费者、网络商店、金融单位与物流业者四个单元,而现金流贯穿这四个单元的始终。现金流就是网络商店与消费者之间有关金钱往来和交易的流通过程,它的流通还需要其他两个单元(金融单位和物流业者)参与才能完成。简单地说,现金流就是有关电子商务中"付费"的处理流程,包含应收、应付、税务、会计、汇款等。

网络购物的消费形态是 e 时代的趋势。它的方便性令人惊喜,但是它的安全性也同样令人担忧。随着交易渠道与电子交易形式愈加复杂,虽然电子付款的方式比一般的传统付款方式便捷,但是如何建立个性化和稳定安全的现金流环境已成为保证电子商务成功的必要条件。图 9-1 为电子商务早期的支付方式。

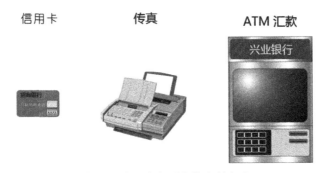

图 9-1 电子商务早期的支付方式

9.1 电子商务付费模式

在数字产业分工细密的时代,电子商务日趋成熟,几乎没有商业网站是自行向消费者收款的,基本都是与各个金融机构或者可以提供现金收缴的公司合作。网络现金流的解决方案很多,没有统一的模式,目前常见的方式可分为线下支付(Off Line)与在线支付(On Line,或称为线上支付)两类。

9.1.1 线下支付

首先我们来介绍线下支付(Off Line)方式,包括有传真、刷卡、划拨转账(见图 9-2)、ATM 转账、柜台转账、货到付款等。

图 9-2 划拨转账是早期电子商务常见的付款方式

- **货到付款：** 由物流配送公司或者快递公司配送商品到消费者家里，再代收货款的付款方式。例如，大多数快递和物流配送公司都提供货到付款的服务，甚至提供上门送货后当场刷卡的货到付款服务，如图 9-3 所示。
- **汇款、ATM 转账：** 网店将汇款或转账信息提供给用户，用户使用银行卡在自动柜员机（ATM）转账或是到银行进行转账的付款方式，如图 9-4 所示。

图 9-3 货到付款是相当普遍的付款方式

图 9-4 用户到 ATM 上转账的付款方式

9.1.2 在线支付

在线支付（On Line）又称为电子付款方式或线上支付。电子付款是电子商务不可或缺的一个部分，就是利用数字信号的传送来代替一般纸质货币的流动，达到实际支付款项的目的。

1. 在线刷卡

信用卡（见图 9-5）是发卡银行提供给持卡人一定信用额度的购物信用凭证，在线刷卡是利用网站提供的刷卡机制来付款。目前 Visa 与 Master 为全球接受率最高的信用卡，方便而快捷的信用卡付款早已成为电子商务中消费者最爱使用的支付方式之一。消费者在网络上使用信用卡付款时，只需输入卡号和基本信息。电商再将这些数据送至信用卡收单银行请求授权，只要获取许可，电商便可向银行获得货款。

图 9-5 信用卡样卡

除了信用卡，消费者也可以使用银行提供的储蓄卡进行刷卡消费，这个和信用卡消费在使用上差别不大，只不过信用卡是信用消费，而储蓄卡是直接使用自己卡里的现金消费。

2. 电子现金

电子现金（e-Cash）又称为数字现金，是仿真一般传统现金付款方式的电子货币，相当于银行所发行的现金，可将货币数值转换成加密的数字数据。当消费者要使用电子现金付款时，必须先向网络银行提领现金，使用时再将数字数据转换为金额。电子现金只有在申购时需要先行开立账户，但是使用电子现金时则完全匿名，目前可划分为智能卡型的电子现金与可在网络使用的电子现金。

- 智能卡

智能卡是一种附有 IC 芯片、如同信用卡般大小的卡片，可将现金存储在智能卡中，用户随身携带以取代传统的货币方式，各个城市发行的公交储值卡就是这种预付了现金的智能卡，人们可以用它上下班搭乘公交车、地铁甚至可以支付出租车的打车费。北京市政交通一卡通的服务网站如图 9-6 所示。

图片来源：http://jtcx.beijing.cn/

图 9-6 北京市政交通一卡通（智能卡）的服务网站

- 电子钱包

电子钱包是电子商务活动中网上购物顾客常用的一种支付工具，是在小额购物时经常使用的新式钱包。交易双方均要设定电子支付系统，以达到付款和收款的目的。消费者在网络购物前必须先安装电子钱包软件，接着消费者可以向发卡银行申请使用这个电子钱包，除了能够确认消费者与商家的身份，并将传输的数据加密外，还能记录交易的内容。例如，只要有"京东"商城的账号就可以申请"京东钱包"（电子钱包），并绑定信用卡或是其他银行卡，通过银行卡的绑定，就可以在"京东商城"进行消费付款，简单方便又快速。图 9-7 为"京东钱包"的服务网站。

图片来源：https://www.jdpay.com/

图 9-7　京东的电子钱包相当方便实用

3. WebATM

WebATM（网络 ATM）就是把传统实体 ATM（自动提款机）搬到计算机上使用，是一种芯片银行卡网络收单服务，无论是网络商家或实体店家都可以申请使用。除了提领现金之外，其他如转账、缴费（手机费、宽带费、水电费、税费、燃气费等）、查询余额、缴税、更改芯片银行卡密码等。用户只要拥有任何一家银行发出的"芯片银行卡"，插入一台"芯片银行卡读卡机"，再将计算机上网连接到 WebATM，就可立即转账支付进行消费了。这项金融服务在中国大陆目前还没有。

4. 电子票据

电子票据就是以电子方式制成的票据，并且利用电子签章取代笔的签名或印章的实体盖章，包括电子支票、电子本票以及电子汇票。例如，电子支票仿真传统支票是电子银行常用的一种电子支付工具,以电子签章取代实体的签名盖章,设计的目的就是用来吸引不想使用现金而宁可采用个人和公司电子支票的消费者,在支付和兑现过程中需要使用个人和银行的数字证书。

5. 小额付款机制

根据调查,目前上网的最大人群是 16 到 25 岁的年轻人。这群拥有庞大消费潜力的消费人群却可能因为年龄不足或收入条件而无法申请信用卡。因此许多电信业者与 ISP 都提供了小额付款(Micro Payment)服务,用户进行消费之后,只要输入手机号码与密码,费用就会列入下期账单内收取。也可以通过电话给"电话钱包"充值(小额支付),再用"电话钱包"中的"虚拟币"在网上进行消费,累计的费用一样到电信下期账单内收取。图 9-8 就是深圳盈华讯方通信技术有限公司的"电话钱包"服务网站。

图片来源: http://www.vpay8.com/

图 9-8　深圳盈华讯方通信技术有限公司通过"电话钱包"实现小额支付的服务网站

6. 第三方支付

近几年来,网络交易已经成为现代商业交易的潮流和趋势,交易金额不断上升,成长幅度已经远大于实体店面。但是,在电子商务交易中,一般银行不会为小型网络商家与个人网店提供信用卡服务,因此无法直接在网络上付款,而这些人往往又是网络交易的主要军,为了提升交易效率,由具有实力和公信力的"第三方"设立公信的支付平台,作为银行、商家和消费者之间的服务渠道模式就孕育而生了。

第三方支付(Third-Party Payment)机制就是在交易过程中,除了买卖双方外,通过第三方来代收与代付现金流。例如,使用支付宝或微信钱包支付"滴滴出行"的打车费。我们没有实际拿钱出来消费,对方也没有直接向我们收钱,广义上这种模式都可算为第三方支付模式。

在电子商务的世界中,买卖双方如果通过"第三方支付"机制用最少的代价保障彼此的权益,就可以降低彼此的风险。在网络交易过程中,第三方支付机制建立了一个中立的支付平台,为买卖双方提供款项的代收和代付服务。当买方选购商品后,只要利用第三方支付平台提供的账户进行货款支付(包括 ATM 付款、银行卡付款以及储值卡付款),当货款支付后,就由第三方支付平台通知卖家货款到账、要求进行发货,买方在收到货品及检验确认无误后,通知可付款给卖家,第三方再将款项转至卖家账户。从理论上来讲,这样的做法可以杜绝交易过程中可能的欺诈行为。

第三方支付可说是网络时代交易介质的变形,也是促使电子商务产业成熟发展的要件之一。不同的购物网站有不同的第三方支付机制:美国很多网站会采用 PayPal 来作为第三方支付的机制,中国最著名的淘宝网则采用"支付宝"来作为第三方支付机制(见图9-9)。"支付宝"是阿里巴巴集团发展的一个第三方在线支付服务。申请了这项服务,就可以立即在中国大大小小的网络商城中购买商品。例如,到"淘宝网"上的各个商家购物,都可以通过支付宝来支付,是很方便的一种付费机制。用户只要把一笔钱汇到这个储值的账户中,然后在下单付款的时候选择要支付的账户来扣款就行。

图片来源:https://www.alipay.com/

图 9-9　支付宝网页有支付宝的使用说明与操作方法

9.2　移动支付的热潮

移动时代已经来临,根据各项数据的显示,消费者已经使用手机来处理生活中的大小事情了,包括购物与支付。所谓移动支付(Mobile Payment),就是指消费者通过手持的移动设备对所消费的商品或服务进行付费的一种支付方式。

移动支付的目的就是能提供一种方便、安全、快速的支付方式,让顾客与商家轻松完成交易。随着智能手机运算能力的提升和移动网络带宽的增加,固网上的在线支付迅速扩张到

"移动支付",运营商、金融机构和第三方支付公司等都纷纷在抢占有利地形,都力争分得"手机钱包"这块大蛋糕。移动支付多发生在智能手机上,故也叫"手机支付",手机与钱包的整合就可以让拥有手机的庞大人群真正出门不用带钱包!就消费者而言,可以直接用手机刷卡、转账、使用优惠券甚至用来搭乘交通工具。

对于移动支付解决方案,目前主要以NFC(近场通信)与二维码两类技术的架构为主。NFC技术必须将现有的磁卡信用卡或银行卡淘汰掉,改而采用支持NFC的新信用卡,而且只能绑一个卡号,还必须更换带NFC功能的手机,这会造成用户的使用成本较高,但优点是"哔"一声就快速刷卡完毕了。至于二维码移动支付,优点是免办新卡、可设定多张信用卡,等于把多张信用卡放在手机内,还可上网购物;缺点是刷卡付款时,持卡人需先开启相关程序,还得选卡号和输入密码,手续较为繁复。

9.2.1 NFC移动支付

NFC最近成为市场的热门话题,主要是因为其在移动支付中扮演着重要的角色。目前NFC移动支付使用最成熟的是日本。使用NFC手机进行消费与支付正在慢慢演变成一个全球的趋势。

对于移动支付来说,都会优先考虑交易安全,必须牵涉到后台的信任服务管理平台(Trusted Service Manager,TSM)机制。TSM是一个专门提供NFC应用程序下载的共享平台,这个平台提供了各种各样的NFC应用服务,未来的NFC手机可以通过空中下载(Over-the-Air,OTA)技术,将TSM平台上的服务下载到手机中。TSM平台的工作模式是先通过与所有移动支付的相关业者建立连接,NFC手机用户再花几秒钟下载与设置TSM系统,经TSM系统和银行验证身份后,将信用卡数据传输至手机内NFC安全组件(Secure Element)之中,随后便能用手机进行消费了。例如,各种NFC卡片服务(如电子钱包、信用卡、交通票证服务)都可以经由TSM系统上架发行。中国银联已经推出了支持NFC移动支付的"闪付"银联卡,如图9-10所示。

图片来源:http://corporate.unionpay.com/

图9-10 中国银联已经推出了具有"闪付"功能的银联卡

NFC 支付能否使用取决于电信业者是否启动这项服务。中国移动的"和包"业务就是依托 NFC 技术推出的"手机钱包"业务("和包"只是中国移动给这项业务取的名字)。用户只要开通了"和包"业务,就可以用于网上购物的在线支付。对于持有 NFC 手机和 NFC-SIM 卡的用户,则还可以使用"和包"刷卡功能——相当于把银行卡、公交卡、购物卡等装进手机里,实现特约商家的线下消费,用户需要刷卡的时候,刷一下手机就可以了。图 9-11 就是中国移动"和包"业务的官网。

图片来源:https://corporate.cmpay.com/

图 9-11　中国移动公司的"和包"业务——实现手机移动支付

9.2.2　二维码支付

在二维码被广泛应用的时代,未来商品也将通过二维码和手机的结合实现移动支付。例如,腾讯公司与台湾地区的玉山银兴公司合作,用"财付通"结合二维码实现移动支付,这样大陆的游客去台湾地区观光旅游时通过"手机一刷"就可以购买商品。使用任何品牌的智能手机,只要下载二维码的免费 App,完成身份验证并输入信用卡的卡号后,在特约商店用手机上的二维码扫描软件读取台湾地区商品上对应的二维码,再在手机上完成支付,也就是在"财富通"上用人民币直接支付,同时可以选择货物直送大陆。这一合作开启了两岸的移动支付与移动商务相结合的交易模式,达到了"一机在手,即拍即付"的便利性。

台湾地区特易购(Tesco)的虚拟商店首次与三星公司合作,在地铁内设立了多面虚拟商店的数字墙,上班族候车时可以浏览电子货架上的商品,只要利用手机扫描选定商品下面的二维码,就可以边等车边购物(见图 9-12),之后等快递公司送货到门即可。另外,华信航空也推出了手机购票功能,只要扫描海报上的二维码就可以直接购买华信航空的机票。旅客在完成购票订位后,立即会收到一封确认短信,如果航班有任何变更,就会通过短信通知旅客。

图 9-12　通过二维码可以边等地铁边购物

9.3　电子商务交易的安全机制

当前电子商务的发展受到最大的考验就是在线交易的安全性。如果消费者对于在线支付没有安全感，就会使消费者不敢轻易在网络上购买产品或付款。为了打消消费者对网络购物安全的疑虑，建立消费者在线交易的信心，相关机构和组织为网络上购物设计了很多安全机制。到目前为止，被商家和消费者广泛接受的两种电子安全交易机制是 SSL（Secure Socket Layer，安全套接字层）和 SET（Secure Electronic Transaction，安全电子交易）协议。

9.3.1　SSL 协议

SSL 被广泛用于 Web 浏览器和服务器之间加密的数据传输，是一种安全机制。SSL 由网景（Netscape）公司于 1994 年提出，是目前网络上十分流行的数据安全传输加密协议。不过，必须注意的是，用户的 Web 浏览器与服务器都必须支持 SSL 才能使用这项技术，目前最新的版本为 SSL 3.0，并使用 128 位（bit）加密技术。由于 128 位的加密算法较为复杂，为避免处理时间过长，通常购物网站只会选择在几个重要网页设置 SSL 安全机制。

当用户连接到具有 SSL 安全机制的网页时，在浏览器下方的状态栏上会出现一个类似锁的图标，表示当前浏览器网页与服务器之间的通信数据均采用 SSL 安全机制，如图 9-13 所示。

使用 SSL 的优点是消费者不需要经过任何认证程序，就能够直接解决数据传输的安全问题，缺点则是当商家将数据内容还原并准备向银行收款时，商家就会知道消费者个人的相关资料。如果商家管理不严格而让这些资料外泄，或者是商家的不良员工盗用了消费者信用卡的信息，就会出现消费者的信用卡被盗刷等问题。另外，SSL 协议并无法完全保障数据在传送的过程中不会被截获并解密，还是可能被黑客破解经过加密的数据。

第 9 章　电子商务付款方式与交易安全机制

此图标表示当前的网页采用 SSL 安全机制

图片来源：https://www.tenpay.com/

图 9-13　采用 SSL 安全机制的网页

9.3.2　SET 协议

SSL 并不是最安全的电子交易机制，为了达到更安全的标准，信用卡国际公司 VISA 和 MasterCard 于 1996 年共同制定并发表了 SET（Secure Electronic Transaction，安全电子交易），并陆续获得 IBM、Microsoft、HP 及 Compaq 等软硬件大公司的支持，加上 SET 安全机制采用非对称密钥加密和对称密钥加密组合的加密技术——即采用著名的 RSA 和 DES 加密算法，使得传输于网络上的数据更安全。SET 机制的运行方式是消费者和网络商家并无法直接在互联网上单独进行交易，双方必须在进行交易前预先向"认证中心"（CA）取得各自的 SET 数字认证证书。

当用户申请认证证书时，CA 会签发一个信用卡的"数字签名"（Digital Signature），消费者将此证书安装在电子钱包中，日后只要使用此电子钱包进行网络交易，就会被视为此消费者的交易行为。

这种做法的优点是可将网络上消费者交易的信息分开传送给网络商店和发卡银行，网络商店不会知道消费者的卡号，而发卡银行也不会知道消费者消费的交易内容，这些交易数据分别由信用卡组织提供的 SET 验证管理中心负责传送。使用 SET 交易机制固然在安全性方面没有问题，但是申请流程和安装过程有点麻烦。例如，消费者必须事先申请数字认证证书并安装"电子钱包"软件，而且购物网站也必须具有同样的 SET 安全机制。也就是说，消费者和网店都实施 SET 安全机制，上述的安全保护才会生效。

9.3.3　购物网店的安全评估和网站安全与可信认证

当消费者进行在线交易与付款时，除了应该留意该网站是否具有数据加密机制外，对于网站的信誉口碑更应该事先打探清楚。最好是选择有实体商店或是已运营一段时间的商家，消费者可以从网络的新闻或门户网站找到相关的信息来了解该商家,或者是购物前先确认该商家是否评估合格,搞清楚后再进行消费。例如,淘宝给网上开店的商家有一套非常有效的信用等级评估机制:淘宝的会员在淘宝网每使用支付宝成功交易一次,就可以给交易对象(卖家)做一次信用评价。评价分为"好评"、"中评"、"差评"三类,每种评价对应一个信用积分,具体为:"好评"加 1 分,"中评"不加分,"差评"扣 1 分。这样,在交易中作为卖家的网店就会有自己的信用等级,其信用等级一共分为如图 9-14 所示的 20 个级别,信用好的网店可以一直升级为"五皇冠"网店。

图 9-14　淘宝网店的信用评估等级

网站的安全和可信认证一定需要一个中立、公正、可控的第三方组织,而且有能力汇聚有实力的安全类机构和公司进行资源共享,这样才能建立被整个行业认可的认证结果。品牌宝(http://www.pinpaibao.com.cn/)就是这样一家中国国内的安全联盟可信网站验证和审核服务平台,可以提供网站认证和品牌保护等服务。目前品牌宝汇聚了国内知名的各个行业领先的公司参加这个联盟,如招商银行、百度、腾讯等,多达 800 家机构或公司。

品牌宝的认证能得到大家的认可,其中一个重要的原因就是它以中国的国家法律、法规为基础,以中国国家网址审核标准为依据,根据不同行业的细分审核标准对网站、电话号码和 App 进行验证和审核。

图 9-15 就是在"品牌宝"网站上查询电商网站以获取电商的详细认证资料的例子。

第 9 章　电子商务付款方式与交易安全机制

图片来源：http://v.pinpaibao.com.cn/

图 9-15　在"品牌宝"网站查询电商安全认证资料的例子

项目研究与分析　比特币

在网络游戏的虚拟世界中，也衍生出了一些特殊的经济模式，例如虚拟货币、虚拟宝物、虚拟装备等。这些虚拟商品都可以用实际货币来进行买卖和兑换，更有人专门以玩网络游戏为生，就是在得到虚拟货币或者虚拟宝物后再销售给其他的玩家，这反映出电子商务的商业模式绝对充满了无限的想象空间。近期全球最热门的网络虚拟货币应该非"比特币"（Bitcoin，见图 9-16）莫属。几个月前一枚比特币的价格可以兑换 15 美元，可能几个月后就可以兑换到 1000 美元以上。

图 9-16　比特币在一段时间成为最热门的虚拟货币

比特币是一种不依靠特定货币机构发行的全球通用加密电子货币。和网络游戏虚拟货币相比，比特币可以说是这些虚拟货币的高级版。比特币是使用特定算法经过大量计算而产生的一种 P2P 形式的虚拟货币，不仅是一种资产，还是一种支付的方式。任何人都可以下载 Bitcoin 的钱包软件，这像是一种虚拟的银行账户，并以数字化方式存储于云端或是用户的计算机。

这个网络交易系统由一群网络用户构成，和传统货币最大的不同是，比特币没有一个中央发行机构，用户可以匿名在这个网络上进行转账和其他交易。对于任何一种货币来说，最重要的功能就是流通与储值。简单来说，越多消费者愿意接受一个货币，它所具有的价值就越稳定。我们可以将比特币认定为真正的流通货币，而非一文不值的虚拟货币，目前已经有许多网站接受比特币交易，可以使用包括美元、欧元、日元、人民币在内的 17 种货币进行交易。比特币有很多优点，但是缺乏监管是它致命的问题，比如有人担心比特币被用于毒品交易、洗钱和其他不法活动。

本章重点整理

- 整个电子商务的交易流程包括消费者、网络商店、金融单位与物流业者四个单元，而现金流贯穿这四个单元的始终。
- 货到付款是由物流配送公司或者快递公司配送商品到消费者家里，再代收货款的付款方式。例如，大多数快递和物流配送公司都提供货到付款的服务，甚至提供上门送货后当场刷卡的货到付款服务。
- 在线支付（On Line）又称为电子付款方式，或线上支付。电子付款是电子商务不可或缺的一个部分，就是利用数字信号的传送来代替一般纸质货币的流动，达到实际支付款项的目的。
- 智能卡是一种附有 IC 芯片、如同信用卡般大小的卡片，可将现金存储在智能卡中，用户随身携带以取代传统的货币方式。
- 消费者在网络购物前必须先安装电子钱包软件，接着消费者可以向发卡银行申请使用这个电子钱包，除了能够确认消费者与商家的身份，并将传输的数据加密外，还能记录交易的内容。
- WebATM（网络 ATM）就是把传统实体 ATM（自动提款机）搬到计算机上使用，是一种芯片银行卡网络收单服务，无论是网络商家或实体店家都可以申请使用。除了提领现金之外，其他如转账、缴费（手机费、宽带费、水电费、税费、燃气费等）、查询余额、缴税、更改芯片银行卡密码等。
- 电子票据就是以电子方式制成的票据，并且利用电子签章取代笔的签名或印章的实体盖章，包括电子支票、电子本票以及电子汇票。
- 许多电信业者与 ISP 都提供了小额付款（Micro Payment）服务，用户进行消费之后，只要输入手机号码与密码，费用就会列入下期账单内收取。
- 第三方支付（Third-Party Payment）机制就是在交易过程中，除了买卖双方外，通过第三方来代收与代付现金流。
- "支付宝"是阿里巴巴集团发展的一个第三方在线支付服务。申请了这项服务，就可以立即在中国大大小小的网络商城中购买商品。
- 移动支付（Mobile Payment）就是指消费者通过手持的移动设备对所消费的商品或服务进行付费的一种支付方式。
- 对于移动支付解决方案，目前主要以 NFC（近场通信）与二维码两类技术的架构为主。
- TSM 是一个专门提供 NFC 应用程序下载的共享平台，这个平台提供了各种各样的 NFC 应用服务，未来的 NFC 手机可以通过空中下载技术，将 TSM 平台上的服务下载到手机中。

- NFC 技术必须将现有的磁卡信用卡或银行卡淘汰掉，改而采用支持 NFC 的新信用卡，而且只能绑一个卡号，还必须更换带 NFC 功能的手机，这会造成用户的使用成本较高，但优点是"哔"一声就快速刷卡完毕了。
- 在二维码被广泛应用的时代，未来商品也将通过二维码和手机的结合实现移动支付。
- SSL 被广泛用于 Web 浏览器和服务器之间加密的数据传输，是一种安全机制。SSL 由网景（Netscape）公司于 1994 年提出，是目前网络上十分流行的数据安全传输加密协议。
- 使用 SSL 的优点是消费者不需要经过任何认证程序就能够直接解决数据传输的安全问题，缺点是当商家将数据内容还原并准备向银行收款时，商家就会知道消费者个人的相关资料。
- 信用卡国际公司 VISA 和 MasterCard 于 1996 年共同制定并发表了"安全电子交易"（Secure Electronic Transaction，SET）协议，并陆续获得 IBM、Microsoft、HP 及 Compaq 等软硬件大公司的支持，加上 SET 安全机制采用非对称密钥加密和对称密钥加密组合的加密技术——即采用著名的 RSA 和 DES 加密算法，使得传输于网络上的数据更安全。
- "淘宝"给网上开店的商家有一套非常有效的信用等级评估机制：淘宝的会员在淘宝网每使用支付宝成功交易一次，就可以给交易对象（卖家）做一次信用评价。评价分为"好评"、"中评"、"差评"三类，每种评价对应一个信用积分，具体为："好评"加 1 分，"中评"不加分，"差评"扣 1 分。这样，在交易中作为卖家的网店就会有自己的信用等级，其信用等级一共分为 20 个级别，信用好的网店可以一直升级为"五皇冠"等级的网店。
- 网站的安全和可信认证一定需要一个中立、公正、可控的第三方组织，而且有能力汇聚有实力的安全类机构和公司进行资源共享，这样才能建立被整个行业认可的认证结果。
- 比特币是一种不依靠特定货币机构发行的全球通用加密电子货币。和网络游戏虚拟货币相比，比特币可以说是这些虚拟货币的高级版。比特币是使用特定算法经过大量计算而产生的一种 P2P 形式的虚拟货币，不仅是一种资产，还是一种支付的方式。

本章习题

1. 请说明货到付款的方式。
2. 举出三种在线交易的付款方式。
3. 什么是"电子钱包"？
4. 请说明使用 SSL 的优缺点。
5. 请说明 SET 与 SSL 的最大差异在何处。
6. 什么是在线支付？
7. 请简述电子现金。

8. 什么是 WebATM？试简述之。
9. 试说明电子钱包的功能。
10. 什么是移动支付？
11. 试简述信任服务管理平台机制。
12. 比特币的主要作用是什么？

第 10 章　电子商务网站建设与成效评估

近年来全球吹起了互联网的风潮，从电子商务网站到个人的个性化网页，一瞬间几乎所有的信息都连上了互联网。然而这些信息要链接到互联网，之前大多靠的是五花八门的网站，为了更加专业和更加规范，学习网页架设已成为一时的风潮。与此同时，网站设计技术的种类也不断地推陈出新，由 HTML、CSS 到炙手可热的 ASP（活动服务器网页）、ASP.NET，再到客户端的 JavaScript、Dreamweaver 和服务器端的 JSP 等。图 10-1 和图 10-2 为目前常见的电商网站。

图片来源 http://www.vip.com

图 10-1　具有在线购物机制的商品网站

图片来源：http://www.ikea.com/cn/zh

图 10-2　IKEA 的商城具有浓浓的家居风情

互联网已完全融入了我们的生活中，琳琅满目的网站提供了购物、学习、新闻等应有尽有的功能，架设一个电子商务网站除了可以帮助公司开发出创新的商业模式与建立新的销售渠道之外，还可以帮助企业搭起全新的营销与沟通的渠道。电子商务网站的功能关系到电子商务业务能否最终实现，也是企业电子商务实施与运营的关键环节，因此任何企业或商家在建立电子商务网站之前，一定要进行适当的规划与评估。

10.1　电子商务网站的架设

要成功地导入电子商务必须有充足的准备，再按照规划好的流程循序渐进地完成目标。架设一个电子商务网站只是网络世界里众多网站中的"沧海一粟"，因此必须要有完整的考虑与规划才有最终胜出的可能。接下来，我们将介绍电子商务系统架设之前必须认真准备的工作。电子商务网站开发流程也需要按照"系统开发生命周期模式"（System Development Life

Cycle，SDLC）来进行，各个阶段的重要工作包括系统规划与分析、设计与程序编写、测试、维护与宣传（见图 10-3）。

10.1.1 系统规划与分析阶段

电子商务网站的经营规划涉及网络人口成长、目标顾客、主要业务内容、相关技术的开发等。首先必须根据企业的策略与目标及整体市场分析来规划出电子商务网站的需求，再按照需求设计出网站如何支持企业与组织的目标、子系统的规划、资源的分配以及执行的日程安排等，其中目标是网站建立的第一要务，决定了网站的经营与获利模式。

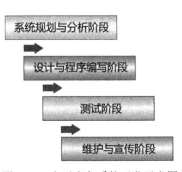

图 10-3　电子商务系统开发示意图

电子商务网站的架构主要是由服务器端的网站以及客户端的浏览器两个部分组成：服务器网站主要提供信息服务，而客户端浏览器则是向网站提出浏览信息的请求。建设电子商务网站最好能够先确认网站的定位与需求，明确定义出网站的目标，以免浪费时间与成本。

当用户连接到网站时，一定要有一个页面来作为浏览者最先看到的界面，接着利用此页面中的超链接来继续引导用户浏览网站的其他网页界面。这个用户最先看到的网页称为首页（Homepage，或者主页）。首页可以视为网店的面门，因此企业网站必须针对企业的徽标（Logo）、形象（Image）进行整体设计（Layout），商品陈列设计的优劣也会影响消费者的印象和购买意愿。图 10-4 就是设计精致的"唯品会"网站的首页。

图片来源：http://www.vip.com

图 10-4　让人眼睛为之一亮的"唯品会"网站首页

随着网页特效设计技术的一日千里，单纯的文字和图片已经无法满足设计的需求，加上背景音乐、Flash 动画、JavaScript 等多媒体交互式特效是当前网页设计的主流，因此想呈现什么样的网站是建设网站的第一重点。网站设计者可以选用熟悉的图像编辑软件来编排网页版面，比如 PhotoImpact 软件，如图 10-5 所示。PhotoImpact 软件有很多功能就是专为网页设计量身定做的，而且编排完成的界面可以转存成网页形式，还可以包含各种的动态效果。用

PhotoImpact 完成的网页文件也能和 Dreamweaver 整合在一起。对于业余的网页设计者来说，要设计网页组件或编排网页，PhotoImpact 确确实实是个好帮手。

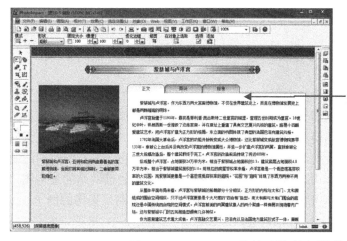

PhotoImpact 软件是网页设计的好帮手，网页组件的编排组合在这里都可以快速完成。

图 10-5　PhotoImpact 软件可用于网页的设计

Adobe Photoshop 软件则为很多专业的网页设计师所钟爱。网页设计师为了给客户提供最满意和最好的服务，通常都会设计多个版面让客户选择。Photoshop 的"图层构图"功能就可以让设计师针对页面编排做出多种构图，不但能在单一文件中建立和查看多种形式的版面，而且不需要分别为每个版面单独存盘，这样在管理文件上就比较清楚易辨。

由于网站也算是商品的一种，网络资源的超链接又具有能被世界任何角落的人访问到的特色，因此企业不再局限于某一特定族群的顾客，要怎么让网站具有高点击率就是在设计网站之前规划的重点。我们可以就"网站主题"和"客户群"与客户和网站设计团队的成员多加讨论，才能让这个网站有更多成功的机会。图 10-6 是上海迪士尼乐园的园区游览地图，精致细腻的地图，加上可以动态移动鼠标来点选景点，因而能够吸引浏览者逐个点击浏览。

图片来源：https://unveilthemagic.shanghaidisneyresort.com.cn/

图 10-6　上海迪士尼乐园的官网

在进行版面设计之前,建议不妨到同类型的各大热门网站去参观一下,除了了解当前的流行趋势外,对于够炫、够酷的设计方式,不管是版面编排、色彩搭配还是组件设计等,都可以多方参考,以便激发出好的网页设计灵感。

10.1.2 设计与程序编写阶段

由于网站规模可大可小,较大的商务网站可能包含数个产品主题,因此建议设计者在开始时先以一个产品主题为限,然后再慢慢扩展,结合其他主题而逐渐成为较有规模的网站,这样做起来会比较得心应手。当资料和数据收集到一定的程度后,就可以开始规划网站的组织架构,以便网站设计的参与者都了解整个网站的全貌。此阶段应该多花些时间绘制草图和进行网站功能模拟,以免考虑不周,届时要修改就得大费周章。通过网站的架构图,设计参与者可以清楚地看到网站主题和内容的主从关系。图 10-7 为一个网站架构的例子。

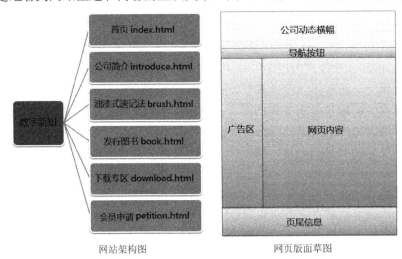

图 10-7 荣钦科技油漆式产品商务网站

接着根据规划与分析的结果设计各项功能系统的程序代码,包括程序编写前的准备过程、相关软硬件架构、网页设计语言与服务器的选择、数据结构的设计等。如果程序方面具备良好的结构化架构,就可以大幅缩短本阶段所花费的时间。

10.1.3 测试阶段

本阶段的工作着重于每一个网站程序内部的逻辑、输出数据是否正确以及集成后的所有程序能否满足系统的需求。测试各个子系统无误后,再进行系统的集成测试,其中高峰的压力测试和网络安全性测试必须特别重视。

编排组合完成的网页难免有遗漏或疏忽之处,因此完成的内容一定要仔细校对。段落文章要详加阅读,特别注意文句的通顺性、人名、联络方式、中英文错别字、英文大小写、语法错误、超链接是否链接到指定的位置……这些都要逐一检查校对,最好能事先列一份检测清单，再按序逐一检测内容。这样才不会有漏网之鱼，否则错误百出可是会贻笑大方的。

10.1.4 维护与宣传阶段

本阶段的工作着重于对所有软件设置进行有效管理，并能根据企业可能的需求和变动随时对电子商务系统进行修改或扩充，务必使网站各方面都达到最佳状态，后端系统必须提供相关的会员管理功能，并且能有效使用这些数据进行相关的买卖行为分析。在本地副本上完成所有的检测操作后，接下来就准备把文件上传至服务器，正式将网站发布出去。文件上传后仍需再次进行检测的工作，以确保网站正常运行。

电子商务的交易大都是数字化方式，所产生的数据也都存储在后端系统中，因此后端系统维护管理就相当重要。对网站运行状况进行监控，发现运行问题及时解决，并将网站运行的相关情况进行统计。后端系统必须提供相关的信息管理功能，如客户管理、报表管理、数据备份与恢复等，才能确保电子商务正常运营。

网络上谁的产品能见度高、消费者容易买得到，市场占有率自然就高，定期对网站进行内容维护和数据更新是维持网站竞争力的不二法门。我们可以定期或是在特定节日时改变网站页面的风格。这样可以持续给浏览者带来新鲜感。而数据的更新就是要随时注意的部分，避免商品在市面上已流通了一段时间，但网站上的数据却还是旧数据的情况发生。

好的广告和营销手法可以提高商品的市场占有率，网店运营者可以到各大搜索引擎网站登录自家网店的网址，好让浏览者输入搜索文字时可以看到自己的网站名称。在把网站信息提交给门户网站或搜索引擎后，过一些时候可以检查一下网站在分类中的排名，如果很靠后，那就要考虑更换网页的 Meta 标签，找到适合网站的定位，才可能提升搜索的排名位置和被点击率。除此之外，和其他网站互设链接也是一个不错的方式。如果公司有广告预算，那么在各大门户网站放置广告图片也是一个最直接的营销手法。图 10-8 为中国电影门户网站。

图片来源：http://www.chinafilm.com/

图 10-8 中国电影门户网站

10.2 电子商务的架站方式

网站制作完成之后,首要的工作就是帮网站找个家,也就是俗称的"网页空间"。常见的架站方式主要有虚拟主机、主机托管与自行架设三种方式。

10.2.1 虚拟主机

虚拟主机(Virtual Hosting)是网络业者将一台服务器分割模拟成为很多台的"虚拟"主机,让很多个客户共同分享使用,平均分摊成本,也就是请互联网服务提供商(ISP)托管网站的意思。对用户来说,可以省去架设和管理主机的麻烦。

ISP 会给每个客户提供一个网址、账号和密码,让用户把网页文件通过 FTP 软件传送到虚拟主机上,这样世界各地的网友只要连上这个网址,就可以看到网站了。一般而言,ISP 所提供的网络设备与环境会比较完善,用户不需自己去购置网络设备,也可以避免错误投资造成损失的风险。

租用虚拟主机的优缺点如下。

优点:可节省主机架设与维护的成本、不必担心网络安全问题,可使用自己的域名(Domain Name)。

缺点:有些 ISP 会有网络流量和带宽的限制,随着主机系统不同,所能支持的功能(如 ASP、PHP、CGI)也不尽相同。

中国万网是阿里云旗下的品牌,是基于云计算的互联网应用服务提供商。图 10-9 是万网的首页。

图片来源:http://wanwang.aliyun.com/

图 10-9 万网提供了虚拟主机服务

10.2.2 主机托管

主机托管（Co-location）是企业需要自行购置网络主机，又称为网络设备代管服务，就是使用 ISP 公司的数据中心机房放置企业自己的网络主机，每月支付一笔费用，使用 ISP 公司的网络系统来架设网站。华速数据公司就提供标准的电信机房空间给企业放置 Web 服务器，用高速网络连接至互联网。图 10-10 是华速数据公司的网站首页。

图片来源：http://www.huasuidc.com/

图 10-10　华速数据公司提供主机托管服务

优点：系统自主权较高，降低硬件投资成本，省去兴建机房、申请数据线路等费用。

缺点：主机的管理者必须从远程联网进入服务器进行管理，管理上较不方便。

10.2.3　自行架设与 osCommerce 简介

对一般中小企业来说，想要自己架设网页服务器并不容易，必须要有软硬件设备和固定的 IP 地址，而且还要有具有网络管理专业知识的专业人员。但是，大型企业在考虑商业机密的情况下，通常愿意投入资源与人力来架设与管理电子商务网站。

osCommerce（Open Source-osCommerce，OSC）是目前全球使用量最大的免费电子商店软件，是遵循 GUN GPL 授权原则、公开源码的套装软件，并允许任何人自由下载、传播与修改。利用 osCommerce 建设的网络商店包含用户选购界面和商店管理两个部分，不需要另外花钱请设计团队设计网站，相当节省成本，也可以自行更换网站外观设计，不过要在安装 osCommerce 之前使用一些辅助工具，例如 Appserv、freeSMTP 等。这种解决方案目前深受许多个人与企业主的青睐。图 10-11 为 osCommerce 网站的首页。

图 10-11　osCommerce 的官网：http://www.oscommerce.com

优点：容量大、功能没有限制，完全自主，易于管理与维护，也符合企业的设计目标。

缺点：必须自行安装与维护硬件和软件、加强防火墙等安全设置，需配备专业人员，成本也最高。

以下是三种架站方式的评估与分析表。

项目	架设服务器	虚拟主机	申请网站空间
建设成本	最高 （包含主机设备、软件费用、线路带宽和管理人员等多项成本）	中等 （只需负担数据维护和更新的相关成本）	最低 （只需负担数据维护和更新的相关成本）
独立的 IP 和网址	可以	可以	附属网址 （可申请转址服务）
带宽速度	最高	视申请的虚拟主机等级而定	最慢
数据管理的方便性	最方便	中等	中等
网站的功能性	最完备	视申请的虚拟主机等级而定，等级越高的功能性越强，但费用也越高	最少
网站空间	没有限制	也是视申请的虚拟主机等级而定	最少
使用在线刷卡机制	可以	可以	无
适用客户	公司	公司	个人

10.3 网站开发工具简介

电子商务网站已是互联网的重要应用领域之一，开发电子商务网站需要许多开发工具的支持，开始开发网站之前，最重要的就是准备好自己的环境、安装适合的开发工具和软件，这样才能事半功倍。在此我们介绍一些常见的工具。

10.3.1 静态网页与动态网页

一般来说，网页可分为"静态网页"与"动态网页"。静态网页是指仅使用 HTML 语句构成的网页，最常见的文件名为 .HTM 或 .HTML。动态网页又可按照执行程序的位置分为"客户端处理"与"服务器端处理"两种。

客户端处理的动态网页是在 HTML 语句中加入 JavaScript 与 VBScript 语句，让网页产生一些多媒体效果，例如随着鼠标光标移动的图片、滚动的文字信息、随着时间更换图片等，让网页更活泼更生动。顾名思义，客户端处理的动态网页就是在用户计算机端进行处理的。

服务器端处理的动态网页通常是指加入活动服务器语言的网页，常见的活动服务器语言有 ASP（Active Server Pages）、PHP（Hypertext Preprocessor）、JSP（Java Server Pages）等。其工作原理是当用户向网页服务器请求浏览某个动态网页时网页服务器会先送到动态程序的引擎（比如 PHP Engine）进行处理，再将处理过的内容回传给客户端的浏览器，如图 10-12 所示。

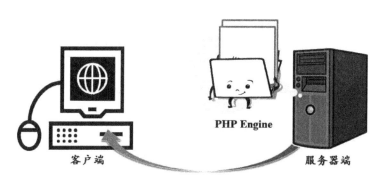

图 10-12 服务器端处理动态网页的示意图

这种类型的网页最大的优点是能与用户互动，并且能访问数据库，将执行结果实时响应给用户。网站维护时不需要重新制作网页，只要更新数据库中的内容就可以了，可以节省网站维护的时间和成本。例如，网页上的购物车、留言板、讨论区、会员系统等都是属于服务器端处理的动态网页。

10.3.2 客户端网页语言

客户端执行的网页语言内嵌在 HTML 中，而包含这类客户端执行程序的网页扩展名同样是 .htm。当浏览器向服务器请求打开网页时，服务器会将整个网页传送至客户端，由浏览器解释执行网页程序，并且将结果呈现在浏览器窗口中。图 10-13 为这个过程的示意图。

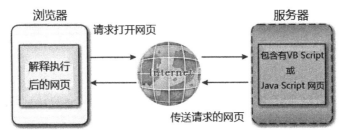

图 10-13　客户端浏览器执行网页语言的流程示意图

在客服端执行的网页语言可以在网页中产生动态的效果，比如各类网页特效，同时也可以在客户端与服务器端两者之间进行数据交换时先行处理一些事前的准备动作。例如，一般提供会员登录功能的网页通常都会使用客户端的 Script 提供输入数据的检查功能，当用户输入不正常的数据时（如不合法的身份证号码），会员网页登录的操作将会失败，相关的资料则无法被回传至服务器端进行处理。因为客户端的 Script 语言可以直接在浏览器这一端将一些工作处理掉，而不需要将所有的工作均回传至服务器端。这样可以降低服务器的负担并提升执行的效能。对于将一些大型网站的工作分担到客户端，这是很好的解决方案。

当前可以提供动态网页的 Script 语言虽然能够达到与用户互动的目的，但是在功能上却有非常大的限制，其中最大的缺陷在于其无法运用服务器上的资源，最多只能算是简单的动态网页，因为服务器一旦将网页送出，就无法再与其进行沟通了。所以无法达到真正的互动行为，同时，基于安全上的考虑，用户也无法通过客户端 Script 进行各种服务器的操作。服务器端网页语言于是被开发出来解决这样的问题。

10.3.3 服务器端网页语言

与客户端语言相比，提供打开网页服务的一方称为"服务器端"。在服务器端执行的网页语言特性是必须由服务器中的解释引擎来执行网页语言解译的操作，然后将解译后的结果传送至客户端，直接显示在浏览器中。常见的服务器端语言有 PHP、JSP、ASP 与 ASP.NET 等。图 10-14 是服务器端网页语言执行流程的示意图。

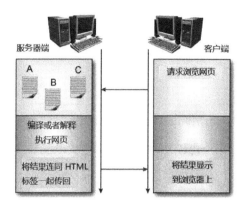

图 10-14　服务器端网页语言执行流程的示意图

从图 10-14 所示的服务器端网页语言的执行流程可以看到,当客户端向服务器端请求浏览一份带有服务器端语言的 ASP 网页时,服务器端会先解析 ASP 程序代码,接着将解析后的结果连同网页的 HTML 标签一起传回给客户端。事实上,服务器端网页语言的出现才真正实现了让用户通过网络与网站进行沟通的目的。服务器端语言与客户端语言在执行流程上有所不同。另外,客户端语言在控制浏览器或网页上的各个对象上有着更出色的表现,而服务器端语言则着重于与服务器端之间的互动,比如数据库的连接。可以用于产生服务器端交互式动态网页的技术有好几种,比较著名的有 CGI、微软的 ASP、新版的 ASP.NET、JSP 等。

10.3.4　超文本标记语言

HTML(Hypertext Markup Language,超文本标记语言)是一种纯文本类型的文件,以一种标记的方式来告知浏览器以何种方式将文字、图像等多媒体数据展示于网页之中。编写网页的 HTML 程序时,只要使用 Windows 默认的记事本就可以了。图 10-15 为一个 HTML 程序示例。

```
<Html>
 <Head>
  <Title>首页</Title>
 </Head>
 <Body>
  <H1>欢迎来到我的网站</H1>
 </Body>
</Html>
```

图 10-15　编写一个 HTML 程序

接着在存盘时输入 htm 作为文件的扩展名,最后用鼠标双击这个文件就可以直接以网页方式打开刚才所保存的文件。页面内容显示如图 10-16 所示。

这就是使用网页设计语言来设计网页的方式,而这个语言被称为超文本标记语言。网页文件的扩展名有 htm、html、asp 与 aspx 等。此外,也可以直接从浏览器窗口中来查看网页程序的源码,选择 IE 菜单中的"查看/源"命令,就可以看到刚才输入的网页程序的源代码。

图 10-16　上面那个简单的 HTML 程序的实际页面显示结果

要了解 HTML 的基本结构，可以从两方面来着手。一方面是语言的"对称性"，另一方面就是语言的"结构性"。

- 语言的对称性

HTML 属于"对称性"的语言，大部分语句都是成双成对的，"< >"的作用代表着里面的英文单词是一个 HTML 语句指令，"< >"内没有加上"/"表示是语句的开始，加上"/"表示是语句的结束。

图 10-17 中的 <Html> 和 </Html> 就是一组语句，其他的依此类推。同时语言中并没有区分英文字母的大小写，而语句前面的空白也可以视个人的习惯决定是否加入。不过这里建议大家最好还是利用空格来区分出程序代码的内容结构，这样在检查语句内容时会方便许多。

图 10-17　HTML 语言的对称性

- 语言的结构性

HTML 语言的"结构性"则是指语句的摆放位置，这里先列出前面所使用到的语句功能。

语法指令	用法
<Html>	在 <Html> 和 </Html> 之间输入用于网页界面设计的所有语句
<Head>	在 <Head> 和 </Head> 之间输入与网页界面设计有关的设置文字（例如网页的编码方式）
<Title>	在 <Title> 和 </Title> 之间输入显示在浏览器窗口左上角的标题文字，浏览器窗口界面的标题文字（界面上的"首页"二字）是属于设置文字而非内容文字，因为其内容不会显示在窗口界面中，故其语句不会被包含在 <Body> 和</Body> 之间，而是被包含在 <Head> 和 </Head> 之中
<Body>	在 <Body> 和 </Body> 之间输入有关网页界面内容的语法文字
<H1>	<H1> 语句属于文字格式的一种，也就是在 <H1> 和 </H1> 之间输入要以<H1> 文字格式来显示的文字内容

万维网联合会（W3C）于 2009 年发表了"第五代超文本标记语言"（HTML 5）公开的

工作草案，是 HTML 语言新一代的主要修订版本。HTML 5 是基于现有 HTML 语言基础发展而成的，并没有舍弃 HTML 4 的元素标签，实际包括了 HTML 5.0、CSS3 和 JavaScript 在内的一套技术组合，特别是在错误语句的处理上更加灵活。对于用户来说，只要浏览器支持 HTML 5，就可以享受 HTML 5 的特殊功能，而且这个新的开放规格统一了 video 语句，把影音播放部分交给各大浏览器去实现。

- HTML 5

随着 HTML 5 的发展，HTML 5 将成为网络上影音播放、工具应用的新主流语言。虽然还不是正式的网页格式标准，但是新增的功能除了可让页面原始语句更为精简之外，还能通过网页语句来强化对网页控制组件和应用的支持。以往 HTML 需要加装插件才能显示的特效，现在都可以通过浏览器直接在网页上展现出来，如图 10-18 所示。

图 10-18　用 HTML 5 语言编写的网页

随着移动设备的普及，仅会编写 PC 上的网页已经不够用了，越来越多的人想学习移动设备网页的设计和开发。为了方便网页程序设计者开发网页应用程序，HTML 5 提供了多种的 API 供设计者使用。例如，Web SQL Database 让设计者可以离线访问客户端（Client）本地的数据库。当然，要使用这些 API，必须熟悉 JavaScript 语言！

10.3.5　CSS

CSS 的全名是 Cascading Style Sheets，一般称为层叠样式表，主要作用是加强网页上的排版效果（图层也是 CSS 的应用之一）。在网页设计初期，由于 HTML 语言上的不足使得网页上的排版效果一直无法令人满意，因此才会在 HTML 之后继续开发 CSS 语言。CSS 可以用来定义 HTML 网页上对象的大小、颜色、位置与间距，甚至是为文字、图片加上阴影等。

具体来说，CSS 不但可以大幅简化在网页设计时用于设置页面格式的语句，还提供了比 HTML 更为多样化的网页效果。CSS 令人惊喜之处就是文字特效方面的应用，除此之外，还可以借助 CSS 来包装或加强图片或动态网页的特效。例如，使用 HTML 在背景加上图片后，图片只会自动重复填满整个背景，如果使用 CSS 指令，就可以直接控制水平或垂直的排列方式，如图 10-19 所示。

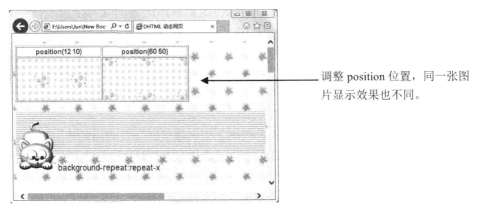

图 10-19　CSS 不仅可以简化网页的设计，而且使网页特效更丰富

10.3.6　DHTML

DHTML 一般被称为"动态网页"，全名是"Dynamic HTML"，不仅仅是指一项网页技术，而是由不同的网页技术所组成的，包括 HTML、CSS 与 JavaScript 等。DHTML 可以让用户随心所欲地调整网页。按照 DHTML 观念所设计的网页可以有下列功能。

（1）动态排版样式：通过 CSS（Cascading Style Sheets，层叠样式表）可以设置字体大小、粗细等格式，以及控制段落边界、段首缩排等。

（2）动态网页效果：可以随时动态添加、修改或删除网页中的文字、标签等，比如当鼠标移过文字时在网页上添加一行文字等。

（3）动态定位：通过 DHML 可以将网页中的组件安排在任意位置，甚至通过 X、Y、Z 轴的位置信息来控制，这样可以达到组件移动的效果，比如图片随着光标移动的效果。

（4）滤镜效果：DHML 可以为网页上的 HTML 组件加上特殊的滤镜效果，比如图形羽化、水面倒影（见图 10-20）、网页换场特效等，可供使用的可视化滤镜特效多达 14 种之多。

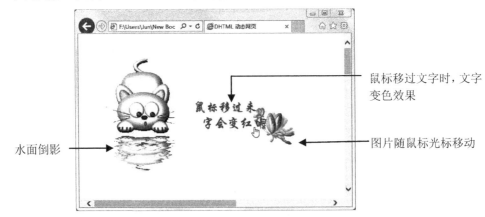

图 10-20　动态网页的特效功能

10.3.7 CGI

CGI 是一种接口,又称为"共同网关接口",可用来截取客户端想要查询的数据,并当作 Web Server 与应用软件(也可能是数据库)之间的沟通渠道。例如,网站上的讨论区、留言板功能都是 CGI 的应用。若这些数据仅是简单的文本文件或 HTML 文件,用户看到的则是文件的内容。但是,如果查询的结果并不是普通文本文件,此时 CGI 会将结果转换成浏览器所能辨别的格式,并回传给服务器端,接着再显示到客户端的浏览器上。例如,我们在网页上通过窗体(Form)输入数据,服务器端就会调用 CGI 程序,并处理客户端所输入的数据以做出回应。工作方式如图 10-21 所示。

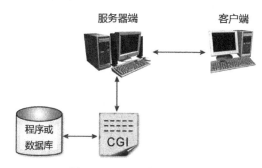

图 10-21 CGI 的工作方式

如果客户端要与服务器端进行互动,那么除了需要通过窗体来传送数据外,CGI 程序也是不可缺少的要素之一。此外,CGI 程序在处理完窗体数据后,还会产生一份虚拟文件供客户端浏览,下面逐一介绍"窗体"、"CGI 程序"及"虚拟文件"。

- 窗体(Form)

窗体是由 <Form>、<Input> 或 <Textarea> 等标签所构成的,而 CGI 最常见的应用就是窗体处理方面,例如收集用户信息、意见,或是按用户所送出的数据进行查询工作。

- CGI 程序

当查询的数据不是普通的文本文件时,CGI 程序便会将它转成浏览器所能辨别的格式,而此格式指的就是 MIME(Multipurpose Internet Mail Extensions)所定义的文件规格,它的表现方式如下:

Content-Type: 类型/次类型

其中,"类型"有 text、application、image 或 audio 等,而"次类型"则为类型下的文件格式。一般而言,与文件的扩展名有关。

- 虚拟文件

所谓的虚拟文件,指的就是由 CGI 程序所产生的文件,也就是 MIME 格式的文件。该份文件实际上并不存在于服务器端，当用户离开浏览界面或重新查询后，此份文件便会消失不见。

10.3.8 VBScript 与 JavaScript

VBScript 是微软公司所推出的网页技术之一，也是一种被广泛使用的网页设计语言，与 JavaScript 同样用于客户端，这种语言以 Visual Basic 为基础发展而来，只有微软本身的浏览器支持这种脚本语言。正因为并不是所有的浏览器都支持客户端的 VBScript，因此 VBScript 的普及率并不如 JavaScript 高。另外，需要将 IE 浏览器里的"Language"属性设置为"VBScript"才能在 IE 浏览器中正常执行 VBScript。

JavaScript 是一种解释执行（Interpret）的脚本语言，它的前身是由 Netscape 开发的 LiveScript，之后 Netscape 与 Sun 公司合作把 LiveScript 修改为 JavaScript。JavaScript 程序是在客户端（浏览器）解释程序代码，然后将执行结果呈现在浏览器上，所以不会增加服务器的负担，并且它可以通过浏览器所提供的对象来控制浏览器，轻轻松松就能制作出许多精彩的动态网页效果。JavaScript 语言的语句内嵌在 HTML 语言的语句中，想要使用 JavaScript 语言来编写程序，除了要了解 JavaScript 的用法之外，还需要熟悉 HTML 语言。

10.3.9 JSP

JSP 严格说来是一种整合技术，以 Java 平台为基础，提供一种简便的方式，让 Java 技术能够轻易地运用于构建动态网页内容。Java 为了产生与用户互动的动态网页内容，开发出一种名称为 servlet 的应用技术，servlet 是一种纯粹以 Java 语言编写且符合标准规格的 Java 应用程序，它在网站服务器运行的时候被加载，用于在客户端浏览器向服务器提出内容请求时做出动态响应。

虽然 servlet 应用程序产生动态网页的功能相当强大，但是却不容易开发。JSP 就是为了克服这个障碍而开发出来的一种服务器端网页技术，其本身是一个内容混合了 HTML 标签与 Java 语言的纯文本文件。当浏览器请求 JSP 网页时，这个文本文件在网站服务器被编译成为 servlet 后加载，然后产生动态的网页内容。

让 JSP 如此出色的原因，除了 servlet 之外，还有其运用 JavaBean 的能力。JavaBean 是一种组件技术，为 Java 应用程序提供一种极为弹性的设计模型，将程序按功能进行分解，然后封装成为一种被称为 JavaBean 的程序组件，可以被外部 JSP 网页重复使用以提供所需的功能，同时借以扩充 JSP 网页的功能，维持 JSP 网页程序代码的简洁性和易于维护性。

使用 JSP 设计动态网页并不困难，然而当网站的复杂度不断增加时，我们还是必须面对如何有效管理与分割程序内容的课题——提供强大功能的同时，还要保有网页程序设计的弹性、易于维护的程序代码。

JSP 本身所需的功能都是直接或间接由 Java 对象来提供，构建网页内容的 Script 都是纯粹的 Java 语句。由此，你应该可以理解和认识到 Java 对于学习 JSP 有多重要，因此学好并精通 Java 才可能成为出色的 JSP 网页设计人员。

除了掌握 Java，深入了解 HTML 也相当重要。JSP 网页接口的架构直接构建于传统的 HTML 网页。换句话说，HTML 是 JSP 技术当中用来呈现视觉化网页的部分。尽管你可以构建好 JSP 程序代码，再将 HTML 部分交由网页设计人员进行处理，然而不可否认，整合 JSP 与 HTML 标签依然是 JSP 设计人员必须面对的工作。

10.3.10 ASP/ASP.NET

网页技术从最初纯粹展现静态网页的 HTML（Hypertext Markup Language），经过不断的演变与进化，一直到 ASP（Active Server Page）被开发出来，由静态的单向呈现网页转而成为具备交互功能的动态网页。

ASP 是微软公司提出的服务器端网页技术，其全名为 Active Server Page（活动服务器网页）。简易实用的优点使之吸引了不少网站构建人员，然而功能过于简单，所以只能使用简单的内部对象。ASP 是一种技术，而不是程序设计语言。ASP.NET 则是微软公司推出的新一代动态网页技术，除了具备服务器端动态网页应有的特性，更进一步引入了面向对象理论的设计模型，同时结合 .NET 强大的应用程序平台，将网页开发技术推向了一个崭新的里程碑，以此种技术所开发的网页可以根据客户端提出的需求而产生不同的变化，这一类网页就是动态网页。

在 HTML、ASP 时代，可以利用一般的文本编辑器（比如 Notepad 等工具）编辑网页的内容。ASP 尽管已经突破了传统网页的静态限制，然而却只能用 JavaScript 或是 VBScript 这些简化的脚本语言进行编写，功能上受到了极大的限制。不同于 ASP，设计人员可以使用各种 .NET 兼容的程序设计语言（例如 J#、C#、C++或是 VB 等功能完整的程序设计语言）来开发 ASP.NET 网页。一般而言，C#与 VB 是 ASP.NET 的两种主要开发语言。

ASP.NET 不仅仅被用来开发一般的动态网页，随着客户端使用不同的移动设备，于是 ASP.NET 也提供了适合移动设备使用的接口。例如，个人数字助理（PDA）、智能手机或其他不同版本的浏览器，ASP.NET 为特定环境提供了对应的网页服务。换句话说，用户不需要通过计算机的浏览器，在其他设备也可以享受到相同的服务。

10.3.11 PHP

PHP（Hypertext Preprocessor）是一种应用于服务器端（Server-Side）并内嵌于 HTML 文件（Html-embedded）中的解释执行的开放脚本（Script）语言。

例如，下面的程序片段：

```
<html>
  <head>
    <title>My First PHP Script!!</title>
  </head>
```

```
    <body>
        <?php echo "This is my first time to use PHP script in Html.<p>;
            echo "Hello World !!" ?>
    </body>
</html>
```

　　PHP 程序代码使用特殊的"开始"与"结束"标记,在 HTML 文件中自由地穿插指定的操作(如上面范例片段中打印指定的文字),再经由网页浏览器直接解释执行。

　　如同当前大多数程序设计语言发展的趋势,PHP 也是一种面向对象的程序设计语言(OOP,Object-Oriented Programing)。但是在 PHP 5.0 中官方大幅地强化了类与对象的相互作用结构,因此我们可以说 PHP 已蜕变成一种纯对象式(Object-based)的程序设计语言。

　　PHP 是一种服务器端脚本(Script)语言。它的工作方式是经由客户端对服务器提起需求,经过服务器执行处理后,将运算的结果以 HTML 模式传回给客户端来显示。所以服务器会先解析 PHP 程序代码部分,接着执行这些代码,再把结果传送到客户端。这样客户端只会接收到 PHP 的执行结果,并无法得知详细的程序代码内容如何。关于 PHP 程序的编写,必须符合 HTML 语法规范。

　　由于 PHP 程序代码必须由网页服务器解释成 HTML 格式的文件,再由网络传输到客户端浏览器加以显示。因此若要使用 PHP 套装软件,则必须在网页服务器先安装。

　　以 Linux-base 的操作系统来说,最受欢迎的网页服务器莫过于 Apache Server。它是一套以 GPL(GNU Public License)形式进行版权声明的免费网页服务器软件,并且具备跨平台的特性,因此不仅限于 Linux 操作系统,对于各个平台的用户而言都是绝佳的选择。

10.3.12　Java

　　随着互联网应用程序的发展,Java 程序设计语言正在逐渐取代 C/C++语言,成为热门的开发语言之一。虽然 Java 是搭上了互联网的便车,但是在短短几年内就风行全球,所以不可否认它所具备的一些优良特性。这也正是各界用户会重视它的主要原因。下面就来介绍它的特性与优点。

- 简单性(Simplicity)

　　Java 的语法源于 C++,主要是让原有的 C++程序设计者可以很快地熟悉 Java 语言。

- 跨平台(Cross-platform)

　　"Write once,run everywhere",代表着 Java 优越的跨平台特性,也正是这个特性造就了它如今的辉煌。因为计算机有不同的系统平台,在 Java 出现前,一套程序要在 Windows 和在 Linux 上执行,就必须编写两种版本。而 Java 出现后,有了以下的特性,就可以轻易达到跨平台的目标。

- 分布式（Distributed）

在设计 Java 语言时，就已经考虑到了跨平台的问题，所以 Java 能支持各种网络协议以及建立主从式架构。这就让在执行 Java 程序时对象可以分散在不同计算机里，通过网络来访问远程的对象。

- 解释执行（Interpreted）

Java 语言能实现跨平台主要归功于 Java 的虚拟机（Java Virtual Machine，JVM）。Java 在编译程序时直接产生字节码（Bytecode），然后通过各种平台上的虚拟机转换成机器码，之后才可以在各种操作系统上执行。

- 多线程（Multi-thread）

一般人看电视时，通常不会只有眼睛在"工作"，可能还会和家人聊天、吃东西等，当想停止某一项"工作"时，随时可以停止。多线程也类似这种情形，允许 Java 程序在同一段时间内运行多个线程，以增加程序执行的效率。

10.4　网站的绩效评估

电子商务的种类不断地推陈出新，使得电子商务的走向更趋于多元化。电子商务网站评估方式众多，一直以来，在经营电子商务过程中为人诟病的就是无法正确评估绩效，因而投资者比较担心的是一下子"烧掉"太多现金，回报不如预期。由于不同的网站所设定的目标不同，因此也有不同的评价标准。

建立一套明确的电子商务绩效衡量指标，借以衡量导入电子商务后的经营绩效。这样既可以促进网站绩效目标的达成，又可以了解网站运营的情况，判断网站经营目标或经营策略是否正确。我们可以分别从网站使用率（Web Site Usage）、财务获利（Financial Benefits）、交易安全（Transaction Security）与品牌效应（Brand Effect）四个方面来评估，如图 10-22。

图 10-22　网站绩效评估的四个方面

10.4.1 网站使用率

网站设计的重点不仅在于视觉上的美观，更要以用户为导向，符合他们上网的目的与习惯，以便达到最佳的商业效果。因此，流量的成长代表网站最基本的人气指标，这是评估有关网站使用率（Web Site Usage）的部分。由于网络数据具备可检测性，我们可以通过网站流量（Web Site Traffic）、点击率（Clicks）、访客数（Visitors）来判断。网站流量是从网站所读出的数据传输量，没有流量就没有了人气基础。点击率则是一个没有实际经济价值的人气指标，网站并无法凭借点击率来赚钱，最多只能增加网站的流量。不过，许多电子商务网站在短期能吸引极高的用户点击率，但网站的内容与活动却让人失望，这样的高点击率就只能是昙花一现。

网站内不重复的访客数也是判断网站效益的关键指标之一，或者通过新旧访客比率来了解网站的新访客和旧访客的比例，可以作为日后调整内容走向的重要依据。回客率（Back-off Rate）更是重要评估指标之一。如何提高回客率是一家网络商店获利的基础。网络上有许多免费的网站使用情况分析和统计工具，如果想查询自己或公司网站的流量排名时，可以直接采用 Alexa 网站分析工具来对网站进行使用情况的分析，如图 10-23 所示。

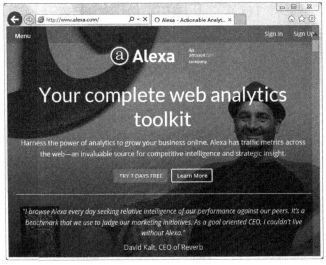

图片来源：http://www.alexa.com/

图 10-23　Alexa 是一套免费的网站流量趋势与分析工具

10.4.2 财务获利

企业引进电子商务网站最大的价值在于借助新的交易平台来增加企业的经营绩效，并增加企业在产业中的竞争优势。经营电子商务网站首要的是成交量与营业额。当实际经营一个电子商务网站时，必须要像开实体店面一般，从带进多少订单或业绩来判断，用更精确的财务数字来评估经营绩效。毕竟对购物网站而言，总希望把钱花在刀刃上，而最实际的就是网站所带来的订单数。例如，流量的转换率（Conversion Rate）就是各家电子商务企业十分重视的一个指标，公式就是：订单数÷总访客数。用这个公式可以算出平均多少访客可以带来一张订单。转换率越高，电子商务网站的财务获利绩效就越好。

10.4.3 交易安全

电子商务越来越盛行，但消费者依然对网络购物有所顾虑，大部分信用卡客户认为无安全机制是他们进行网络购物时最为担心的问题。许多消费者在网络上进行浏览和交易，最重视的就是网站是否安全，而且这一因素会严重影响到他们在网站上进行消费的意愿。在安全性方面，要评估网站的主要是浏览操作是否采用 SSL 机制以及网站安全漏洞的防护程度。例如，用户在网站上输入账号和密码来下订单时，如果没有提供 SSL 安全机制，个人的隐私数据就很容易被人窃听与盗取。网站安全漏洞的防护程度则包括架设防火墙（Firewall）、入侵检测系统（Intrusion Detection System，IDS）与安装防病毒软件等。

10.4.4 品牌效应

经营一个完善的电子商务网站时，是否能够让消费者感到便利和满意将会影响到消费者对这个品牌的印象。电子商务确实正在改变人们长久以来的消费习惯与企业的经营形态。很多不同的网站管理者对于网站结果的评估往往都是凭借着自己的感觉来审视网站各个方面的数据。然而，一个质量与深度兼具的企业网站所创造的价值是无可计量的，除了可为网站达到加分的效果，更可以提升品牌的认同度。能否提高企业品牌的形象（Brand Image）以达到企业主的满意度也是一项指标，因为管理者比较想知道的是整体的效益。可以通过搜索排名（SEO）来显示用户对品牌的印象与信任度。

项目研究与分析 XML

B2B 是电子商务的基本模式之一，提供了一种描述结构化数据的标准方法，最初的设计动机就是要交换商业数据。XML 定义了每种商业文件的格式，并且在不同的应用程序中都能使用。XML（eXtensible Markup Language，可扩展标记语言）是由万维网络标准制定组织 W3C 根据 SGML 衍生发展而来的，是一种专门应用于电子化出版平台的标准文件格式。SGML 是由另外一个标准组织 ISO 通过的文件格式标准。XML 舍弃了其中复杂的规格，以更为精简的格式达到 SGML 所具备的大部分功能。

XML 格式类似于 HTML，与 HTML 最大的不同在于 XML 是以结构与信息内容为导向的，由标签定义出文件的架构，比如标题、作者、书名等，补足了 HTML 只能定义文件格式的缺点。XML 具有易于设计的优点，并且可以跨平台使用，因此受到全球各大信息厂商的广泛欢迎，目前已经成为 Web 和各种不同平台之间进行数据交换的共同标准。

XML 文件是一种类似 HTML 标签语句的纯文本格式文件，使用一般的文本编辑器（比如 Notepad）就可以对其内容进行编辑。当我们用浏览器打开 XML 文件时，网页会以 XML

源码形式显示出来，浏览器仅提供简单的预览功能，XML 必须搭配读取数据的程序才能发挥作用。下面的范例是一个记录会员数据的 XML 文件。

```xml
<?xml version='1.0' encoding='Big5' ?>
<customers>
    <customer access='deny'>
        <customerid>9001</customerid>
        <customername>郑中基</customername>
        <tel>02-87878888</tel>
        <email>michael@gmail.com</email>
    </customer>
    <customer access='pass'>
        <customerid>9002</customerid>
        <customername>朱协志</customername>
        <tel>07-2255447</tel>
        <email>john@yahoo.com.tw</email>
    </customer>
</customers>
```

本章重点整理

- 架设一个电子商务网站只是网络世界里众多网站中的"沧海一粟"，必须要有完整的考虑与规划才有最终胜出的可能。
- 电子商务网站经营规划涉及网络人口成长、目标顾客、主要业务内容、相关技术的开发等。首先必须根据企业的策略与目标及整体市场分析来规划出电子商务网站的需求。
- 电子商务网站的架构主要是由服务器端的网站以及客户端的浏览器两个部分组成：服务器端网站主要提供信息服务，而客户端浏览器则是向网站提出浏览信息的请求。
- Adobe Photoshop 软件为很多专业的网页设计师所钟爱。网页设计师为了给客户提供最满意和最好的服务，通常都会设计多个版面让客户选择。
- 由于网站规模可大可小，较大的商务网站可能包含数个产品主题，因此建议设计者在开始时先以一个产品主题为限，然后再慢慢扩展，结合其他主题而逐渐成为较有规模的网站。
- 电子商务的交易大都是数字化方式，所产生的数据也都存储在后端系统中，因此后端系统维护管理就相当重要。
- 网络上谁的产品能见度高、消费者容易买得到，市场占有率自然就高，定期对网站进行内容维护和数据更新是维持网站竞争力的不二法门。我们可以定期或是在特定节日时改变网站页面的风格。这样可以持续给浏览者带来新鲜感。
- 虚拟主机（Virtual Hosting）是网络业者将一台服务器分割模拟成为很多台的"虚拟"

主机，让很多个客户共同分享使用，平均分摊成本，也就是请互联网服务提供商（ISP）托管网站的意思。对用户来说，可以省去架设和管理主机的麻烦。

- HTML（Hypertext Markup Language，超文本标记语言）是一种纯文本类型的文件，以一种标记的方式来告知浏览器以何种方式来将文字、图像等多媒体数据展示于网页之中。以 HTML 语句构成的网页属于静态网页，这种网页的内容不会改变，主要由各种规范数据展现格式的标签所组成。
- JavaScript 语句可以配合 HTML 的程序设计出很有趣的动态网页。所谓动态网页，就是编写的程序可以根据执行结果的不同，输出不同的结果和效果到网页上。
- CSS 不但可以大幅简化在网页设计时用于设置页面格式的语句，还提供了比 HTML 更为多样化的网页效果。CSS 令人惊喜之处就是文字特效方面的应用，除此之外，还可以借助 CSS 来包装或加强图片或动态网页的特效。
- DHTML 一般被称为"动态网页"，全名是"Dynamic HTML"，不仅仅是指一项网页技术，而是由不同的网页技术所组成的，包括 HTML、CSS 与 JavaScript 等。
- 在服务器端执行的网页语言特性是必须由服务器中的解释引擎来执行解译的操作，然后将解译后的结果传送至客户端，直接显示在浏览器中。常见的服务器端语言有 PHP、JSP、ASP 与 ASP.NET 等。
- JavaScript 是一种解释执行（Interpret）的脚本语言，它的前身是由 Netscape 开发的 LiveScript，之后 Netscape 与 Sun 公司合作把 LiveScript 修改为 JavaScript。
- ASP.NET 是微软公司推出的新一代动态网页技术，除了具备服务器端动态网页应有的特性，更进一步引入了面向对象理论的设计模型，同时结合 .NET 强大的应用程序平台，将网页开发技术推向了一个崭新的里程碑，以此种技术所开发的网页可以根据客户端提出的需求而产生不同的变化，这一类网页就是动态网页。
- PHP（Hypertext Preprocessor）是一种应用于服务器端（Server-Side）并内嵌于 HTML 文件（Html-embedded）中的解释执行的开放脚本（Script）语言。
- 以 Linux-base 的操作系统来说，最受欢迎的网页服务器莫过于 Apache Server。它是一套以 GPL（GNU Public License）形式进行版权声明的免费网页服务器软件，并且具备跨平台的特性，因此不仅限于 Linux 操作系统，对于各个平台的用户而言都是绝佳的选择。
- 网站设计的重点不仅在于视觉上的美观，更要以用户为导向，符合他们上网的目的与习惯，以便达到最佳的商业效果。
- XML（eXtensible Markup Language，可扩展标记语言）是由万维网络标准制定组织 W3C 根据 SGML 衍生发展而来的，是一种专门应用于电子化出版平台的标准文件格式。

本章习题

1. 试简述电子商务网站的架构。

2. 请简单说明网站测试阶段的工作。
3. 有哪些常见的架站方式？
4. 什么是 HTML 5？试说明之。
5. 什么是虚拟主机？有哪些优缺点？请说明。
6. 试说明主机托管的作用。
7. 请简单介绍 osCommerce 架站软件。
8. 请简述客户端网页语言。
9. CSS 的优点是什么？
10. 试简述 ASP.NET。
11. 如何判断网站经营目标或经营策略是否正确？
12. 请简述网站流量、点击率。

第 11 章　认识网络营销

在传统的商品营销策略中,大都是采取一般媒体广告的方式来进行,比如使用报纸、传单、广告牌、广播、电视等媒体来进行商品的宣传,或者举行所谓的"产品发表会"来与消费者进行面对面的营销。这些以文字和图片呈现的营销传播沟通模式通常会有地域与时间上的限制,而且所耗用的人力与物力的成本也相当高。图 11-1 就是传统营销常用的产品说明会。

图 11-1　产品说明会是传统营销常用的模式

随着数字化经济时代的来临,地域界线已被打破,营销因为网络发生了空前的改变。网络营销的模式不但具备实时性、互动性、定制化、连接性、跨地域及多媒体等特性,而且可以通过数字媒体的结合,使文字、声音、影像与图片整合在一起,让营销的目标变得更为生动与实时,并可以全年全天候地提供商品信息与宣传服务,如图 11-2 所示。

图片来源：http://www.eachnet.com　　　　　　　图片来源：http://www.bmw.com.cn

图 11-2　网络营销在网上可以全年全天候地进行

11.1 网络营销的特性

互联网已逐渐成为现代人生活的一部分,商业竞争从实体市场转移至网络空间里的市场。虽然早期互联网主要应用于学术研究与数据通信,但是随着近些年来整个通信环境中软硬件设施的逐渐成熟,上网人数大幅增加,商家纷纷利用网络这个快速传播系统以交互方式传递给顾客相关的商业信息或服务。在这个大背景下网络营销革命已不可避免。

网络营销(Online Marketing,或者称为线上营销)就是将营销人员的广告促销创意、商品发布公关活动和服务构想等,利用通信科技拓展到在网络上来实施。简单来说,就是指通过计算机和网络设备连接到互联网,并且在互联网上从事商品宣传和销售的活动。

狭义的网络营销是指企业运用互联网及相关的数字科技来进行商品促销、议价、推广及服务等活动,进而实现企业营销的最终目标。广义来说,网络营销可以视为营销活动、管理活动和互联网的组合。换言之,只要营销活动中某个活动是通过互联网来实施的就可以视为网络营销。接下来我们认识一下网络营销的五种特性。

11.1.1 信息的实时互动与传递

网络营销无可取代的优势就在于传播沟通上的实时互动和效率(见图 11-3)。网络营销并非只意味着"建立好你自己的网站"或者"广告宣传你自己的网站"。和传统营销相比,网络最大的特色就是打破了空间与时间的藩篱,可以有效提高营销范围与加速信息的流通和传递,而且买卖双方可以立即回应,无形中拉近了买卖双方的距离,服务质量也因而提升。

由于网络营销概念的引入,在互联网上,大家都是参与者(每个人既是信息的消费者,又是信息的生产者),以消费者为中心,精准地达成商品销售和建立品牌资产的目的。

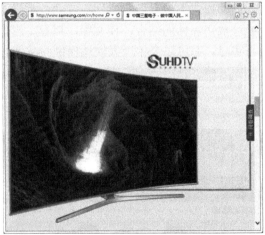

图片来源:http://www.vw.com.cn   图片来源:http://www.samsung.com/cn

图 11-3 网络营销可以让消费者第一时间看到最新的产品

11.1.2 多媒体技术的应用

在越来越多的网络商店参与竞争的情况下，网页的设计与推广也日益重要。超媒体（Hypermedia）是网页呈现内容的新技术，是指将网络上不同的媒体文件或文件，通过超链接（Hyperlink）方式链接在一起，以数字化的形式进行信息的搜集、保存与分享。

网络的信息传播方式可以有不同的形式，对于营销活动的推广也更富弹性。例如，生动活泼的网络广告促销，也会促使消费者增加网络购物的数量，特别是流媒体（Streaming Media）技术的大幅进步，让互联网与多媒体的结合成就了今天无可取代的商业营销的重要渠道。

提示：流媒体（Streaming Media）是近年来一种热门的网络多媒体传播方式，先将影音文件进行压缩，再利用网络的数据分组技术从网络服务器连续不断地将数据流传送到客户端，而客户端程序则会将这些数据分组——接收并重组，再实时呈现在客户端的计算机上，让用户可根据带宽的大小来选择不同的影音质量进行播放。

由于互联网上所营销或销售的商品主要是通过计算机设备来呈现商品的外观、功能与特性，因此商家便能够利用计算机多媒体技术来让消费者更加了解商品的诸多特性。例如，使用 Flash 的动画格式，除了可以产生动态按钮之外，也可以产生连续的动画，让用户充分融入营销场景中一起互动，并可同时搭配优雅的背景音乐或按钮音效，声光效果俱佳！现在已经有了专门制作营销用的 Flash 动画的专业公司，可见利用 Flash 动画进行网络营销的需求已经非常普遍了。图 11-4 是北京闪宇之星公司的网站首页。

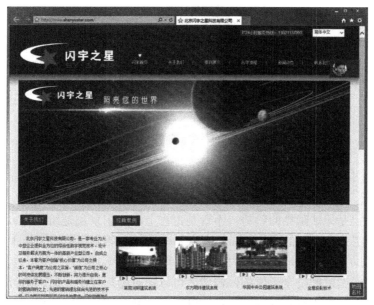

图片来源：http://www.shanyustar.com

图 11-4　制作 Flash 动画的专业公司：北京闪宇之星

11.1.3 精准可测量的营销成果

网络营销能帮助无数的购物网站创造订单与收入,由于它是所有媒体中极少数具有"可被测量"特性的数字媒体,因此网络营销常被认为是较精准的营销手段。网络销售不但突破了传统通过单一的商品展示或者单一的销售平台来推广的局限性,而且可以同时达到统计营销的效果。由于网络数据的可检测性,这个"可测量性"使网络营销与众不同。

网络媒体可以称得上是目前所有媒体中渗透率(Reach Rate)最高的新媒体,消费者可按个人的喜好选择各项营销活动,而广告主也可针对不同的消费者提供个性化的广告服务。真正成功的网络营销是善于利用这种新媒体与传统媒体相结合所产生的惊人效果。

图 11-5 就是谷歌公司提供的企业网站分析工具,可以用于电子商务网站的网络营销"可测量性"量化统计。

图片来源:http://www.google.com/

图 11-5 网络营销内容所吸引的顾客数量可以量化与评估

11.1.4 全球化市场的长尾效应

全球一体化已是无法阻挡的趋势。不管是走在上海、东京还是纽约等大都会的街头,都可以看到许多世界知名品牌的商品。显然大家都在进行全球化营销(Global Marketing)。网络营销则正在帮助大家从本地市场扩大到全国甚至国际市场。

网络商店的经营时间是全天候的,消费者可以随时随地使用互联网进行跨国界的购物。网络营销的壮大,归根到底是因为网络消费群体的不断扩大化,沟通渠道的多元化让原来企业和消费者之间信息不对称的状态得到改善。比起传统媒体,比如出版物、广播以及电视,网络营销拥有相对低成本的优势。

图 11-6 是法国著名时尚杂志 ELLE 的中文版网站，通过网络营销把女性的美容、生活品位等的时尚趋势带向全球。

图片来源：http://www.ellechina.com /

图 11-6　ELLE 时尚网站通过网络成功发行全球

克里斯·安德森（Chris Anderson）提出的长尾效应（The Long Tail）颠覆了传统以畅销品为主流的营销观念。受到 80/20 法则理论的影响，多数实体商店都将企业的主要资源投入在 20%的热门商品（Big Hits），不过只要企业市场或渠道够广，通过网络科技无疆无界的延展性，那些以前主要资源覆盖不到 80%的冷门商品也不容小觑。长尾效应其实是全球化带动的新的销售现象，因为能够接触到更大的市场与更多的消费者，过去一向不被重视，在统计图上像长长的尾巴一样的小众商品可能就会成为意想不到的大商机。全家公司的董事长潘进丁认为："麻雀的尾巴一旦拉长，也会变成凤凰。" 就像实体店面也可以通过虚拟的网络平台，让平常回转率低的商品免于被下架的命运。

时尚零售业的库存是一个常态问题，一个品牌从设计、采购、生产到销售的时间跨度很长，一般需要一年到一年半的时间，所以没有库存是不可能的。如何处理时尚产品尾单的问题，就是摆在所有时尚品牌厂商面前棘手的问题。"唯品会"选择通过网络营销定位为"时尚品牌特卖"，就是很好地运用了这个长尾效应。众多时尚厂商也乐意与"唯品会"合作，形成一个双赢的商业模式。图 11-7 就是"唯品会"网站上时尚品牌打折特卖的情况。

图片来源：http://www.vip.com/

图 11-7 "唯品会"成功利用长尾效应让生意做得风生水起

11.1.5 个性化消费潮流兴起

全球热爱网络消费的用户开始习惯利用网络购买各种商品，也连带提高了他们对网络购物的需求。互联网的发展除了带动网络营销时代的来临，同时也促成消费者购买行为的大幅度改变。

网络购物已经成为消费者购物的新趋势，越趋向"个性化"与"定制化"的商品就越能俘获消费者的"芳心"。在追求个性化消费（Personalized Consumption）的风潮中，唯有独一无二或者超"奇特"的商品才能抓住消费者求新、求变和求异的目光。

个性化产品对于电商来说是机会也是难题。难题就是个性化的需求与生产成本的矛盾。对于需要销量才能控制成本的产品，就需要电商和生产厂商合作，对网络营销数据进行统计和分析，找到多数人个性化的规律，再通过优化供应链做到产品细分再细分（个性化）与成本可控之间的平衡。这样营销个性化产品才可能真正成功。

艺术类产品本身具有天然特质，可能会在"个性化"的网络营销中率先成功。因为这类商品中每一类的数量都很少，有些甚至每一种就只有一件，即独一无二。图 11-8 是"汪李佳手作的陶器艺术品"类的商品通过网络营销的实例。

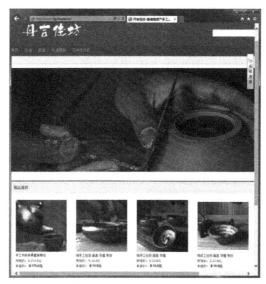

图片来源：http://www.dg-house.cn/

图 11-8　网站中"汪李佳手作的陶器艺术品"就非常适合于"个性化"的网络营销

11.2　4P 营销组合策略

营销基本的定义就是将商品、服务等相关信息传达给消费者，以达成交易的一种方法或策略，其关键在于赢得消费者的认可和信任。彼得·杜拉克（Peter Drucker）曾经提出："营销（Marketing）的目的是要使销售（Sales）成为多余，营销活动是要造就顾客处于准备购买的状态。"

在营销的世界里，我们的生活受到营销活动的影响既深又远。营销策略就是在企业资源有限的条件下，充分分配资源于各种营销活动中。不管你在职场里担任什么职务，这是一个人人都需要营销的年代，我们可以这样形容：在企业中任何支出都是成本，唯有营销可以直接帮你带来获利的机会，市场营销的真正价值在于为企业带来短期或长期的收入和利润。营销不仅是一种方法，还是一门艺术（见图 11-9）。

图 11-9　营销不仅是一种方法，还是一门艺术

现代人每天的食衣住行都受到营销活动的影响（见图 11-10）。营销人员在推动营销活动时，最常提起的就是营销组合。所谓营销组合，可以看成是一种协助企业建立各个市场系统化架构的组件，借助这些组件来影响市场上的顾客动向。

美国营销学学者麦卡锡教授（Jerome McCarthy）在 20 世纪 60 年代提出了著名的 4P 营销组合（Marketing Mix）。所谓营销组合的 4P 理论是指营销活动的四大单元，包括产品（Product）、价格（Price）、渠道（Place）与促销（Promotion）四项，也就是选择产品、制定价格、考虑渠道与进行促销这四项。

图片来源：http://www.10086.cn/

图 11-10　无所不在的营销活动已经成为每个人生活中的一部分

4P 营销组合是近代市场营销理论最具划时代意义的理论，是站在产品供应端（Supply Side）的角度来思考的。它奠定了营销理论的基础，为企业思考营销活动提供了四种容易记忆的分类方式。这四个单元要互相搭配，才能提高营销活动的效果。

11.2.1　产品（Product）

随着市场扩张和消费行为的改变，产品策略主要研究新产品的开发与改进，包括了产品组合、功能、包装、风格、质量、附加服务等。例如，星巴克咖啡在全球到处可见，对于产品的定位就在于不是只卖一杯咖啡，而是卖整个店的咖啡体验。把咖啡这种存在了几百年的古老产品变成了挡不住的流行时尚，改写了现代人对咖啡的体验与认知。后来，星巴克更是推出了更多的产品线，不只是销售咖啡，也尝试卖咖啡豆、咖啡的相关器具、糖果、糕点等。图 11-11 是星巴克网站的首页。

图片来源：http://www.starbucks.com.cn/
图 11-11 星巴克让咖啡这个古老的产品又有了新的诠释

21 世纪初期手机大厂诺基亚以快速的创新产品设计以及提供完整的手机功能，一度曾经在手机界独领风骚，成为全世界消费者趋之若鹜的手机，不过随着移动时代的扑面而来，因为错失了智能手机产品的生产良机而几近一蹶不振。反观其他手机厂商，有些抓住了智能手机市场迅速壮大的机会，采用不断推出新产品的策略而大获成功，比如华为公司。图 11-12 为华为的荣耀 7i 智能手机的广告。

图片来源：http://www.honor.cn/
图 11-12 华为智能手机的产品策略相当成功

通常网络上最适合的营销产品是流通性高与消费风险低的产品，如熟悉的日用品、3C 消费类电子产品等。不过，也可以利用产品组合让顾客有更多选择，并增加其他产品的曝光率。例如，用免费赠品搭配新产品，买多件商品享受折扣，或者通过与众不同的包装在外形上塑造出产品差异等。

11.2.2 价格（Price）

在过去的年代，一个产品只要本身卖相够好，东西自然就会大卖。然而在现代竞争激烈的网络全球市场中，提供相似产品的公司往往不止一家，顾客可选择的对象很多，因此价格决定了商品在网络上竞争的实力。

我们都知道消费者对高质量、低价格商品的追求是永恒不变的。价格策略是唯一不花钱的营销因素，选择低价政策可能带来"薄利多销"的繁荣景象，却不容易建立起品牌形象，高价政策则容易造成市场推广上的障碍。调整价格对于市场策略往往会有立竿见影的效果，比如像麦当劳这样知名的连锁餐饮体系在维持品牌价位的同时，也会不时推出"超值套餐"等优惠产品来吸引消费者，同时带动业绩的成长，如图11-13所示。

图片来源：http://www.mcdonalds.com.cn/

图 11-13　麦当劳会不定时调整价格策略

由于网络购物减少了中间商而降低了成本，并可以进行动态定价，因此价格决策必须与产品设计、分销、促销决策互相协调。企业可以根据不同的市场定位，配合制定弹性的价格策略，其中市场结构与效率都会影响定价策略，包括定价方法、价格调整、折扣及运费等。定价往往是决定企业的销售量与营业额的最关键因素之一。例如，运费高低也是顾客考虑价格的关键之一，低运费不仅能吸引顾客买更多，也能改进消费体验，并且吸引回头客。

11.2.3 渠道（Place）

渠道是由介于厂商与顾客之间的营销中介公司所构成的。渠道的任务就是在适当的时间，把适当的产品送到适当的地点。企业与消费者的联系是通过渠道商来进行的。渠道对销售而言是很重要的一环，强调分销、中间商的选定、上架、运输等。

掌握渠道就等于控制了产品流通的咽喉，1978年统一企业集资成立统一超市，将整齐、明亮的7-ELEVEN便利商店引进台湾地区，掀起台湾地区零售渠道的革命，等同于提供了统一产品一家独大的渠道，对于统一产品销售的贡献十分可观。

随着竞争日趋激烈的市场，迫使厂商越来越重视渠道的改进。无论实体店面还是虚拟店面，只要是撮合生产者与消费者交易的地方都属于渠道的范畴，也是许多品牌最后接触消费者的营销战场。最终目的就是企业通过什么样的渠道让消费者获得更方便、更快的服务。

这几年来，许多以网络起家的品牌凭借对网购渠道的了解和特殊的营销手法，成功抢去了相当比例的传统渠道的市场。由于渠道的运营相当复杂，加上网络时代崛起后让原本的游戏规则发生了变化，因此营销人员必须审慎评估究竟要采取何种渠道类型才能顺利销售产品。图 11-14 为 7-ELEVEN 在北京和天津的网站。这家公司在中国内地的零售渠道发展得不错，各个中心城市都可以看到 7-ELEVEN 的便利商店。

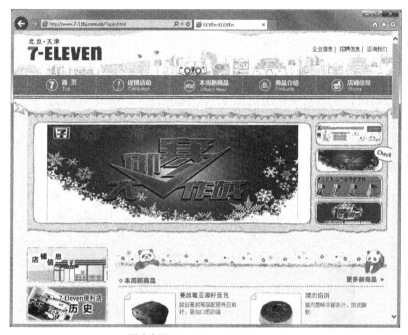

图片来源：http://www.7-11bj.com.cn/

图 11-14　7-ELEVEN 便利商店的零售渠道策略在中国发展非常成功

11.2.4　促销（Promotion）

促销是将产品信息传播给目标市场的活动。企业试图通过短期促销活动让消费者购买产品，以此来促成消费的增长。每当经济成长趋缓，消费者购买力减退，促销工作就显得特别重要了。产品在不同的市场周期时要采用什么样的营销活动，如何利用促销手段来打动消费者，让消费者真正受益，就是促销活动中最为关键的课题。在逢年过节或大规模主题促销活动中，大型连锁店通常会用一些极低价格的商品来刺激消费者的购买冲动。例如，沃尔玛超市就经常以广告、活动、公共关系、项目营销等促销活动来带动业绩成长，如图 11-15 所示。

图片来源:http://www.wal-martchina.com/

图 11-15 沃尔玛的促销活动全年不间断

促销无疑是销售行为中最直接吸引顾客上门的方式,在网络上企业可以以较低的成本开拓更广阔的市场,加上网络媒体的互动能力强,最好搭配不同的工具来实施完整的促销策略,让促销的效益扩展成行动力,精确地引导网友采取实际消费行动。在图 11-16 上可以看到"携程"网上各种旅游促销活动。

图片来源:http://www.ctrip.com/

图 11-16 "携程"网首页的各种旅游促销活动无时无刻不在吸引人气

11.3　4C 营销组合策略

4P 理论是传统营销学的核心,随着互联网与电子商务的兴起,对于情况复杂的网络营销而言,4P 理论的作用就相对要弱化许多。1990 年罗伯特·劳特朋(Robert Lauterborn)提出了与传统营销的 4P 相对应的 4C 营销理论，分别为顾客（Customer）、成本（Cost）、便利（Convenience）和沟通（Communication）。对于网络时代而言，营销理论由原来的重心 4P 逐渐转向 4C（见图 11-17）。

4P 理论提出的是从上而下的实施原则，重视产品导向而非消费者导向，所追求的是企业利润最大化。4C 是一种以消费者为导向（或为中心）的 4P 模型，在网络营销理论中 4P 必须与 4C 相对应，才能把顾客整合到整个营销过程中，在满足顾客需求的同时，最大限度地实现企业目标的一种双赢的营销模式。

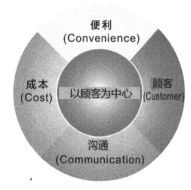

图 11-17 4C 营销理论

企业首先应该把以顾客需求为目标和"重视消费者"作为座右铭，其次是努力降低购买成本，接着要注意购买的便利性，最后还要学习以消费者为中心的互动沟通，也就是为顾客提供更便利的环境，并追求顾客利益最大化。

11.3.1 顾客（Customer）

当企业计划推出一件新产品时，不要急于制定产品策略，或者先考虑企业能生产什么产品，反而必须要很明确地思考潜在顾客群的需求与欲望（Needs and Wants）。目前最主流的营销趋势是"顾客导向"。营销中包含顾客体验、顾客关系、顾客沟通、顾客社区等以整体考虑的营销策略与方式。例如，全球知名化妆品公司雅芳（Avon）以一句"雅芳比女人更了解女人"的广告词，塑造出品牌鲜明的形象，就是为了满足目标的顾客群。因为企业提供的不应该只是产品和服务，更重要的是由此产生的顾客价值。图 11-18 为雅芳公司的中国官网首页。

图片来源：http://www.avon.com.cn/

图 11-18 "比女人更了解女人"的信念让雅芳成功建立了顾客的忠诚度

11.3.2 成本（Cost）

面对全球化的竞争，厂商如今面对的市场竞争只会有增无减。暂时把营销组合的定价策略放一边，成本（Cost）不仅仅是企业的生产成本，或者说 4P 策略中的价格部分，还包括顾客的购买成本。传统的定价方式将消费者排斥到定价体系之外，没有充分考虑消费者的利益和承受能力。如今，企业必须首先了解和研究顾客，不要按照竞争者或者自我的获利策略定价，而是要通过一系列分析来了解消费者为满足需求所愿付出的购买成本为基准点来提供产品，厂商应该避免自己一厢情愿地订出价格。图 11-19 为"去哪儿"网的首页。（注：就在最近（2015 年 10 月）"携程"和"去哪儿"这两家旅游网公司同意合并了。）

图片来源：http://www.qunar.com/

图 11-19 "去哪儿"旅游网和"携程"网一样提供了许多低价优惠出行的方案

企业为了追求利润，原本必然实施高获利战略，而在网络时代企业却应设法在消费者容忍的价格限度内增加利润，真正充分考虑到顾客愿意支付的成本，压低顾客的购买成本，短期似乎减少了企业利润，但从长期效应来看，从网络上面带来的销售额将会快速地增长，并在此基础上赢得更多的顾客。

11.3.3 便利（Convenience）

企业不再只是观察市场而是参与到市场中，从参与中了解市场的需求。现代人由于工作和生活都紧张忙碌，因此企业必须考虑如何让消费者方便地买到此产品，不再以企业的角度来思考营销组合的相关渠道策略，转向思考如何让消费者更直接、快速地获得产品和得到更满意的服务。购买的便利性也是消费者利益的一部分，与传统的营销渠道相比，新的营销观念更重视服务环节。在销售过程中强调为顾客提供便利,让顾客既买到商品也买到便利。例如,在各大便利商店、大卖场、超市、网店、自动售货机等进行销售,或是通过如快递上门、邮局自取、海外航空快递等方式,送货范围可以覆盖到全国各地甚至国外,目的只是使消费者的整个购买过程更加轻松便利。图 11-20 是京东提供的全球购物的网页。

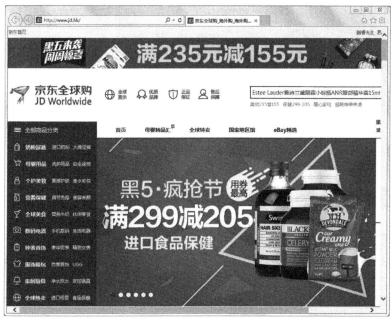

图片来源:http://www.jd.hk/

图 11-20　京东提供的"京东全球购"带来了更优质和便利的网购服务

11.3.4　沟通(Communication)

营销不再只是关注营销活动和商品被消费者看到的次数,更在于消费者的参与和沟通。企业与消费者进行积极有效的双向沟通,了解消费者对产品和服务的评价,促进产品与服务的改进和创新,建立基于共同利益的新型商务关系。互联网互动的本质使其比传统营销更加深入渠道,企业应多加强渠道的沟通与互动。营销人员为了研究消费者的特性与喜好,必须进行各种研究,现在不少企业就是通过营销计划来建立与顾客的关系。

传统广告大多是单向推广,缺乏双向的沟通。网络营销则是一种"交互式营销"。企业可以通过网络将产品与服务的信息提供给顾客,也可以让顾客参与产品或服务的规划。网络营销其实就是让企业和顾客之间能够直接沟通和对话,由于削弱了原有的批发商、经销商等中间环节的作用,因此终端消费者会得到更多的实惠。例如,航空公司的里程数计划,通过网络消费者在决策时提供许多随时更新的信息供消费者参考,并维系企业与消费者的良好关系,进而提升满意度。如果顾客对企业的产品或服务不满意,承诺给予顾客合理的补偿,以此来建立和顾客的长期关系。图 11-21 为中国国航的网站(中国国航通过凤凰知音会员服务建立和顾客的长期关系)。

图片来源：http://ffp.airchina.com.cn/

图 11-21　中国国航的凤凰知音会员服务提供了会员和国航双方沟通的平台

项目研究与分析　STP（市场目标定位）理论

企业所面临的市场环境本来就是一个在不断变化的市场环境，而且消费者也越来越精明，所以企业必须从目标市场的需求和市场营销环境的特点出发，通过环境分析阶段了解所处的市场位置，再通过网络营销规划确认自己的竞争优势。

网络营销规划与传统营销规划大致相同，所不同的是网络上营销规划流程更重视从顾客的角度出发，美国营销学家温德尔·史密斯（Wended Smith）在 1956 年提出了 S-T-P 的概念，STP 理论中的 S、T、P 分别代表市场细分（Segmentation）、目标市场选择（Targeting）和市场定位（Positioning）。

在拟定任何网络营销策略时，必须先进行 STP 策略规划。STP 的精神在于选择确定的目标消费者或客户，无论是开始营销规划或是开始商品开发，第一步的思考通常都可以从 STP 着手。

- 市场细分

随着市场竞争的日益激烈，产品、价格、营销手段愈发趋于同质化，企业应该要懂得细分市场，就是把某一产品的市场划分为若干消费者群的市场分类过程。因为任何企业都无法满足市场所有的需求，不是每一个上门的客人都是企业的顾客。企业在分析市场的机会后，接着便会在该市场中选择最有利可图的细分市场，并且集中企业资源与火力，强攻下该市场段。例如，东京着衣（见图 11-22）创下了网络创业的传奇，以平均每二十秒就能卖出一件衣服的成绩获得了网拍服饰业中的第一。东京着衣主要是以台湾地区与大陆的大众化女性所追求时尚流行的平价衣物为主，采用"大量营销"的市场细分策略。

图片来源：http://dongjingzhuyi.tmall.com/

图 11-22 "东京着衣"在天猫商城开的旗舰店

- 目标市场选择

完成了市场细分后，我们就可以按照这个细分的市场段来进行目标客户群的选择，将目标客户群进行更深入的描述，设定哪些是最可能的目标客户群，就其规模大小、成长、获利、未来发展性等层面加以评估，并考虑公司的资源条件与既定目标，从中选择适合的目标市场客户作为销售的对象。例如，"汉堡王"（Burger King）公司针对麦当劳公司对于成人市场的营销与产品策略不够的弱点，指出麦当劳的汉堡是青少年吃的汉堡，自己则主攻成人与年轻族群的市场，喊出成人和年轻人就应该吃"汉堡王"的汉堡的营销口号，以此划分出与麦当劳全然不同的目标市场。图 11-23 为"汉堡王"的官网。

图片来源：http://www.bkchina.cn/

图 11-23 "汉堡王"利用市场细分参与市场竞争

- 市场定位

市场定位（Positioning）是审视公司商品所能提供的价值，向目标市场的潜在顾客介绍商品的价值。品牌定位是 STP 的最后一个步骤，也就是针对做好的市场细分和选择好了的目标客户，为自己立下一个明确不可动摇的品牌印象。通过定位策略，营销人员可以让企业的商品与众不同，并有效地与消费者进行沟通。

例如，台湾地区的"85 度 C"咖啡店的市场定位是高质量与平价消费且享受优质的服务，将咖啡与烘焙结合，甚至聘请五星级主厨来研发制作西式蛋糕，以更便宜、创新的产品进攻低端平价市场。因为许多初入社会的年轻人没办法去星巴克这种走高端价位的咖啡店消费，而"85 度 C"就主打平价的奢华享受，咖啡只要 35 块新台币就可以享用，让原本不喝咖啡的年轻消费族群来店消费。因为市场定位得当，"85 度 C"成立不到几年，就已经成为台湾地区饮品与烘焙业的最大连锁店。这家连锁店已经把业务拓展到了大陆。图 11-24 是"85 度 C"把业务拓展到大陆的情况。

图片来源：http://www.85cafe.asia/

图 11-24 85 度 C 的市场定位相当明确

本章重点整理

- 网络营销的模式不但具备实时性、互动性、定制化、连接性、跨地域及多媒体等特性，而且可以通过数字媒体的结合，使文字、声音、影像与图片整合在一起。
- 广义来说，网络营销可以视为营销活动、管理活动和互联网的组合。换言之，只要营销活动中某个活动通过互联网来实施，即可视为网络营销。
- 由于网络营销概念的引入，在互联网上，大家都是参与者（每个人既是信息的消费者，

- 又是信息的生产者），以消费者为中心，精准地达成商品销售和建立品牌资产的目的。
- 超媒体（Hypermedia）是网页呈现内容的新技术，是指将网络上不同的媒体文件或文件，通过超链接（Hyperlink）方式链接在一起，以数字化的形式进行信息的搜集、保存与分享。
- 流媒体（Streaming Media）是近年来一种热门的网络多媒体传播方式，先将影音文件进行压缩，再利用网络的数据分组技术从网络服务器连续不断地将数据流传送到客户端，而客户端程序则会将这些数据分组——接收并重组，然后实时呈现在客户端的计算机上，让用户可根据带宽的大小来选择不同的影音质量进行播放。
- 网络营销能帮助无数的购物网站创造订单与收入，由于它是所有媒体中极少数具有"可被测量"特性的数字媒体，因此网络营销常被认为是较精准的营销手段。
- 网络媒体可以称得上是目前所有媒体中渗透率（Reach Rate）最高的新媒体，消费者可按个人的喜好选择各项营销活动，而广告主也可针对不同的消费者提供个性化的广告服务。
- 克里斯·安德森（Chris Anderson）提出的长尾效应（The Long Tail）颠覆了传统以畅销品为主流的营销观念。受到80/20法则理论的影响，多数实体商店都将企业的主要资源投入在20%的热门商品（Big Hits），不过只要企业市场或渠道够广，通过网络科技无疆无界的延展性，那些以前主要资源覆盖不到80%的冷门商品也不容小觑。
- 网络购物已经成为消费者购物的新趋势，越趋向"个性化"与"定制化"的商品就越能俘获消费者的"芳心"。在追求个性化消费（Personalized Consumption）的风潮中，唯有独一无二或者超"奇特"的商品才能抓住消费者求新、求变和求异的目光。
- 彼得·杜拉克（Peter Drucker）曾经提出："营销（Marketing）的目的是要使销售（Sales）成为多余，营销活动是要造就顾客处于准备购买的状态。"
- 营销组合可以看成是一种协助企业建立各个市场系统化架构的组件，借助这些组件来影响市场上的顾客动向。
- 营销组合的4P理论是指营销活动的四大单元，包括产品（Product）、价格（Price）、渠道（Place）与促销（Promotion）四项，也就是选择产品、制定价格、考虑渠道与进行促销这四项。
- 产品策略主要研究新产品的开发与改进，包括产品组合、功能、包装、风格、质量、附加服务等。
- 企业与消费者的联系是通过渠道商来进行的。渠道对销售而言是很重要的一环，强调分销、中间商的选定、上架、运输等。
- 由于渠道的运营相当复杂，加上网络时代崛起后让原本的游戏规则发生了变化，因此营销人员必须审慎评估究竟要采取何种渠道类型才能顺利销售产品。
- 由于网络购物减少了中间商而降低了成本，并可以进行动态定价，因此价格决策必须与产品设计、分销、促销决策互相协调。
- 促销是将产品信息传播给目标市场的活动。企业试图通过短期的促销活动让消费者购买产品，以此来促成消费的增长。

- 网络媒体的互动能力强,最好搭配不同的工具来实施完整的促销策略,让促销的效益扩展成行动力,精确地引导网友采取实际消费行动。
- 1990年罗伯特·劳特朋(Robert Lauterborn)提出了与传统营销的4P相对应的4C营销理论,分别为顾客(Customer)、成本(Cost)、便利(Convenience)和沟通(Communication)。对于网络时代而言,营销理论由原来的重心4P逐渐转向4C。
- 目前最主流的营销趋势是"顾客导向"。营销中包含顾客体验、顾客关系、顾客沟通、顾客社区等以整体考虑的营销策略与方式。
- 企业必须首先了解和研究顾客,不要按照竞争者或者自我的获利策略定价,而是要通过一系列分析来了解消费者为满足需求所愿付出的购买成本为基准点来提供产品。
- 网络营销其实就是让企业和顾客之间能够直接沟通和对话,由于削弱了原有的批发商、经销商等中间环节的作用,因此终端消费者会得到更多的实惠。

本章习题

1. 网络营销的特性是什么?试简述之。
2. 什么是营销组合?
3. 什么是超媒体?
4. 试说明流媒体技术。
5. 哪种商品最受网购族的欢迎?请简单回答。
6. 试简述"营销"的意义与趋势。
7. 网络营销的定义是什么?
8. 请说明长尾效应。
9. 试简述营销组合的4P理论。
10. 什么是渠道?
11. 什么是4C营销理论?
12. 试简述STP理论。

第 12 章　网络营销的方法

自从互联网兴起后，网络营销一直都是中小企业的最佳营销工具。网络营销方式必须理论与实践相结合，充分考虑市场端、企业端和消费者端三方面各自的发展与相互的影响。网络上的互动性是网络营销最吸引人的因素，不仅可以提高网络用户的参与度，还大幅增加了网络广告的效果，只有在网络上才可以充分运用各种创新的设计与消费者之间进行高度的互动。营销的手法也有流行期，特别是在网络营销的时代，因为资源运用组合方式不同，所以各种新的营销工具和手法不断出现。本章将介绍几种常见方式。图 12-1 说明企业网站本身就是一种网络营销工具。

图片来源：http://www.intel.cn

图 12-1　企业网站本身就是一种网络营销的工具

12.1　网络广告

销售商品首先就是要能大量吸引顾客的目光。广告便是其中的一个选择，也可以说是企业以一对多的方式，通过各种媒体，将特定信息传送给特定的目标听众或观众。传统广告主要利用传单、广播、大型广告牌和电视的方式来传播，以达到刺激消费者购买的欲望，进而触发实际的消费行为。网络广告就是在网络平台上做广告，与一般传统广告的方式并不相同。

网络广告可以定义为：通过互联网传播消费信息给消费者的传播模式，拥有互动的特性，能响应消费者的需求，进而让顾客重复参访和购买的一种营销活动。其优点是让用户选择自己想要看的内容，没有时间和地区上的限制，比起其他广告方法更能迅速知道广告效果。越来越多的网络广告跟我们的日常生活息息相关。科技越来越发达，广告模式也越来越新奇，下面介绍万维网上常见的网络广告类型。

12.1.1 横幅广告

横幅广告是最常见的收费广告。在所有与品牌推广有关的网络营销手段中，横幅广告的作用最为直接，主要是给广告主提供网页上的固定位置，让广告主使用文字、图片或动画来进行宣传。横幅广告中通常都会再加入链接以引导用户跳转到广告主的宣传网页。当消费者点选横幅广告（Banner）时，浏览器就会通过链接跳转到另一个网站中，如此就达到了进一步做广告的效果，如图 12-2 所示。

图片来源：http://www.eastmoney.com/
图 12-2　横幅广告在商业网站中一般放在每个主题栏的上方

横幅广告一般都会放在浏览者众多的门户网站。随机的横幅广告一定可以吸引到感兴趣的用户。横幅广告的优点是可以迅速地让消费者知道品牌和产品，缺点则是点选的人不一定是潜在客户。

12.1.2 按钮式广告与弹出式广告

按钮式广告是一种小面积的广告形式，可以放在网页的任何地方。因为面积小，所以收费较低，符合无大笔广告预算的广告主。广告主也可以购买连续位置的几个按钮式广告，以加强宣传效果，常见的有 JPEG、GIF、Flash 三种文件格式，如图 12-3 所示。

第 12 章 网络营销的方法

←按钮式广告费用较低廉！

图片来源：http://www.sohu.com/

图 12-3 按钮式广告在门户网站中随处可见

弹出式广告（Pop-up Advertisements）或称为插播式（Interstitial）广告。当网友单击链接进入网页时，就会弹跳出另一个子窗口来播放广告信息，强迫用户接受。这种广告会打断消费者的浏览行为，容易产生反感，因为过于泛滥令人生恶，所以大多数浏览器已有阻止弹出式窗口的功能，用于阻挡这类广告的弹出。

12.1.3 电子化广告

随着数字工具的普及，电子邮件营销与电子报的营销方式也颇为风行。例如，将含有商品信息的广告内容，以电子邮件的方式寄给不特定的用户，也算是一种"直接营销"。当消费者看到广告邮件内容后，如果对该商品感兴趣，就可以链接到销售该商品的网站中进行消费。网络营销邮件的缺点是许多会被归类为垃圾邮件而丢弃，而且有可能伤害公司形象。如图 12-4 所示的邮件就是一封营销邮件。

图 12-4 电子邮件营销

在此还要补充一点，大家常说的"病毒式营销"（Viral Marketing）不是设计出计算机病毒让主机瘫痪，也并不等于"电子邮件营销"。它是利用一个真实事件，以"奇文共欣赏"的方式分享给周围的朋友，这样一传十、十传百地快速转寄这些精心设计的商业信息。例如，网友自制的有趣动画、视频、贺卡等形式，其实都是商业网站的广告作品，可以随手转寄或推荐给朋友，结果如同病毒一样通过网络系统被人们接力式地转发，传播速度之迅速，实在难以想象。图 12-5 所示的"电子贺卡"就是这类营销。

图 12-5　"电子贺卡"形式的营销就是一种"病毒式营销"

电子报营销则多半是由用户订阅，再经由信件或网页的方式来呈现营销的内容。电子报营销的费用相对低廉，这种做法将会大大节省营销的时间并提高成交率。电子报营销的重点是搜索与锁定目标客户群，缺点是并非所有的收信者都会有兴趣去阅读电子报，因此所收到的效益往往不如预期。图 12-6 为电子报营销解决方案提供商 Benchmark email 的首页。

图片来源：http://www.benchmarkemail.com/

图 12-6　"电子报营销"解决方案

12.1.4 关键词广告

在互联网时代,大部分人常常利用搜索引擎来查找资料。在这些资料的背后,除了一些查找知识点或信息之外,通常也会有潜在的消费机会或意愿。关键词广告(Keyword Advertisements)的作用就是可以让广告主的广告信息曝光在搜索结果最显著的位置,因为每一个关键词的背后可能都代表一个购买的机会,所以这个方式对于有广告预算的企业无疑是一种新的利器。

以中文搜索引擎"百度"关键词广告的竞价排名为例,当用户搜索到某关键词时,在页面中包含该关键词的网页都将作为搜索结果被搜索出来,这时企业网站或广告就可能出现在搜索结果显著的位置,如图12-7所示。这样大大增加了搜索者主动连接该企业网站的机会,无形中提高了企业商品成交的机会。

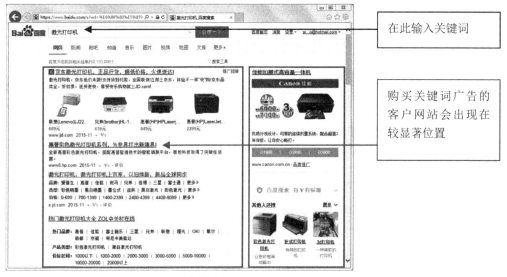

图片来源:http://www.baidu.com/

图12-7 竞价排名是关键词广告的主要形式

一般关键词广告的计费方式是在广告被点选时才需要付费(Cost Per Click)。与传统广告相比,关键词广告营销手法不但灵活,而且能够在第一时间精准地接触潜在的目标客户群,并且成本相对较低。当然,选用关键词的原则除了挑选高曝光率的关键词之外,也可以根据商品的特性选用更为精准的关键词,以期带来最大的广告效益,无形中提高投资回报率。

关键词的选择会影响网络营销的效益。找出精确适合产品的关键词,才能为企业网站带来更高的曝光率。百度关键词广告后台提供了一些实用的统计和分析工具,通过对网站被访问的各项数据的统计,生成分析报表,让企业充分了解投放的关键词广告的表现,以便不断调整关键词的精准度来获得最佳的广告效果。图12-8是百度提供的网站流量报告示例页面。

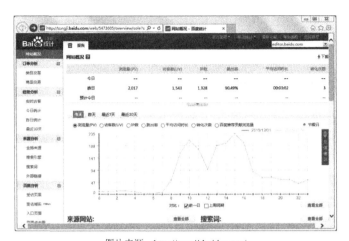

图片来源：http://tongji.baidu.com/

图 12-8　百度提供的网站流量分析工具

12.1.5　登录门户网站

搜索引擎的信息来源主要有两种，一种是用户或网站管理员主动登录，另一种是编写程序主动搜索网络上的信息。例如，百度的 Web Spider 程序会主动通过网站上的超链接爬行到另一个网站，并收集该网站上的信息，然后收录到数据库中。

用户可以使用搜索引擎的功能轻易地搜索到所要的信息。在进行搜索时，信息会至上而下列出。如果搜索的信息过多，就会分数页列出（由搜索引擎自行判断用户搜索时最有可能想要得到的结果并按序列出）。

因此，如果想增加网站的曝光率，最简便的方式就是在知名的门户网站中登录该网站的基本资料，这个过程被称为"网站登录"（Directory Listing Submission）。知名的搜索网站和门户网站有百度、谷歌、新浪、搜狐、网易、腾讯等。它们都提供网站信息登录的服务。图 12-9 为百度的推广网站，是要付费的服务，包括企业网站信息和关键字等的推广服务。

图片来源：http://e.baidu.com/

图 12-9　企业可以选择百度的推广服务来推广自己的企业网站

要特别注意的是各大搜索引擎都是各自独立的,需要分别选择这些服务。一般来说,一般网站登录到网站是免费的,但是如果想要让网站排名优先或是加快审核时间,就需要付费,这就是竞价排名的来由。下表列出目前一些知名的搜索门户网站供读者参考。

搜索引擎	网址
Sina 新浪网	http://search.sina.com/
百度	http://www.baidu.com/
微软的必应搜索	http://cn.bing.com/
谷歌	https://www.google.com
搜狐的搜狗	https://www.sogou.com/
网易有道	http://www.youdao.com/
搜索 360	http://www.sou360.com/

12.2 许可式营销

在信息爆炸的时代,垃圾邮件到处充斥(见图 12-10)。如果直接向用户发一封促销的 e-mail,消费者基本都会忽略这类商业电子邮件,企业将很难获得与其沟通的机会。而许可式营销是经过消费者许可来提供有价值的电子信息,并利用广告、赠品来吸引消费者的兴趣,顺便在邮件内容中加入适量的促销信息,从而实现营销的目的。这样做的好处就是成本低廉而且消费者的关注力高,也可以避免直接邮寄促销 e-mail 让消费者心生厌恶而造成对企业声誉的潜在伤害。

图 12-10 网络上无处不住的电子邮件

许可式营销是让消费者自愿加入营销活动,只要消费者明确地表明愿意接收这类 e-mail,并且定向传递有意义的商业信息,就是一种把陌生人变成顾客的良好策略。这种由消费者主动给予许可的方式最能确保消费者接收商业信息的正确性,同时也具有潜在的商业开发价值。例如,有些网站常常会为会员举办活动,并经常举办折扣或是抽奖等活动,让会员乐意经常接到这类带有产品信息的邮件,并可能收到为数不少的回信。

12.3 整合性营销

创意往往是营销的最佳动力,尤其是在一个三百六十度网络整合营销的时代。创意会带来前所未有的成果,就是整合目标消费群相同但彼此又不会相互竞争的多家公司的资源,最终会产生加倍的营销效果。网络营销与传统营销方式也可以彼此整合资源。因为网络用户同样也是传统媒体的受众,因此除了在互联网上投放广告外,也应该在传统媒体投放广告。

例如,在电视频道中播放网站的广告,或是在报纸、杂志中刊登平面广告。如此传统广告与网络广告就进行了整合,所挥发的广告作用也将远大于单一渠道中的广告效果。图12-11就是这样的实例。

图片来源:http://it.enorth.com.cn/

图12-11　手机广告在网络与电视上同步播出

一些商品的发布,也可以通过网站作为最前端来展示,亚马逊(Amazon)公司就是一个最好的例子。亚马逊从在线销售图书起家,而后不断地涉足各种实体商品的销售,比如CD、唱片、影片、软件、玩具等。这类商品必须要有足够的渠道,并且提供商品快递服务,这样才能经营得好。图12-12为亚马逊公司的网站首页,从中可以看出电子书与其他实体商品整合营销的情况。

图片来源:http://www.amazon.com/

图12-12　Amazon网站经常与实体商店进行整合营销

12.4 联盟营销

联盟营销（Affiliate Marketing）在欧美已经是被广泛运用的广告营销模式。利用联盟营销可以吸引无数的网友为其招揽客人，全年全天候服务，并且成为网络 SOHO 族的主要生存方式之一，让你随时都享有与客户成交而赚钱的机会。

在网络社区兴盛的现在，网友口碑推荐效果将远远高于企业自己投放的广告。厂商与联盟会员利用联盟营销平台建立合作伙伴关系，包括网站交换链接、交换广告及数家结盟营销的方式，共同促销商品，以增加结盟企业多方的产品曝光率与知名度，并利用各种营销方式让商品得到大量的曝光与口碑，为企业带来无法想象的销售订单。当联盟会员加入广告推广营销商品的平台时，会取得一组授权码用来协助企业销售，然后开始在社区平台或是各种网络平台推销产品。消费者通过该授权码的链接进行网购，如果顺利完成商品销售，联盟会员就会获取佣金。图 12-13 就是阿里巴巴旗下的"阿里妈妈"淘宝联盟营销平台。

图片来源：http://pub.alimama.com/

图 12-13　阿里巴巴公司旗下的联盟营销平台

12.5 网络视频营销

网络带宽在不断地提高，同时在线播放媒体的质量与效率也在不断地提高，所以视听娱乐产品就可以在网络上大行其道了。广告自然也融合在其中，其中一个例子就是"爱奇艺"视频门户网。"爱奇艺"包含的正版视频内容多达十余种类型，如电影、电视剧、体育、综艺、游戏、动漫等，丰富的内容和播放时流畅高品质的画质使其拥有众多的忠实用户。在这样的视频门户网站投放广告，可以达到相当不错的产品营销效果。对于不付费的"爱奇艺"用户，视频播放前甚至视频播放中将会插播一段广告，如图 12-14 所示。

图片来源：http://www.iqiyi.com/

图 12-14　广告可以结合视听媒体来达到更好的效果

12.6　App 品牌营销

在智能手机、平板电脑逐渐成为现代人随身不可或缺的设备时，品牌在移动设备上的营销应用也逐渐受到重视。除了移动设备本身便于上网和拥有众多功能外，让移动设备大放异彩的最大功臣莫过于各种 App 了。App 满足了移动用户在生活各方面的需求，所以人们天天要用，于是运用 App 进行品牌营销已变得炙手可热了，因为它是一个新增的、不容忽视的沟通渠道。不过，企业必须具备一定规模才有能力为自己的产品开发专用的营销 App。

知名日本服饰品牌优衣库（UNIQLO，图 12-15 是网站首页）相当重视 App 和社区方面的营销，曾推出过多款 App 与消费者互动。例如，优衣库曾经推出一款 UT CAMERA App，能让世界各地的消费者在试穿时拍摄短片。消费者可以将短片上传至活动官网，并能上传到脸书（Facebook）与朋友分享、将自己的作品上传到网络上与全世界热爱"穿搭"的消费者分享。这种结合实体试穿、上传、评选再到在线展示等步骤的营销方式吸引了很多消费者到实体店面购买优衣库的服饰。

图片来源：http://www.uniqlo.cn/

图 12-15　优衣库官方网站首页

项目研究与分析　搜索引擎优化（Search Engine Optimization，SEO）

搜索引擎（Searching Engine）是一种自动从互联网的众多网站中搜集信息，经过一定整理后，提供给用户进行查询的系统，比如百度、谷歌（Google）、微软的必应（Bing）等。由于信息搜索是上网浏览者对网络的最大需求之一，因此如何利用搜索引擎来帮助营销已被认为是目前效率相当高的网络营销方式。图 12-16 是百度高级搜索，用于可控制的精确搜索。

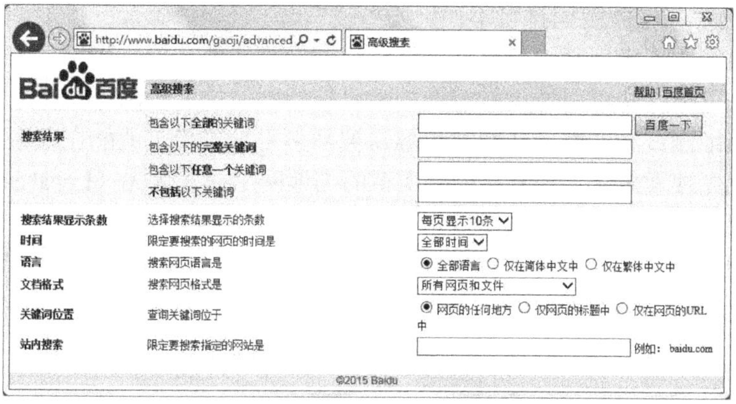

图片来源：http://www.baidu.com/

图 12-16　百度高级搜索

bing（必应）是微软公司新推出的用以取代 Live Search 的搜索引擎，市场目标也是与谷歌（Google）竞争。包含雅虎（Yahoo）在内的一些网站将采用 bing 作为主要的搜索引擎。bing 最大的特色在于将搜索结果按用户的习惯进行系统化分类，而且在搜索结果的左侧会列出与搜索结果关联的分类。对于多媒体图片或视频的搜索，这是其贴心而独到之处。例如，只要用户将鼠标移到图片上，图片就会向前凸出并放大，还会显示"类似图片"的相关链接。而把鼠标移到影片的界面上时，立刻会跳出影片的预告，如果喜欢就可以点选，随后转到较大界面播放。

当消费者在搜索引擎中搜索网站信息时，只要符合该网站的性质或设置的关键词，目标网站就会出现在消费者搜索的结果中。搜索引擎优化（Search Engine Optimization，SEO）是目前热门的网络营销方式，是一种让企业的网站在搜索引擎的结果排名中优先显示的方式。一般需要先进行关键词的分析，再将网站适当地做 SEO。经过 SEO 的网页可以在搜索引擎中获得更佳的名次，被网友点选的概率也必然大增，企业的业务量和访客自然也将大幅增加。图 12-17 是最大的中文搜索引擎"百度"。

图 12-17　百度是最大的中文搜索引擎

在百度、谷歌等搜索引擎中输入"关键词"后，对"关键词"进行 SEO，就能让用户在搜索结果中很明显地找到与"关键词"关联的网站（SEO 排名），于是这些网站相对而言被点选的概率最高。这种方式跟关键词广告最大的区别在于，关键词广告是一定要付"钱"的（竞价排名），而 SEO 关键词排名不一定要"钱"。

利用搜索引擎的搜索规则、习惯、营销目标来提高网站在搜索引擎内的排名顺序，也就是让网页内容的可读性和可用性更能符合搜索引擎的网站排名算法。一旦网页经过搜索引擎优化处理并不断地测试和调整，让网站更容易被搜索引擎接受，就能在各大搜索引擎里中被浏览者有效、优先搜索出来。搜索引擎有所谓的当地网站搜索优先（Local Search）的概念。简单来说，如果在中国台湾地区进行搜索，那么搜索引擎通常以台湾地区的网站为优先。如果你的网站希望出现在 google.com 英文搜索结果的第一页，那么建议把主机的 IP 位置设在美国。

本章重点整理

- 自从互联网兴起后，网络营销一直都是中小企业的最佳营销工具。网络营销方式必须理论与实践相结合，充分考虑市场端、企业端和消费者端三方面各自的发展与相互的影响。
- 销售商品首先就是要能大量吸引顾客的目光。广告便是其中的一个选择，也可以说是企业以一对多的方式，通过各种媒体，将特定信息传送给特定的目标听众或观众。
- 网络广告可以定义为：通过互联网传播消费信息给消费者的传播模式，拥有互动的特性，能响应消费者的需求，进而让顾客重复参访及购买的一种营销活动。
- 横幅广告是最常见的收费广告。在所有与品牌推广有关的网络营销手段中，横幅广告的作用最为直接，主要是给广告主提供网页上的固定位置，让广告主使用文字、图片或动画来进行宣传，通常都会再加入链接以引导用户跳转到广告主的宣传网页。
- 弹出式广告（Pop-up Advertisement）或称为插播式（Interstitial）广告。当网友单击链接进入网页时，就会弹跳出另一个子窗口来播放广告信息，强迫用户接受。
- 一般关键词广告的计费方式是在广告被点选时才需要付费（Cost Per Click）。与传统广告相比，关键词广告营销手法不但灵活，而且能够在第一时间精准地接触潜在的目标客户群，并且成本相对较低。
- 关键词的选择会影响网络营销的效益。找出精确适合产品的关键词，才能为企业网站带来更高的曝光率。
- 如果想增加网站的曝光率，最简便的方式就是在知名的门户网站中登录该网站的基本资料，这个过程被称为"网站登录"（Directory Listing Submission）。
- 厂商与联盟会员利用联盟营销平台建立合作伙伴关系，包括网站交换链接、交换广告及数家结盟营销的方式，共同促销商品，以增加结盟企业多方的产品曝光率与知名度，并利用各种营销方式让商品得到大量的曝光与口碑，为企业带来无法想象的销售订单。

- 搜索引擎优化（Search Engine Optimization，SEO）是目前热门的网络营销方式，是一种让企业的网站在搜索引擎的结果排名中优先显示的方式。一般需要先进行关键词的分析，再将网站适当地做 SEO。
- 搜索引擎有所谓的当地网站搜索优先（Local Search）的概念。简单来说，如果在中国台湾地区进行搜索，那么搜索引擎通常以台湾地区的网站为优先。如果你的网站希望出现在 google.com 英文搜索结果的第一页，那么建议把主机的 IP 位置设在美国。

本章习题

1. 电子报营销的优点是什么？
2. 搜索引擎优化的作用是什么？
3. 搜索引擎的信息来源有几种？试说明之。
4. 什么是网络广告？
5. 什么是弹出式广告？
6. 按钮式广告有哪三种常见的文件格式？
7. 试简述病毒式营销。
8. 关键词营销的做法是什么？
9. 请说明许可式营销。
10. 联盟营销的做法是什么？

第 13 章　社交营销实践

互联网社区或虚拟社区（Internet Community 或 Virtual Community）是网络独有的生态，可聚集共同话题、兴趣与嗜好的社区网友，或者具有共同话题的特定族群，目的是发表感想和交换意见。网络社区的概念可从早期的 BBS、论坛一直到近期的博客、微博（见图 13-1）或者脸书（Facebook）。由于这些网络服务具有互动性，因此能够让网友在一个平台上彼此沟通与交流。从 Web 1.0 到 Web 2.0 的时代，随着各类博客和社交网站（SNS）的兴起，网络传递的主控权已快速转移到网友手上，以往免费经营的社交网站也成为最受瞩目的汇聚网友的网站，带来了无穷的商机。

图片来源：http://s.weibo.com/

图 13-1　微博是中国流行的社交网站之一

时至今日，我们的生活已经离不开网络，而与网络最形影不离的就是"社区"。这已经从根本撼动了我们现有的生活模式。Web 2.0 的精神在于只要你能提供够吸引人的服务或商品，就有人愿意掏钱包购买，让原本电子商务领域中不受重视的社交网站成为各大网络媒体关注的焦点。例如，中国的天涯虚拟社区（http://www.tianya.cn/）是海南天涯在线网络科技有限公司下属的一个网络虚拟社区，从 1999 年 2 月月末成立以来，从一个小小的论坛，经过近 16 年的风雨，如今已发展成为拥有上亿会员且具有浓厚人文气息的全球华人网上家园。

13.1 社交营销的特性

随着互联网和电子商务的崛起，也兴起了社交营销的模式。近年来越来越多的网络社区针对特定议题进行意见交流，形成一股新兴的潮流。能否尝试为企业提供更精准洞察消费者需求的信息，以此带动网站商品营销的效益呢？

社交媒体营销（Social Media Marketing）就是通过各种社区媒体网站，吸引顾客注意企业品牌或产品的方式。由于大家都喜欢在网络上分享与交流，进而提高企业形象与顾客满意度，并间接达到产品营销的目的，因此这被视为是经济又有效的营销工具。

社交营销最迷人的地方就是企业主无须花大价钱做广告，只要想方设法让粉丝帮你卖东西，光靠众多粉丝间的口碑效应，就能创下惊人的销售业绩！根据最新的统计报告，有 2/3 美国消费者购买新产品时会先参考脸书（Facebook）上的评论，且有 1/2 以上受访者会因为社区媒体上的推荐而尝试全新品牌。

社交营销真有那么大的威力吗？小米手机（见图 13-2）刚推出就卖了数千万台，在一段时间内更是将各大手机厂商挤出了销售排行榜的前列。大家可能无法想象，小米手机几乎完全靠口碑与社交营销来俘获大量消费者的"芳心"而成功，让所有人都跌破眼镜。小米手机的粉丝简称"米粉"。"米粉"多为手机社区的意见领袖。小米的用户不是用手机，而是玩手机。各地的"米粉"都会举行定期聚会，在线上讨论，在线下则组织活动，分享交流使用小米的心得。社交营销的核心是参与感。小米手机用心经营社区，发挥了口碑营销的最大效能。

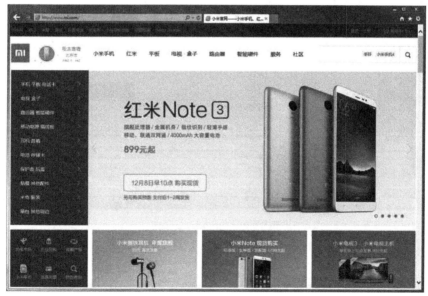

图片来源：http://www.mi.com/

图 13-2　小米手机因为社交营销而蹿红

网络时代的消费者是流动的。企业要做好社交营销，就一定要善于利用社区媒体的特性，因为网络营销的最终目的不只是追求销售量与效益，而是重新思考和定位自身的品牌策略。

企业也可以自行架设专用的网络营销社区,与顾客直接沟通,以增强顾客对产品特色的了解,最终目的是提高曝光率与销售量。随着近年来社交网站越来越火爆,社交营销已不是选修课,而是企业营销人员的必修课。下面将为大家介绍社交营销的四种特性。

13.1.1 购买者与分享者的差异性

网络社区的特性是分享与交流,并不是一个可以直接用于销售的工具。粉丝到社区来是分享心情,而不是看广告。成为社区专题的粉丝,不代表他们就一定想要成为推销或者被推销的对象。必须了解网友的特质是"重人气"、"喜欢分享"、"相信沟通",商业性太浓反而容易起反作用。

社区的最大价值在于这群人共同构建了人际网络,是创造互动性与影响力的强大平台。任何社交营销的活动都离不开与人的互动,首先要清楚分享者和购买者之间的差异。要做好社交营销,就必须以经营社区的角度而不是广告推销的商业角度来思考社交营销。从图 13-3 可以看到京东已经把广告直接打到了"天涯社区"。有没有直接使用网络社区来加强口碑营销就不是很清楚了。不过只要是论坛的专题有聊到网络购物,那么网友就会自然而然地在天涯社区分享自己在京东网络商场的购物体验了。

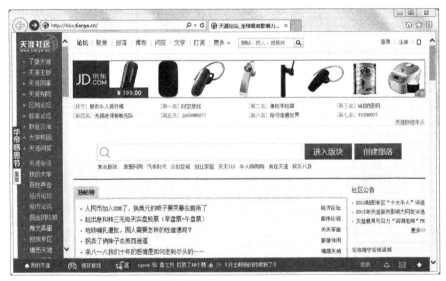

图片来源:http://bbs.tianya.cn/

图 13-3 京东已经把广告打到"天涯社区"

13.1.2 品牌建立的重要性

想通过网络社区进行营销,最主要的目标当然是提高品牌的知名度。企业如果重视社区的经营,除了能迅速把品牌传达到消费族群,还能通过消费族群分享到更多的目标族群里。增加粉丝对品牌的喜爱度,更有利于聚集目标顾客群来带动业绩的增长。经营社交网络需要时间与耐心，讲究的是互动与对话。有些品牌觉得在人气旺的网络社区设一个粉丝页面，经常到里面贴贴软文，就可以趁机打开知名度，让品牌知名度大增，这种想法是大错特错。

专业营销人士都知道要建立品牌信任度是多么困难的一件事，首先是推广的品牌最好需要某种程度的知名度，通过网络"无疆无界"的特性以及社区的口碑效应，才能事半功倍，平时就要与顾客拉近距离，在潜移默化之中让品牌更深入人心。图13-4为小米社区网站的首页。

图片来源：http://www.xiaomi.cn/

图13-4 "小米"粉丝们成功提升了"小米"品牌的知名度

小米公司是一家专注于智能产品自主研发的移动互联网公司，"为发烧而生"是小米的产品概念。小米公司专门在网上建立了"小米社区"，小米粉丝（"米粉"）们在提升"小米"这个品牌中功不可没。建立社区和经营社区的主要目标就是培养与顾客的长期关系，希望把这个社区变成一个每天都可以跟顾客或潜在顾客联系与互动的平台，包括每天都会有专人到粉丝页面去维护留言与查看粉丝的状况，或是宣传实时性的活动推广信息。

13.1.3 累进式的营销传染性

社交营销本身就是一种内容营销，过程就是创造互动分享的口碑价值。许多人做社交营销，经常只顾着眼前的业绩目标，想要一步登天的成果，而忘了社交网络所具有的独特的传染性功能。那是一种累进式的营销过程。必须先把品牌信息置入互动的内容，让粉丝开始引起兴趣，经过一段时间有深度和广泛的扩散，借助人与人之间的信任关系，口耳相传，引发社区的反响与互动，才能把消费者真正导引到购买的环节。下面给出累进式营销四个阶段的示意图（见图13-5）。

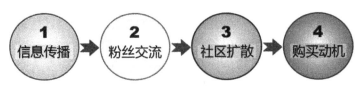

图 13-5　累进式营销的四个阶段

13.1.4　图片表达的优先性

进行社交营销时图片的作用比文字的作用大很多，所以要尽量多用照片、图片与视频，让贴文变得吸引眼球，并可能激发粉丝疯狂转载。懂得通过视频或图片来说故事，而不只是光靠文字的力量，因为前者信息量更丰富，往往会更令人印象深刻，点赞和留言的数量也会比较多。例如，脸书上相当知名的 iFit 爱减肥粉丝团（见图 13-6）。创办人陈韵如小姐主要是分享自己的减肥经验。除了将专业的减肥知识以浅显易懂的短文方式表达出来，她非常懂得利用照片呈现商品本身的特点和魅力，无论是在产品缩略图还是卖场内容中都发挥得淋漓尽致，尤其强调大量图文结合与自制的可爱插画，搭上现代人最重视的运动减肥的风潮，因而大受粉丝团的欢迎。

图片来源：http://www.facebook.com/（注：该网页只有繁体中文）

图 13-6　iFit 网上图文结合非常吸引人

13.2　博客营销

Blog 是 weblog 的简称，是一种新兴的网络应用技术，就算不懂任何网页编辑技术的一般用户也能自行建立自己专用的创作网站，并且可以在网络世界里与他人分享自己的生活感想、心情记事、工作感悟等，这是继 2000 年网络泡沫化之后，兴起的另一波网络平台"新事物"。

图 13-7 为著名主持人杨澜的博客。

图片来源：http://blog.sina.com.cn/

图 13-7　博客常用来记载个人的生活感想、心情记事、工作感悟等

早期博客的用户多数是使用固定一处的个人计算机作为书写和发布博文的工具，当移动设备兴起之后就有了移动博客，不限时间和地点，用户可以随时随地写下博客内容，并分享自己创作的新博文。早期的博客用户绝大多数都是业余人士，博客系统就是让博主在网络上写日志，分享自己对某些事情或话题的实际经验与个人观点。

目前相当流行的是移动博客（Moblog），就是一个由移动设备（Mobile）加上博客（Blog）的新传播形态，主要是以移动设备（如笔记本电脑、PDA、智能手机等）使用无线网络来发表博文的博客系统。

自从网络购物成为一种消费形态之后，有越来越多的企业开始逐步思考与建立企业的博客营销模式。传统统一播放式的营销模式是由上而下、从商家到消费者的一贯运行机制，注重于销售者自身的销售目标与产品宣传。

传统的以制造者或销售者为出发点的营销模式，对于现在接受新事物程度较高的网络时代的消费者而言，强迫性的洗脑式广告已经起不了作用。如同电子商务大幅度改变了传统的零售业销售方式，博客的兴起也掀起一波风起云涌的企业网络营销与宣传模式，更重要的是它将网络倍速链接、急速传播的功能发挥到了极致。

只有充分运用网络互动交流的营销方式，建立个性化服务，将人群引导到一个个专题社区中进行分享与交流，然后针对目标族群制定精准的营销策略，才是如今最有效的营销法则。

目前最常被用来进行企业博客营销的方式是企业将商品或是产品活动放到博客上，并吸引消费者上来讨论，让博客同时具备了商品的生产者与消费者的角色。博客的情感营销魅力源自其背后进入的低门槛和网络"无疆无界"的影响力。从网友分享个人日志的"心情故事"

扩散成充满无限商机的"营销媒体"。

从企业的角度来说，博客的确是目前最具营销穿透力的利器之一，不但在网络上可产生绝佳创意的信息来源，同时也最具实时性的市场信息反馈机制，并创造一种足以吸引消费者信任品牌的场景与感受。不过，在博客的策略操作上要注意消费者有兴趣的是真诚的意见，而不是企业商业化的宣传口号。就是把营销的主角交给消费者，忠实地与消费者进行实时互动的意见交换与讨论问题的解决。

企业的博客文章要有一定的专业水平，没有产品专业知识的人是不能写出消费者信任的博文的。企业博客营销的博文既要体现专业性，又要用让一般人看得懂的语言写出来——既要有专业的趣味性，又要让人喜欢看，这样才能达到营销的最终目的。图13-8是本书的改编者本人在英特尔（中国）公司任职期间写的一篇企业博客，目的是向英特尔的用户讲解计算机的中央处理器（CPU）和核心显卡（GPU）在英特尔新一代处理器中融为一体的"故事"。

图片来源：http://blogs.intel.com/

图13-8　博客营销的范例

13.3　微博营销

微博是微博客的简称，是一个基于用户关系的信息分享和传播平台。微博从美国诞生的Twitter（推特）开始盛行，相对于博客需要长篇大论来陈述事实，微博强调快速实时、字数限定在一百多字以内，简短的一句话也能引发网友热烈的讨论。目前中国较受欢迎的微博有新浪微博、腾讯微博、搜狐微博、网易微博等，这些微博都是免费的。

> 推特（Twitter）是美国的一个社交网站，允许用户将自己的最新动态和想法以最多140字的文字形式发送给手机和个性化网站，有点像是随手记事的个人专用留言板，不过这个留言板是公开的，简短好用，和朋友互动更为频繁。将人与人的聊天连接成网络话题，并达到商业信息交流的功能，甚至可以与手机形成更为紧密的关联。推特被形容为"互联网的短信服务"。

13.4 视频博客营销

视频博客（Video Web Log，VLOG）也称为"视频网络日志"，主题非常广泛，是传统纯文本或照片博客的衍生类型，允许网友使用上传视频的方式来编写博客分享作品。现在大家都喜欢看有趣的视频，而且随着社区平台的崛起，各位会发现最容易被分享和点赞的内容都是视频。在VLOG上传的作品，也能够被编辑修订，另外还可以进行"在线录像"、"影音剪接"、"影音管理"等工作。提供视频上传服务的最具代表性的网站就是美国的YouTube，在中国和YouTube定位一样的网站是"六间房"，这类网站本身不提供视频内容，只提供一个视频发布的平台，上传的内容都是用户原创为主。

图片来源：http://v.6.cn/

图 13-9　"六间房"视频网只为用户提供视频发布的平台，本身不提供视频内容

13.4.1　混合型视频网站的营销

纯粹的像YouTube和"六间房"这样只提供用户视频上传而自己不提供视频内容的平台网站并不多。而既为用户提供视频上传又自己提供视频内容的视频网站还是多数，如优酷、

爱奇艺、腾讯视频、酷6、搜狐视频、乐视网等。从 2015 年年初统计的数据看，中国网络视频的用户数已经达到了 4.33 亿，这个数字还在不断增加。每天观看网络视频一个小时以上的用户达到了 73.2%，而每天超过 2 个小时以上的用户甚至也达到了 47.5%。

大家可曾想过每天拥有数亿用户造访视频网，在混合型视频网站进行社交营销的效果就可想而知。视频营销已经成为近期非常锐利的营销新手法，越来越多的企业已经把视频网络平台作为营销的首选。

视频网站带来的商机是非常巨大的，视频绝对是吸引人的关键，对于热播的电视剧、热门电影、体育比赛等，网络视频网和电视台相比的优势就不言而喻了，这些视频吸引用户去看没有任何问题。对于用户自己上传的视频，最重要的吸引别人，让其他人感兴趣想看。在视频网络中蹿红的视频除了内容本身占了 80% 以上的原因外，还包括视频的标题、视频的清晰度、视频的编导和剪接的流畅度等诸多原因。现在是一个追求效率的时代，没有谁有兴趣去看几十分钟甚至一小时以上的纯宣传视频。为了让上传的个人视频快速传播，视频的长度不宜过长（30~60 秒为佳），以让他人更快速地了解视频所要传达的信息，并快速传播。图 13-10 是上海大众公司 30 秒的新朗逸车型上市的宣传短片（视频在优酷网的汽车频道里）。这个视频不仅仅可以自己单独传播，也可以放在其他视频的前、中、后进行插播。

图片来源：http://v.youku.com/

图 13-10　上海大众汽车公司的新车上市宣传短片

视频广告目前已经跃升为网络营销的主流之一。混合型视频网站不仅提供了视频分享的平台，还提供了各种有版权的视频内容，大家可以自由上传视频与他人分享，也可以看免费的电影或者电视剧等（但要看插播的广告片）。视频网站一般是按照用户点击视频的次数来向在视频中插播广告片的企业收取广告费。如果用户还点击了广告片，用户就会被导向插播广告片的企业所在网站或者网页。这样企业不但能更有效地通过广告片提高自身品牌的知名度，还可以锁定目标客户，快速找到真正有兴趣的潜在消费者。图 13-11 是腾讯视频中在电影前插播广告片的例子。

图片来源：http://v.qq.com/

图 13-11　腾讯视频网中电影正片播放前插播的广告片

13.4.2　微电影营销

随着 4G 网络和手持移动设备的快速普及，近年来兴起一种新类型的影视作品——微电影（Micro Film）。微电影是一种专门在各种新媒体平台上播放的短片，适合在移动状态或短时间休闲状态下观看，能在最短的时间内让网站更有效地向准客户传达产品的特色与好处。微电影的特点是具有完整的故事情节、播放长度短、制作时间少、投资规模小，长度通常低于 300 秒，可以独立成篇，而内容则融合了幽默搞笑、时尚潮流、公益教育、形象宣传等主题。许多营销人员看中了微电影小而精、传播力强的特性。通过微电影进行产品广告或品牌宣传是目前深受瞩目的新型营销手法。图 13-12 是益达口香糖的微电影广告，相当好看。

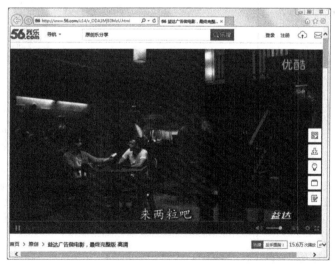

图片来源：http://www.56.com/

图 13-12　益达口香糖的微电影广告

13.5 微信营销

随着智能移动设备的普及,不少企业借助微信(WeChat)这类移动通信软件提高工作效率与降低通信成本,甚至把微信作为公司对外宣传的渠道。微信这类移动通信软件已经迅速取代了传统的手机短信。腾讯公司的微信是免费的,可以让用户在全天24小时内随时随地尽情享受免费的通话与通信,甚至可以通过方便而不花钱的"视频通话"与远在外地的亲朋好友聊天。图13-13为手机微信中"好友"通讯录的屏幕显示。

微信是腾讯公司在2011年初推出的,是一个为智能移动设备提供即时通信服务的免费软件。腾讯公司是靠做计算机平台上著名的即时通信软件QQ起家的,在中国只要不是老年人,QQ真可谓无人不知无人不晓。微信并不是QQ的移动终端版,而是为智能移动设备全新开发的,是可以跨通信运营商和跨操作系统平台的全新即时通信软件,适用于目前大部分智能手机。

微信支持发送语音短信、视频、图片和文字,支持群聊,但只占用少量的数据流量,如果在WiFi覆盖的范围内使用微信,基本就是免费的了。目前已经有超过5亿人(活跃的用户)在使用微信,在中国已经覆盖了90%以上的智能手机,用户则覆盖了200多个国家,更重要的是微信支付的用户注册数也达到了4亿左右。在免费WiFi热点或者自己家里的WiFi环境下使用微信打电话,甚至是打越洋电话、视频聊天等都是免费的,只要中间线路的带宽没有问题就行。在使用微信进行聊天时,如果想直接进行语音通话,就可以点选图13-14左图中红框所示的"语音聊天"功能,之后就会出现如图13-14右图所示的界面,等待接通后即可进行"语音聊天"——打电话。

图13-13 微信中"好友"通讯录的屏幕显示界面

图13-14 用微信打电话不但免费,音质也相当清晰

微信除了包含了原来 QQ 上使用的全部表情贴图，还进一步丰富了表情贴图，微信用户可以根据自己的喜好去"表情商店"尽情购买各种表情套件（或表情包）。使用表情贴图不仅可以比文字更为快捷，还可以使聊天更加活泼有趣，因而深受微信用户们的喜爱。表情贴图的使用如图 13-15 所示。

在中国国内最常用的手机 App 排名中，微信当仁不让地稳居第一。每天活跃的微信用户都超过了 5 亿人，在街头、餐厅、公交车上、家里甚至办公室，任何时候如果看到一个人低头在摆弄手机，十有八九都是"玩"微信。像微信这样一款有众多人在上面"唧唧歪歪"的手机通信软件，一般都是一个很好的营销平台。目前已经有越来越多的企业通过微信平台进行营销与拓展客户群，遍及各行各业。在推动微信商业化方面，腾讯公司一直在不遗余力地协助企业在微信上"开疆拓土"，已经提供了许多创新的服务。

图 13-15　表情贴图可以使呆板的文字聊天顿时有趣起来

微信并不是一个传统的网络社交平台，虽然还是以人与人的沟通为主，但是它的基础是移动互联网，Web 3.0 的特质之一就是移动化：应用走向移动，电子商务走向移动，营销就必然移动化。其结果就是顺势延伸出了许多的全新营销方式。

微信营销主要的特点是以智能移动设备为载体的区域定位营销，商家通过微信公众平台，结合微信会员管理系统来展示商家微官网、进行微推送、实现微支付、举办微活动等，以此形成了一种移动互联网的线上线下微信互动营销方式。

由于移动网络平台比固定网络平台所占据人们的时间更多（因为智能移动设备都是可以随身携带的），因此其营销的潜力绝对不容小觑。企业应该将在微信中导入的创新营销工具"微信公众平台"作为品牌营销的利器，不建议用这个公众平台来做直接销售，而应该用来和顾客真正建立起长期的沟通渠道，吸引更多人成为关注自己企业的普通粉丝，再通过内容和沟通将普通粉丝转化为忠实粉丝。当这些粉丝认可品牌并建立信任后，他们自然而然就成为企业的顾客。微信的任何用户只要搜索 ID 或者扫描二维码就可以将商家的公众号加入自己关注的微信群中。

微信的 4.5 版本之后也开放了地理位置的接口，这样在微信平台上开发应用的商家在用户确认开放位置信息后，就可以根据用户所在的位置（其实是手机的位置）精确定点推送服务给客户。微信现在也支持 Windows 平台了。微信官网（见图 13-16）提供了 Windows 平台的版本，可以自行下载安装。

提示

LBS（Location Based Service）就是"定位信息服务"或"位置服务"，手机结合 LBS 的应用服务，目前在全球已蔚然成风。企业可以划定区域，只要手机用户在指定时段内进入该区域，就会立即收到企业的营销短信，而接收到此短信的用户极有可能前往该商店进行消费。

图片来源：http://weixin.qq.com/

图 13-16　微信官网

项目研究与分析　微信

提到微信，人们首先想到的是它自己手机上一直开着的 App。这个排名第一的社交软件，集即时通信、聊天和交友功能于一身，让越来越多的企业开始使用微信的公众号平台进行移动营销。

微信的社交服务是通过它的短信工具，把用户拉入一个个不同的微信群中。如此一来，在同一个群里的人们就可以同步聊天，非常高效和方便。如果用户自己是群主，借用成语"人以群分"，就可以将不同背景或关系的朋友拉到不同的微信群中，然后根据不同的群来与该群的朋友分享对他们有价值或他们感兴趣的内容。因为具有类似的背景和兴趣，所以在相同群里的人们相对彼此熟悉、信任和投缘，对于消费的品位和购买力也会比较接近。这样，只要影响群里的几个人，就可能带动一群同类的人进行消费，因此如何使用微信进行更精准的网络营销值得各个商家去考虑和研究。

微信除了即时聊天的群之外，还有供微信用户给自己的朋友们发帖的"朋友圈"，可以把自己的照片、视频、音乐、事件观点、热门链接以及心情感想等分享给朋友们。

只要有无线网络（移动通信网络或者 WiFi），就可以在手机上使用微信，不过在家里时还是在电脑上聊天更方便。微信之前只有移动版，现在已经拓展到电脑上了（见图 13-17）。可能还是兼顾用户的使用体验吧，毕竟人们对微信的黏度大了，在家里就没有必要还拿着只有小屏幕和小键盘的手机上微信了。腾讯已经占领了手机屏幕，现在又要占领电脑屏幕，给目前其他知名社交网站的压力可想而知，不过腾讯又置自己的 QQ 于何地呢？

第 13 章 社交营销实践

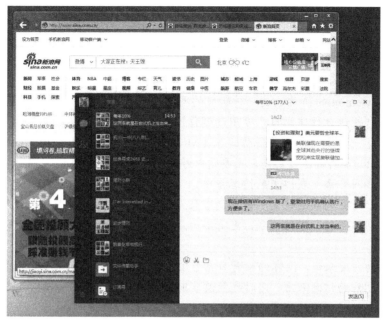

图 13-17 微信的 Windows 版本

本章重点整理

- 互联网社区或虚拟社区（Internet Community 或 Virtual Community）是网络独有的生态，可聚集共同话题、兴趣与嗜好的社区网友，或者具有共同话题的特定族群，目的是交换意见。网络社区的概念可从早期的 BBS、论坛一直到近期的博客、微博或者脸书（Facebook）。
- 社交媒体营销（Social Media Marketing）就是通过各种社区媒体网站，吸引顾客注意企业品牌或产品的方式。
- 近年来越来越多的网络社区针对特定议题进行意见交流，形成一股新兴的潮流。能否尝试为企业提供更精准洞察消费者需求的信息，以此带动网站商品营销的效益呢？
- 根据最新的统计报告，有 2/3 美国消费者购买新产品时会先参考脸书（Facebook）上的评论，且有 1/2 以上受访者会因为社区媒体上的推荐而尝试全新品牌。
- 社区的最大价值在于这群人共同构建了人际网络，创造了互动性与影响力的强大平台。任何社交营销的活动都离不开与人的互动，首先要清楚分享者和购买者之间的差异。
- 想通过网络社区进行营销，最主要的目标当然是提高品牌的知名度。经营社交网络需要时间与耐心，讲究的是互动与对话。
- 如果企业重视社区的经营，那么除了能够迅速把品牌传达到消费族群，还能够通过消费族群分享到更多的目标族群里。
- 社交营销本身就是一种内容营销，过程就是创造互动分享的口碑价值。许多人做社交营销，经常只顾着眼前的业绩目标，想要一步登天的成果，而忘了社交网络所具有的独特的传染性功能。
- 社交营销时图片的作用比文字的作用大很多，所以要尽量多用照片、图片与视频，让图文变得吸引眼球，并可能激发粉丝疯狂转载。
- Blog 是 weblog 的简称，是一种新兴的网络应用技术，就算不懂任何网页编辑技术的一般用户也能自行建立自己专用的创作网站。
- 目前还有一种相当流行的移动博客（Moblog），就是一个由移动设备（Mobile）加上博客（Blog）的新传播形态，主要是以移动设备（如笔记本电脑、PDA、智能手机等）使用无线网络来发表博文的博客系统。
- 如同电子商务大幅度改变了传统的零售业销售方式，博客的兴起也掀起一波风起云涌的企业网络营销与宣传模式，更重要的是它将网络倍速链接、急速传播的功能发挥到了极致。
- 从企业的角度来说，博客的确是目前最具营销穿透力的利器之一，不但在网络上可产生绝佳创意的信息来源，同时也最具实时性的市场信息反馈机制，并创造一种足以吸引消费者信任品牌的场景与感受。
- 微博是微博客的简称，是一个基于用户关系的信息分享和传播平台。
- 推特（Twitter）是美国的一个社交网站，允许用户将自己的最新动态和想法以最多 140 字的文字形式发送给手机和个性化网站，有点像是随手记事的个人专用留言板。
- 视频营销已经成为近期非常锐利的营销新手法，越来越多的企业已经把视频网络平台作为营销的首选。
- 腾讯公司的微信（WeChat）是免费的，可以让用户在全天 24 小时内随时随地尽情享受免费的通话与通信，甚至可以通过方便而不花钱的"视频通话"与远在外地的亲朋好友聊天。
- 微信营销主要的特点是以智能移动设备为载体的区域定位营销，商家通过微信公众平台，结合微信会员管理系统来展示商家微官网、进行微推送、实现微支付、举办微活动等，以此形成了一种移动互联网的线上线下微信互动营销方式。
- LBS（Location Based Service）就是"定位信息服务"或"位置服务"，手机结合 LBS 的应用服务，目前在全球已蔚然成风。企业可以划定区域，在指定时段内，只要手机用户在指定时段内进入该区域，就会立即收到企业的营销短信，而接收到此短信的用户极有可能前往该商店进行消费。

本章习题

1. 什么是社交营销？
2. 请简述网络营销的最终目的。
3. 累进式营销过程可分为哪四个阶段？
4. 请简述社交营销的特性。

5. 什么是博客？
6. 请说明企业博客的作用。
7. 请说明在社交网站中"粉丝"跟"朋友"的差异。
8. 请说明社区的意义与功能。
9. 什么是视频博客？哪一个视频网站最具有代表性？
10. 请简述微电影营销。
11. 微电影营销的特点是什么？
12. 请简述微信移动通信软件。
13. 什么是LBS？

第 14 章　电子商务伦理与相关法律

随着互联网的快速兴起，无论是一般民众的生活形态，还是企业商业模式或政府机关的行政服务，均朝向网络电子化方向渐进发展。电子商务是在网络经济全球化的浪潮下所产生的新经济模式，从经济形态而言，电子商务确实改变了传统实体交易的形态，只要通过电子化技术与网络就可以进行资金、货物与信息的流动，大幅节省了营销成本与时间。图 14-1 为我国第一家专业的电子商务法律网站的首页。

图片来源：http://www.chinaeclaw.com/

图 14-1　中国电子商务法律网

电子商务使得许多前所未有的操作与交易模式出现了，例如在线交易、在线金融、网络银行、隐私权保护、电子证书、数字签名、消费者保护等课题。近年来有关于电子商务的伦理与相关法律的争议，进而影响了对电子商务推动的进度并引发了其合法性的讨论。由于电子商务模式正在不断地推陈出新，适时解决衍生的法律问题与消费纠纷就成为政府与民间在推动电子商务时最急需面对的重要课题。

14.1　信息伦理与素养

网络文化的特性就是在网络世界中人人平等。即使是位于现实社会中最底层的人也与其他在现实社会中较有地位的人一样,在网络中拥有同等机会与地位来陈述他们自己的意见和观点,甚至通过大众讨论与交流的渠道,摇身一变成为影响社会的重大力量,俗称为"网军"。在网络世界中,虽然并无国界可言,看似可以"无拘无束",但是网络世界并非就因此不受原本现实世界的法律或伦理的约束(见图14-2)。

图片来源:http://blog.sina.com.cn

图14-2 博客的快速流行引发了许多著作权的讨论与问题

信息技术的发展带来了便利的生活和丰富的信息世界,并且增加了人与人之间多种互动模式,让沟通与接触的方方面面扩大与改变,网络其实正默默地主导着人类新文明的形成,同时也带来了对于传统文化与伦理的冲击。由于网络具有公开分享、快速、匿名等特性,在社会中产生了越来越多的伦理价值改变与偏差行为,因此信息伦理的议题越来越受到各界广泛的重视。

14.1.1 信息伦理的定义

伦理是一个社会的道德规范系统,赋予人们在动机或行为上判断的基准,也是存在人们心中的一套价值观与行为准则,如同我们讨论医生对病人必须有医德,律师对他的诉讼人之隐私要保密的职业道德一样。对于拥有庞大人口的计算机用户或网友,当然也需要有一定的道德标准来加以规范。这就是"信息伦理"所要讨论的议题。

信息伦理的适用对象包含了广大的信息从业人员与用户,范围则涵盖了使用信息与网络科技的态度与行为,包括信息的搜索、检索、存储、整理、利用与传播。凡是探究人类使用信息行为对与错的道德规范均可称为信息伦理。信息伦理最简单的定义就是使用和面对信息科技时相关的价值观与法律准则。

14.1.2 信息素养

"水能载舟,亦能覆舟",信息网络科技虽然能够造福人类,但是也带来了新的危机。互联网架构委员会(Internet Architecture Board,IAB)主要是负责在互联网上的行政和技术事务监督与网络标准和长期发展,就曾将以下网络行为视为不道德。

(1)在未经任何授权情况下,故意窃用网络资源。
(2)干扰正常的互联网使用。
(3)以不严谨的态度在网络上进行实验。
(4)侵犯别人的隐私权。
(5)故意浪费网络上的人力、运算与带宽等资源。
(6)破坏计算机信息的完整性。

21世纪信息技术将带动全球信息环境的变革。随着知识经济时代的来临与社会多元文化的发展,除了人文素养要求外,信息素养的训练与信息伦理的养成也越来越受重视。素养一词是指对某种知识领域的感知与判断能力,比如英文素养,指的就是对英语的听、说、读、写的综合能力。信息素养(Information Literacy)可以看成是个人对于信息工具与网络资源价值的了解与应用能力,更是未来信息社会生活中必备的基本能力。

信息素养的核心精神是在训练普罗大众,在符合信息社会的道德规范下应用信息科技,对所需要的信息能利用专业的信息工具有效地查询、组织、评估与使用。McClure教授于1994年时首度清楚地将信息素养的范围划分为传统素养(Traditional Literacy)、媒体素养(Media Literacy)、计算机素养(Computer Literacy)与网络素养(Network Literacy)这几种信息能力的总和,现分述如下。

- 传统素养:个人的基本学识,包括听说读写及一般的计算能力。
- 媒体素养:在目前这种媒体充斥的时代,个人使用媒体与善用媒体的一种综合能力,包括分析、评估、分辨、理解与判断各种媒体的能力。
- 计算机素养:在信息化时代,是指个人可以用计算机软硬件来处理基本工作的能力,包括文字处理、电子表格计算、影像绘图等。
- 网络素养:认识、使用与处理通信网络的能力,但必须包含遵守网络礼节的态度。

14.2 PAPA 理论

信息伦理就是与信息的使用和信息科技的应用相关的价值观。这里我们将引用 Richard O. Mason 在 1986 年提出的以信息隐私权(Privacy)、信息精确性(Accuracy)、信息所有权(Property)、信息使用权(Access)等四类议题来界定的信息伦理,它被称为 PAPA 理论。图 14-3 就是组成信息伦理的四个方面。

图 14-3 信息伦理

14.2.1 信息隐私权

隐私权在法律上的诠释是一种"独处而不受他人干扰的权利",属于人身权的一种,是为了主张个人自主性及其身份认同,并达到维护人身尊严的目的。"信息隐私权"则是讨论有关个人信息的保密或予以公开的权利,包括什么信息可以透露、什么信息可以由个人保有等。也就是个人有权决定对其个人信息是否开始或停止被他人收集、处理及使用的权利,并进而延伸到什么样的信息使用行为可能侵害到隐私和自由所要担负的法律责任。

在今天高度信息化的环境中,无论是计算机还是网络中所流通的信息,都已经是一种数字化信息。当网站服务器中记录了数百万个用户的信息时,就可能被人侵入正在运行的 Web 服务器,间接造成了隐私权可能被侵害的危险。图 14-4 为中国邮政的 EMS 特快专递网站首页。

图片来源:http://www.ems.com.cn

图 14-4 只有信誉良好的电子商务业者才能使信息隐私权得到充分保障

例如，未经本人同意就将个人的肖像、动作或声音，通过网络传送到其他人的计算机或者电子终端的屏幕上，这都是严重侵害隐私权的行为。之前有一个案例，台湾地区的新竹市有一名男大学生扮黑客，将"彩虹桥木马程序"植入某女子的计算机中，并通过网络远程遥控，开启该女子计算机上的摄影机，录下被害女子的私密视频，后来更将其放在网络的博客中。经报警后，寻线逮捕了该大学生，按照当地的法律以制作犯罪计算机程序、侵入计算机、破坏电磁记录、妨害秘密、散布窃录内容以及加重诽谤等罪嫌起诉。

美国科技大公司谷歌（Google）也十分注重用户的隐私权与安全。当谷歌地图小组在收集街景服务影像时会对影像进行模糊化处理，让用户无法认出影像中行人的脸部和汽车的车牌，以保护个人隐私权，避免泄露入镜者的身份与信息。如果用户仍然发现不当或有争议的内容，那么可以随时向谷歌公司汇报以协助尽快处理。图 14-5 为谷歌地图显示的美国旧金山一街头实景地图。

图片来源：http://china.earthol.com/

图 14-5　谷歌地图显示的美国旧金山一街头实景地图

另外，像是企业监看员工电子邮件的内容，在于雇主与员工对电子邮件的性质认知不同，也将同时涉及企业利益与员工隐私权的争议性。就雇主角度而言，员工使用公司的计算机和网络资源，本应该执行公司的相关业务，虽然在管理上的确有需要调查来往通信的必要性，但如此广泛的授权却可能被滥用，因为任何监看私人电子邮件的举动都可能会构成侵害信息隐私权的事实。

目前兼顾国内外对于这项争议的法律相关见解，平衡点应是企业最好事先在劳动合同中的条款中明确指出将根据需要监看员工工作中的电子邮件，那么监看行为就不会构成侵害员工的隐私权。因此，一般电子商务网站管理者也应该在收集用户数据之前，事先告知用户，数据内容将如何被收集以及将会如何进一步被使用和处理，并且会尽到保护的责任，务求保护数据的隐秘性与完整性。

14.2.2 信息精确性

随着信息系统使用频度的增加和信息的快速传播,信息迅速地深入到生活的每一个层面,与此同时错误的信息也会无所不在,严重影响我们的日常生活。例如,计算机有相当精确的计算能力,即便远在外太空的人造卫星航道的计算以及洲际导弹的试射,通过计算机精准的监控,都可以精密计算出数千公里以外的轨道与弹着点,而且误差范围在数米以内。图 14-6 为导弹的发射。

图 14-6　导弹的发射离不开信息的精确性

试想如果输入计算机的信息有误而导致导弹射错位置,那后果就不堪设想了。过去在波斯湾的海湾战争中,由于一次计算机系统的微小出错,美国发射的爱国者导弹落入美军军营,造成人员严重伤亡。

一般来说,来自网络电子公布栏的匿名信件或留言,浏览者很难就其所获得的信息逐一求证。一旦在网络上发表,理论上就能瞬间到达世界的每一个角落,很容易造成错误的判断与决策,而且许多言论所造成的伤害难以事后弥补。例如,有人谎称哪里遭到恐怖攻击,严重的甚至会造成股市大跌,让多少投资人血本无归。更有人提供错误的美容小偏方,让许多相信的网友深受其害,皮肤反而溃烂不堪,但却是投诉无门。

2014 年台湾三星电子在台湾地区就发生了一件称为"三星写手"的事件,是指台湾三星电子疑似通过网络打手进行不真实的产品营销被揭发而衍生的事件。三星公司涉嫌与网络业者合作雇用工读生,假冒一般消费者在网络上发文夸大三星产品的功能,并且以攻击方式评论竞争对手宏达电(HTC)出产的智能手机,这就涉及了造假与信息精确性的问题。

后来这个事件也创下了台湾地区网络营销史上最高的罚款金额,公平会依据了公平交易法 24 条规定"除本法另有规定者外,事业亦不得为其他足以影响交易秩序之欺罔或显失公平之行为。"对台湾三星电子公司开罚,罚款高达一千万元新台币,除了金钱的损失以外,三星公司也赔上了消费者对品牌价值的信任。

信息不精确也会给现代社会与企业组织带来极大的风险,其中包括信息提供者、信息处理者、信息媒体与信息管理者四个方面。信息精确性的精神就在于讨论信息用户拥有正确信息的权利或信息提供者提供正确信息的责任,也就是除了确保信息的正确性、真实性及可靠性外,还要规范提供者如果提供了错误的信息所必须负担的责任。

14.2.3　信息所有权

在现实的生活中,一份实体财产要复制或转移都相当不易。例如,一辆汽车如果要转手,非要到相关管理单位办上一堆手续,更不用谈复制一辆汽车了,有时候干脆跟车行买一辆新车可能还更省事。信息产品的研发,一开始可能要花上一大笔费用,而完成后信息产品本身却很容易复制,这使得信息知识产权的保护远比实物产权困难得多。对于一份信息产品的"制作",所花费的人力和物力成本绝不在一件实体财产之下。例如,一套单机版游戏软件的开发可能就要花费数百万甚至上千万元以上,而所有的内容可以存储在一张薄薄的光盘上,任何人都可以随身带走。图14-7是荣钦科技开发的巴冷公主游戏的屏幕界面。这款游戏花了三千万新台币的开发费用。

图14-7　荣钦科技开发的巴冷公主游戏就花了三千万元新台币

由于信息类的产品是以数字化格式的文件进行流通的,因此很容易出现非法复制的情况,加上刻录设备的普及与网络下载的推波助澜,使得侵权问题日益严重。例如,在网络或博客上分享未经授权的 MP3 音乐,其中像美国知名的音乐数据库网站 MP3.com,为消费者提供 MP3 音乐下载的服务,就遭到美国五大唱片公司指控其大量侵犯他们的著作权。或者有些公司员工在离职后,带走在职期间所开发的软件,并在新公司延续之前的设计,这也涉及了侵犯信息所有权的行为。图14-8为酷我音乐的电脑客户端。酷我音乐是中国最新最全的在线正版音乐网站。

信息所有权的意义就是指信息资源的拥有者对于该资源所享有的占有、使用和支配的权利,包括在什么情况下可以免费使用信息、在什么情况下应该付费或征得所有权人的同意方能使用。简单来说,就是要定义出什么样的信息使用行为算是侵害了别人的著作权,并要承担哪些责任。

第 14 章　电子商务伦理与相关法律

图片来源：酷我音乐的电脑客户端

图 14-8　酷我音乐是中国最新最全的在线正版音乐网站

我们再来讨论视频网站上传的视频的使用权问题，许多网友经常随意把他人的视频或 MTV 音乐放到网上供人欣赏浏览，虽然没有营利行为，但也造成了许多纠纷，甚至有人控告视频网站不仅非法提供平台让大家上传视频文件，还积极地鼓励大家非法上传视频文件，这就是盗取别人的信息所有权。例如，在酷 6 网中上传视频（见图 14-9）。这些视频也是有信息所有权的。

图片来源：http://www.ku6.com/

图 14-9　酷 6 网中上传的那些视频也是拥有信息所有权的

263

为了保护视频的信息所有权，视频网站都采取了一些措施。例如，YouTube 总部引用了美国 1998 年数字千禧年著作权法案（DMCA），内容是防范任何以电子形式（特别是在互联网上）进行的著作权侵权行为。其中制定了相关的免责规定，只要网络服务业者（如 YouTube）收到著作权人的通知，就必须立刻将被指控侵权的数字内容隔绝并下架。网络服务业者可以因此而免责。YouTube 网站充分遵守 DMCA 的免责规定，所以在 YouTube 上经常会有遭到删除的视频文件。

14.2.4　信息使用权

无论对一个国家还是企业而言，信息与网络设备所耗费的成本都相当惊人，但是所有人是否都享有此信息使用权的公平性确实颇受质疑，最明显的例子就是城乡差距的问题，其他在偏远山区的居民可能连基本拨号上网的功能都显得遥不可及。例如，《全民公敌》（见图 14-10）电影中的剧情就是一个探讨信息使用权最经典的范例。在政府机构中的某个单位，公职人员拥有无上限使用每一个个人资料的权利，但是这对隐私权的保护发生了冲突。某些存心不良的公职人员就有可能将原本应该依法保管的数据库销售牟利，造成个人资料被滥用甚至用于欺诈的违法犯罪问题。现在有不少案例就是当警方破获一个网络电信诈骗集团时，竟然发现了许多个人身份证和电话号码等个人资料被诈骗集团用于开立接收受骗人款项的信用卡和银行卡，目的是诈骗败露后骗子们可以逃之夭夭，反而把警方的注意力转向个人资料被盗用的无辜者。

图片来源：http://baike.baidu.com/

图 14-10　在百度百科查到的《全民公敌》影片的简介

信息使用权最直接的目的就是在探讨维护信息使用的公平性，包括如何维护个人对信息使用的权利、如何维护信息使用的公平性以及在哪种情况下组织或个人所能使用信息的合法范围。

随着智能手机的广泛应用，最容易发生信息使用权滥用的问题。通常手机的数据除了有个人的重要数据外，还可能含有许多朋友的私人通信信息与隐私的照片。大家在下载或安装手机 App 时，有时会遇到许多 App 索求的权限过高，如果我们轻易授权，就可能会增加信息安全的风险。苹果 iOS 平台比 Android 平台更加注重保护信息使用权，比如 App Store 对于上架 App 要求的访问权限与功能不符合时，在审核过程中就可能被剔除掉，iOS 对于权限的审核机制相当严格。

14.3　知识产权

说到财产权，一般人可能只会联想到不动产或动产等有形资产或有价值的所有物。随着时代的不断进步，无形资产的价值也越来越受重视，人类智慧所创造与发明的无形"产品"包罗万象，包括著作、音乐、图画、设计等泛智能型产品，而国家以立法方式保护这些人类智慧产物与创作人享有专属的权利就是"知识产权"（Intellectual Property Rights，IPR）。随着信息科技与网络的快速发展，互联网已然成为全世界最大的信息交流平台，"知识产权"所牵涉的范围也越来越广，在大家轻易、快速通过网络获取所需信息的同时，使得信息的知识产权归属与侵权的问题越显复杂。

知识产权必须具备"人类精神活动的成果"与"产生资产上的价值"的特性范围，同时也是一种"无形资产权"，是由法律所创设的一种权利。知识产权立法的目的在于通过法律提供创作或发明人专有的、排他的权利，包括"商标权"、"专利权"、"著作权"。

知识产权的内容涵盖人类思想、创作等智慧的无形资产，并且是由法律所创设的一种权利。或者可以看成是在一定期间内有效的"知识资本"（Intellectual Capital）专有权，比如发明专利、文学和艺术作品、表演、录音、广播、标志、图像、产业模式、商业设计等。现在将相关权利分述如下。

- 著作权：政府授予著作人、发明人、原创者一种排他性的权利。著作权是在著作完成时立即发生的权利，也就是说著作人享有著作权，不需要经由任何程序，当然也不必登记。
- 专利权：专利权人在法律规定的期限内，对其发明创造所享有的一种独占权或排他权，并具有创造性、专有性、地域性和时间性。但是必须向知识产权局提出申请，经过审查认为符合专利法的规定而授予专利权。
- 商标权："商标"是指企业或组织用以区分自己与他人商品或服务的标志，自注册之日起，由注册人取得"商标专用权"，他人不得以同一或近似的商标图样指定使用于同一或类似的商品或服务。

14.4 著作权

著作权属于知识产权的一种，制定著作权法的目的是：为保护文学、艺术和科学作品作者的著作权，以及与著作权有关的权益，鼓励有益于社会主义精神文明、物质文明建设的作品的创作和传播，促进社会主义文化和科学事业的发展与繁荣，根据宪法制定。受到著作权法保护的作品包括创作的文学、艺术和自然科学、社会科学、工程技术等；但不包括法律、法规，国家机关的决议、决定、命令和其他具有立法、行政、司法性质的文件，及其官方正式译文；也不包括时事新闻、历法、通用数表、通用表格和公式。

中国著作权法的第二条明确了对著作人著作权的保护。对于中国公民、法人或者其他组织的作品，不论是否发表，依照本法享有著作权。对于外国人、无国籍人的作品根据其作者所属国或者经常居住地国同中国签订的协议或者共同参加的国际条约享有的著作权，也受本法保护。外国人、无国籍人的作品首先在中国境内出版的，依照本法享有著作权。未与中国签订协议或者共同参加国际条约的国家的作者以及无国籍人的作品首次在中国参加的国际条约的成员国出版的，或者在成员国和非成员国同时出版的，受本法保护。

著作权包括下列人身权和财产权。

14.4.1 著作人身权

著作人的署名权、修改权、保护作品完整权的保护期不受限制。作品的发表权、权利的保护期为作者终生及其死亡后五十年。

（1）发表权，即决定作品是否公之于众的权利。

（2）署名权，即表明作者身份，在作品上署名的权利。

（3）修改权，即修改或者授权他人修改作品的权利。

（4）保护作品完整权，即保护作品不受歪曲、篡改的权利。

14.4.2 著作财产权

著作权人可以许可他人行使下列规定的权利，并依照约定或者著作权法有关规定获得报酬。

（1）复制权，即以印刷、复印、拓印、录音、录像、翻录、翻拍等方式将作品制作一份或者多份的权利。

（2）发行权，即以出售或者赠予方式向公众提供作品的原件或者复制件的权利。

（3）出租权，即有偿许可他人临时使用电影作品和以类似摄制电影的方法创作的作品、计算机软件的权利，计算机软件不是出租的主要标的的除外。

（4）展览权，即公开陈列美术作品、摄影作品的原件或者复制件的权利。

（5）表演权，即公开表演作品，以及用各种手段公开播送作品的表演的权利。

（6）放映权，即通过放映机、幻灯机等技术设备公开再现美术、摄影、电影和以类似摄制电影的方法创作的作品等的权利。

（7）广播权，即以无线方式公开广播或者传播作品，以有线传播或者转播的方式向公众传播广播的作品，以及通过扩音器或者其他传送符号、声音、图像的类似工具向公众传播广播的作品的权利。

（8）信息网络传播权，即以有线或者无线方式向公众提供作品，使公众可以在其个人选定的时间和地点获得作品的权利。

（9）摄制权，即以摄制电影或者以类似摄制电影的方法将作品固定在载体上的权利。

（10）改编权，即改变作品，创作出具有独创性的新作品的权利。

（11）翻译权，即将作品从一种语言文字转换成另一种语言文字的权利。

（12）汇编权，即将作品或者作品的片段通过选择或者编排，汇集成新作品的权利。

（13）应当由著作权人享有的其他权利。

14.4.3　著作权限制（合理使用原则）

所谓著作权法的"合理使用原则"，是指法律规定著作权人对某部作品享有充分权利的同时，在作品的利用方面对社会必须履行一些义务，包括著作权的"合理使用"、著作权的法定许可使用、著作权的强制许可使用。就是在特定条件下，法律允许他人自由使用享有著作权的作品而不必征得著作权人的同意，也不必向著作权人支付报酬的制度。

合理使用原则的范围包括以下几点。

（1）为个人学习、研究或欣赏，使用他人已经发表的作品。

（2）为介绍、评论某一作品或者说明某一问题，在作品中适当引用他人已经发表的作品。

（3）为报道时事新闻，在报纸、期刊、广播电台、电视台等媒体中不可避免的再现或引用已经发表。

（4）报纸、期刊、广播电台、电视台等媒体刊登或播放其他报纸、期刊、广播电台、电视台等媒体已经发表的关于政治、经济、宗教问题的时事性文章，但作者声明不许刊登、播放的除外。

（5）报纸、期刊、广播电台、电视台等媒体刊登或播放在公共集会上发表的讲话，但作者声明不许刊登、播放的除外。

（6）为学校课堂教学或科学研究，翻译或少量复制已经发表的作品，供教学或科研人员使用，但不得出版发行。

（7）国家机关为执行公务在合理范围内使用已经发表的作品。

（8）图书馆、纪念馆、博物馆、档案馆、美术馆为陈列或保存版本的需要，复制本馆收藏的作品。

（9）免费表演已经发表的作品，该表演未向公众收取费用，也未向表演者支付报酬。

（10）对设置或陈列在室外公共场所的艺术作品进行临摹、绘画、摄影、录像。

（11）将中国公民、法人、其他组织已经发表的以汉语言文字创作的作品翻译成少数民族语言文字作品在国内出版发行。

（12）将已经发表的作品改成盲文出版。

例如，以台北101大楼为背景设计广告或者自行拍摄101大楼照片并做成明信片等。虽然"建筑物"也是受著作权法保护的著作之一，但是基于公益的考虑，定有许多合理使用的条款。101大楼是普遍性的大众建筑，因此拍照片将101大楼入镜或以101为背景拍摄海报等都是"合理使用"，并不算侵权；但是如果以雕塑方式重制雕塑物，就侵权了。图14-11为台北101官网。

图片来源：http://www.taipei-101.com.tw/

图 14-11　台北 101 官网

在此要特别提醒大家注意的是，即使某些合理使用的情况也必须明示出处，写清楚被引用的著作的来源。当然最佳的方式是在使用他人著作之前能事先取得著作人的授权。

14.4.4　电子签名法

传统的法律规定与商业惯例限制了网上交易的发展空间。中国政府于2004年8月28日在全国人民代表大会常务委员会通过了《电子签名法》，并于2005年4月1日起施行，后又于2015年4月24日做了修正。

《电子签名法》是为了规范电子签名行为，确立电子签名的法律效力，维护有关各方的合法权益而制定的法律。自此电子签名与传统手写签名和盖章具有同等的法律效力。《电子签名法》是我国推进电子商务发展、扫除电子商务发展障碍的重要步骤。舆论普遍认为《电子签名法》将会极大地促进电子商务在我国的快速发展。

14.5 网络著作权

在互联网尚未普及的时期，任何盗版和侵权行为都必须有实际的成品（如影印本和光盘）才能实行。但是，在今天这个高度数字化的互联网环境里，信息分享方式除了通过网站之外，也包含使用各种通信方式以及应用程序。数字化著作的复制非常容易，只要动用一些计算机指令，就能轻易地将任何的"智慧作品"（知识作品）复制和大量传送。

虽然网络是一个虚拟的世界，但是仍然要受到相关法令的限制，因为包括文章、图片、摄影作品、电子邮件、计算机程序、视频、音乐等都是受著作权法保护的对象。我们知道网络著作权仍然受到著作权法的保护，不过，我们知道著作权法不但有涉及保护作者著作权的条款，也有限制著作权的条款（合理使用原则）。

网络著作权就是讨论在网络上分享和传播他人的文章、音乐、图片、摄影作品、视听作品以及计算机程序等相关衍生的著作权问题，特别是包括"复制权"和"信息网络传播权"，应该经过著作财产权人授权才能加以利用。

在著作权法的"合理使用原则"之下，应限于个人或家庭、非散布、非营利的少量下载，如为报道、评论、教学、研究或其他正当目的必要的合理引用。

基本上，网络平台上即使未经著作权人允许而少量复制、改编及散布仍是可以的，但不能发行出版，因此并不是网络上的任何信息取得及使用都属于违法行为，但是要界定合理使用原则在实践中仍会有争议。

很多人误以为只要不是商业性质的使用，就是合理使用，其实未必。例如，单就个人使用或是学术研究等行为，就无法完全断定是属于侵犯知识产权，网络著作权的合理使用问题很多，本节后面将会进行讨论。

14.5.1 网络流通软件介绍

由于信息科技与网络的快速发展，知识产权所牵涉的范围越来越广（比如网络下载与刻录功能的方便性），使得网络著作权问题也越显复杂。例如，网络上传播的软件就可以分为三种，分述如下。

软件名称	说明与介绍
免费软件（Freeware）	拥有著作权，在网络上提供给网友免费使用的软件，并且可以免费使用与复制。不过不可将其复制成光盘并销售牟利
公共软件（Public Domain software）	作者已放弃著作权或超过著作权保护期限的软件
共享件（Shareware）	拥有著作权，可以让人免费试用一段时间，但是如果试用期满，就必须付费取得合法使用权

其中，"免费软件"与"共享件"仍然受到著作权法的保护，使用方式与期限仍然有一定限制，如果没有得到原著作人的许可，就都有侵害著作权之嫌。即使是作者已放弃著作权

的公共软件,也要注意著作人身权的侵害问题。下面我们还要介绍一些常见的网络著作权争议问题。

14.5.2 网站图片或文字

网站都会有相关的图片与文字,若未经网站管理者或设计者的同意就将其加入到自己的页面内容中就会构成侵权的问题。或者从网络直接下载图片,然后在上面修正图形或加上文字做成海报,如果事前未经著作财产权人同意或授权,就可能侵害到复制权或改编权。至于自行打印网页内容或图片,如果只供个人使用,并无侵权问题,不过最好还是必须取得著作权人的同意。不过,如果只是将著作权人的网页文字或图片作为超链接的对象,那么由于只是让用户链接到其他网站的标识,因此这是否涉及复制行为仍有待各界讨论。

14.5.3 超链接的问题

所谓的超链接(Hyperlink)问题,是指网页设计者以网页设计语言将他人的网页内容与网址加入到自己的网页内容中,就是把某网站的网址加入到自己的页面中,如http://www.baidu.com,虽然涉及了网址的复制问题,但是因为网址本身并不属于著作的一部分,所以不会有著作权问题,或是纯粹的文字超链接,只有简单的文本叙述,应该也未涉及著作权法规范的复制行为。如果是以图像作为链接按钮的形式,那么因为网页制作者已将他人的图像放置于自己的网页中,所以似乎已发生复制行为之疑。不过这已经成为网络普遍的现象,也有人主张这种行为是在合理使用范围之内。

还有一种框架链接(Framing),因为已将链接的页面内容在自己网页中的某一框架中显示出来,使链接的内容变成了自己网页中的一部分,这就涉及复制侵权的问题。

此外,网上盛行的网络博客文化,背景配以悦耳的音乐来吸引浏览者。对于这种案例,在台湾地区有一个实例:曾经有一位博客版本只是用 HTML 语句的框架将音乐播放器嵌入网页中,就被检察官起诉侵害著作权人的"公开传输权"(改编者注:这是台湾地区著作权法的提法,我们大陆这边称为"信息网络传播权")。因此大家在设计网站架构时,除非获得被链接网站主的同意,否则我们建议尽可能不要使用窗口链接技术。

14.5.4 电子邮件的转寄

电子邮件可以说是互联网上最重要、应用也是最广泛的服务,它的出现对于现代人的生活产生了非常大的改变。除了信息交流以外,大部分的人也习惯将文章和图片或他人的 e-mail,以附件方式再转寄给朋友或是同事一起分享。电子邮件的附件可能是文章或他人的信件或文本文件、音乐文件、图形文件、计算机程序压缩文件等,这些文件按照情形也等同有各自的著作权,因而这种行为已不知不觉涉及侵权行为。

例如,有些人喜欢未经当事人的同意就将寄来的 e-mail 转寄给其他人,这可能侵犯到别人的隐私权。如果是未经网页主人同意，就将该网页中的文章或图片转寄出去，就有侵犯复制权的可能。不过，如果只是将该网页的网址（URL）转寄给朋友，就不会有侵犯著作权的问题了。

更有些人喜欢恶作剧，常喜欢将附有血腥、恐怖图片的电子邮件转寄他人，导致收件人受惊吓而情绪失控。因为寄发这种恐怖的信息而造成他人精神受到损害，就可能触犯过失伤害罪或普通伤害罪。

14.5.5 MP3盛行的衍生问题

MP3音乐格式文件具有容量小的特点，使其变成了网络上主流的音乐文件。不过当初MP3格式的创造者也绝对没有想到这种格式对音乐界所带来的冲击是如此之大，让所有的唱片业者及歌手几乎都跳出来抗议。

根据著作权法规定，未经授权而在网络上大量下载或传输MP3文件是侵害著作权的行为，若是意图营利而发生这些行为，则须负担民事、刑事责任。有案例显示某大学生从互联网大量复制流行音乐并上传网络，法院认为学生触犯了著作权法的复制罪，当场查扣了学生的个人电脑，这个案件在社会上引发了相当大的震撼，使得MP3音乐再度被社会大众拿出来讨论。

事实上，无论是私下以光盘刻录机复制音乐CD或将音乐著作制成MP3音乐文件，之后置于网络上供人下载，都属于侵权行为。此外，还有一种状况是没有直接在自己的网页空间内放置侵权的MP3文件，只是在自己的博客内提供了直接链接至侵权的MP3音乐文件所在的网页来让用户直接下载，这也可能涉嫌侵权，因为这属于明知为侵害著作权却意图散布的行为。

14.5.6 P2P软件侵权问题

P2P（Peer to Peer）就是一种点对点分布式网络架构，可以让两台以上的计算机借助系统之间的直接交换来进行计算机文件和服务分享的网络传输形式。虽然P2P软件构建出一个新的信息交流环境，可是凡事有一利必有其弊，如今的P2P软件俨然成为非法的软件、影音内容及信息文件下载的工具。

只要在P2P软件上输入所要搜索的关键词，系统就会显示目前上线的网友中哪一个人的计算机里有你需要的软件，即可对所搜索的文件或数据进行下载。

当然这时下载的文件内容就不只局限于MP3音乐了，甚至包括原版的软件程序。虽然在使用上有其便利性、高质量与低价的优势，但是也带来了可能受到病毒的攻击、商业机密泄漏、非法软件下载等问题。

例如，之前有一个案例，法院宣判侵权的Kuro就是一个P2P环境的MP3音乐交换平台，在P2P数据共享架构下，用户之间相互交换文件，所使用的计算机都是用户个人自己的而非供公众使用的计算机。虽然Kuro强调这个软件只是提供音乐交流的环境，并不是盗版供货商，本身并没有提供任何非法的音乐，一切都是网友的自由意志，而且也无法对网友所交换的音乐进行控制，并且引用"技术中立原则"，宣称网站本身无从分辨用户传输的文件，所以并无侵犯他人著作权的意图。但是法官认为 Kuro 本身在电视广告中表示，提供平台供付费会员可下载高达五十万首的 MP3 歌曲文件，借此赚取会员费，已涉及商业利益，造成唱片业者的损失，并且直接构成侵害"复制权"和"信息网络传播权"。

14.5.7 高速缓存与镜像问题

所谓"高速缓存"（Caching）功能，就是计算机或代理服务器会在硬盘中复制浏览过的网站或网页，以加速日后浏览的连接和下载。也就是借助"高速缓存"的机制，浏览器可以减少许多不必要的网络传输时间，并加快网页显示的速度。通常"高速缓存"方式可以分为"个人计算机高速缓存"与"代理服务器高速缓存"两种。

例如，个人计算机高速缓存的用途就是将曾经浏览过的网页留存在自己电脑（PC）的硬盘上，以方便用户可以随时按下"上一页"或"下一页"工具按钮来阅读看过的网页。

至于"代理服务器高速缓存"的作用，就是当我们进入某网页时，代理服务器便会先搜索主机内是否有前一位网友已搜索过而留下的数据备份，若有就直接回传给我们，反之，代理服务器主机则会按照网址向该网络主机索取数据或信息。一份回传给我们，一份留存备份，以备日后搜索时使用，目的是达到避免占用网络带宽以及减少重复传送数据到该网络主机所花费的时间。

像这样上网浏览网页，以高速缓存方式暂存在服务器或硬盘中虽然涉及复制行为（复制权是专属于著作权人的权利），但是网络传输的必然复制这个问题并不一定触犯"暂时性复制"行为。在著作权法中，仅禁止一般人为的非法复制行为，至于计算机自动产生的复制则无相关规定，目前应该还算是在合理使用的范围内。

至于镜像（Mirrioring）功能则与"高速缓存"功能相似，比如说某些 ISP 的网站，会获取一些广受欢迎的热门网站的同意与授权，并将该网站的完整数据复制到自己的服务器上。当用户上网后，可以直接在 ISP 的服务器上看到这些网站，不必再连接到外部网络。不过，这还是会牵涉到该网站的时效、完备性及相关著作权与隐私权的问题。

14.5.8 暂时性复制

一般来说，信息内容在计算机中运行时就会产生复制的行为。例如，大家在计算机中播放音乐或影片时，内存中必定会产生和其相同的一份数据以供播放使用，这就算是一种复制。不仅如此，利用硬盘中暂存区空间所放置的数据（原意是用来加快读取的速度），在法律上而言，也是属于复制的行为。

在计算机与网络行为有涉及复制权的部分，包括上传（Upload）、下载（Download）、转贴（Repost）、转发（Forward）、将著作存放于硬盘（或磁盘、光盘、随机存取器（RAM）、只读存储器（ROM））、打印（Print）、修改（Modify）、扫描（Scan）、制作文件或将 BBS 上属于著作性质的信息制作成精华区等。

不过按照世界贸易组织《与贸易有关的知识产权协议》第九条提到，修正"复制"的定义，使包括"直接、间接、永久或暂时"的重复制作。另增订特定的暂时性复制情况不属于"复制权"的范围。

例如，我们使用计算机网络或激光播放机来观赏影片、聆听音乐、阅读文章、观看图片时，这些影片、音乐、文字、图片等影像或声音都是先通过机器的作用而"复制存储"在计算机或激光视盘机内部的随机存储器之后，再显示在电视屏幕上。

声音则是利用音响设备来播放的，当关机的同时这些信息也就消失了，这种情形就是一种"暂时性复制"的现象。

这是属于技术操作过程中必要的过渡性与附带性流程，并不具有独立经济意义的暂时性复制，因此不属于著作人的复制权范围，不必获得著作人的授权或同意。

14.5.9 侵入他人计算机

网络黑客侵入他人的计算机系统，无论有无破坏行为，都已构成了侵权的行为。之前曾有人入侵政府机关的网站，并将网页图片换成色情图片；也有学生入侵学校网站篡改成绩的，这样的行为已经构成刑法"入侵计算机系统罪"、"破坏计算机信息系统罪"和"干扰计算机罪"等，应该依法量刑。

如果通过输入删除、修改、增加的操作指令而对计算机系统中存储、处理或者传输的数据以及应用程序进行破坏的行为，就构成"破坏计算机信息系统罪"。依照中华人民共和国的《刑法》第二百八十六条：违反国家规定，对计算机信息系统功能进行删除、修改、增加、干扰，造成计算机信息系统不能正常运行，后果严重的，处五年以下有期徒刑或者拘役；后果特别严重的，处五年以上有期徒刑。

随着网络宽带的大幅改善，现在许多年轻人都沉迷于网络游戏。网络游戏日渐风行，相关的法律问题也随之产生。网络游戏吸引人之处在于玩家只要持续上网"练功"或者"杀怪"就能获得宝物、装备或者虚拟游戏货币。而网络游戏的虚拟游戏货币是可以用实际货币充值的，这些虚拟的游戏货币可以转换成网络游戏的时间或者购买游戏中的武器和宝物等。于是这些虚拟世界的宝物和货币往往可以转卖给其他玩家以赚取现实世界的金钱，它们以一定的比率兑换，这样虚拟宝物和货币就具有可交易的价值了。有些玩家运用自己丰富的计算机知识，利用特殊软件（如特洛伊木马程序）进入计算机暂存盘获取其他玩家的账号和密码，或用插件洗劫对方的虚拟宝物和游戏货币，再把那些玩家的装备和游戏币转到自己的账号来，甚至把其他玩家的整个游戏账号窃取再盗卖。对于玩过《魔兽世界》这款著名游戏的玩家而言，最痛苦的无外乎是辛辛苦苦"修炼的"账号被盗了。图 14-12 就是游戏运营商给玩家提供的用于保护游戏账号的战网安全令。珍爱这款游戏的玩家基本都会选择这个方案作为保护自己账号的方法之一。

图片来源：https://www.battlenet.com.cn/

图 14-12 通过战网安全令来保护账号这种虚拟财产

这到底构不构成犯罪行为？由于游戏的虚拟宝物和货币目前一般已认为具有财产价值——虚拟财产，因此这已经构成了非法获取计算机信息系统数据罪。对于是否同时构成盗窃罪，因为存在对虚拟财产价值认定的难题，所以需要在司法实践中不断探索，以便不断补充和完善现有刑法的细则，以便在认定"盗窃罪"时避免诸多争议。

项目研究与分析　个人信息保护法

随着科技与网络的不断发展，信息得以快速流通，信息的存取也更加容易，特别是在享受电子商务带来的便利与繁荣时，也必须承担个人信息易于外泄甚至被不当利用的风险，因此个人信息保护也就越来越受到各界的重视。近年来一直不断发生电子商务网站个人信息外泄的事件，如何加强保护个人信息和加快个人信息保护法的立法是电子商务产业面临的一大挑战。

所谓个人信息保护法，就是一部保护个人信息的法律条款。在中国，这项法律尚在制订中。从无到有，先要确立法律的名称、立法模式、立法的意义和重要性，还要规定法律的适用范围、法律的适用例外及其规定方式、个人信息处理的基本原则等，以及刑事责任。

在大型电子商务平台上面的卖家和买家，都会要求使用身份证号码、手机号码或者邮箱等来作为账号的信任认定，这类资料都是个人信息的一部分，都需要进行保护，甚至涉及个人隐私方面，应该通过立法明确侵权的界定，严禁被滥用、盗用或不当使用等。

对全世界来讲，《个人信息保护法》都是新鲜事物，如果不加快立法和执法，从根本上就难以解决目前诈骗事件频发、垃圾邮件和骚扰电话不断等乱象。就只针对电子商务而言，有了明确的《个人信息保护法》的法律条款，违者可能就得承担罚金和刑事责任，这样电子商务健康有序地发展才多了一项保障。

本章重点整理

- 电子商务确实改变了传统实体交易的形态,只要通过电子化技术与网络就可以进行资金、货物与信息的流动,大幅节省了营销成本与时间。
- 伦理是一个社会的道德规范系统,赋予人们在动机或行为上判断的基准,也是存在人们心中的一套价值观与行为准则。
- 对于拥有庞大人口的计算机用户或网友,当然也需要有一定的道德标准来加以规范。这就是"信息伦理"将要讨论的范畴。
- 信息素养(Information Literacy)可以看成是个人对于信息工具与网络资源价值的了解与应用能力,更是未来信息社会生活中必备的基本能力。
- 信息素养的核心精神是在训练普罗大众,在符合信息社会的道德规范下应用信息科技,对所需要的信息能利用专业的信息工具有效地查询、组织、评估与使用。
- McClure教授于1994年时首度清楚地将信息素养的范围划分为传统素养(Traditional Literacy)、媒体素养(Media Literacy)、计算机素养(Computer Literacy)与网络素养(Network Literacy)这几种信息能力的总和。
- Richard O. Mason在1986年提出的以信息隐私权(Privacy)、信息精确性(Accuracy)、信息所有权(Property)、信息使用权(Access)等四类议题来界定信息伦理,因而被称为PAPA理论。
- 隐私权在法律上的诠释是一种"独处而不受他人干扰的权利",属于人身权的一种,是为了主张个人自主性及其身份认同,并达到维护人身尊严的目的。
- 美国科技大公司谷歌(Google)也十分注重用户的隐私权与安全。当谷歌地图小组在收集街景服务影像时会对影像进行模糊化处理。
- 一般电子商务网站管理者也应该在收集用户数据之前,事先告知用户,数据内容将如何被收集以及将会如何进一步被使用和处理,并且会尽到保护的责任,务求保护数据的隐秘性与完整性。
- 信息不精确也会给现代社会与企业组织带来极大的风险,其中包括信息提供者、信息处理者、信息媒体与信息管理者四个方面。
- 由于信息类的产品是以数字化格式的文件进行流通的,因此很容易出现非法复制的情况,加上刻录设备的普及与网络下载的推波助澜,使得侵权问题日益严重。
- 美国1998年数字千禧年著作权法案(DMCA)制定了相关的免责规定,只要网络服务业者(如YouTube)收到著作权人的通知,就必须立刻将被指控侵权的数字内容隔绝并下架。网络服务业者可以因此而免责。
- 信息使用权最直接的目的就是在探讨维护信息使用的公平性,包括如何维护个人对信息使用的权利、如何维护信息使用的公平性以及在哪种情况下组织或个人所能使用信息的合法范围。
- "知识产权"所牵涉的范围越来越广,在大家轻易、快速通过网络获取所需信息的同时,使得信息的知识产权归属与侵权的问题越显复杂。

- "知识产权"必须具备"人类精神活动的成果"与"产生资产上的价值"的特性范围，同时也是一种"无形资产权"，是由法律所创设的一种权利。
- 知识产权立法的目的在于通过法律提供创作或发明人专有的、排他的权利，包括"商标权"、"专利权"、"著作权"。
- 专利权是指专利权人在法律规定的期限内，对其发明创造所享有的一种独占权或排他权，并具有创造性、专有性、地域性和时间性。
- 著作权属于知识产权的一种。制定著作权法的目的是：为保护文学、艺术和科学作品作者的著作权，以及与著作权有关的权益，鼓励有益于社会主义精神文明、物质文明建设的作品的创作和传播，促进社会主义文化和科学事业的发展与繁荣，根据宪法制定。受到著作权法保护的作品包括创作的文学、艺术和自然科学、社会科学、工程技术等。
- 著作的发表权是决定作品是否公之于众的权利。
- 所谓著作权法的"合理使用原则"，是指法律规定著作权人对某部作品享有充分权利的同时，在作品的利用方面对社会必须履行一些义务，包括著作权的"合理使用"、著作权的法定许可使用、著作权的强制许可使用。就是在特定条件下，法律允许他人自由使用享有著作权的作品而不必征得著作权人的同意，也不必向著作权人支付报酬的制度。
- 《电子签名法》是为了规范电子签名行为，确立电子签名的法律效力，维护有关各方的合法权益而制定的法律。自此电子签名与传统手写签名和盖章具有同等的法律效力。
- 网络著作权就是讨论在网络上分享和传播他人的文章、音乐、图片、摄影作品、视听作品以及计算机程序等相关衍生的著作权问题，特别是包括"复制权"和"信息网络传播权"，应该经过著作财产权人授权才能加以利用。
- "免费软件"与"共享件"仍然受到著作权法的保护，使用方式与期限仍然有一定限制，如果没有得到原著作人的许可，就都有侵害著作权之嫌。
- 有些人喜欢未经当事人的同意就将寄来的 e-mail 转寄给其他人，这可能侵犯到别人的隐私权。
- 所谓"高速缓存"（Caching）功能，就是计算机或代理服务器会在硬盘中复制浏览过的网站或网页，以加速日后浏览的连接和下载。
- 就只针对电子商务而言，有了明确的《个人信息保护法》的法律条款，违者可能就得承担罚金和刑事责任，这样电子商务健康有序地发展才多了一项保障。

本章习题

1. 在公开场所播放或演唱别人的音乐或录音著作应征得著作权人的同意或授权，有关同意或授权的条件该找谁谈？
2. 小华把小丁写给小美的情书偷偷传给其他同学看，这样是否有侵权的行为？为什么？

3. 试说明信息精确性的精神所在。
4. 什么是著作人的发表权？试说明之。
5. 试简述复制权的内容与刑事责任。
6. 什么是高速缓存功能？有哪两种？
7. 网络黑客侵入他人的计算机系统可能触犯哪些刑事责任？
8. 试举实例说明表演权。
9. 自己购买了一套电影 DVD，能否自己刻录一份当作备份 DVD？同时偶尔还会把备份借给同学欣赏，这种行为对吗？
10. 有一个视觉传播系的同学拍摄了一部影片用作毕业展，但是影片有一个界面出现了美术馆中展示的个人画作，请问这样是否会有著作权的争议？
11. 小华购买了一套正版单机操作系统软件，装进自己和姐姐的计算机中，这有侵权的问题吗？
12. 试说明著作人身权的内容有哪四种。
13. 著作权的"合理使用原则"有哪几项？
14. 请问计算机程序合法持有人拥有的权利是什么？
15. 当著作权人死亡后，能再享受多长年限的著作权保护？遇到侵权行为时赔偿的优先权是什么？
16. 请简述信息伦理的适用对象与定义。
17. 什么是信息素养？
18. 试简述 PAPA 理论。

第 15 章 电子商务的展望与未来

在中国，随着网络通信基础建设日趋成熟，经由宽带网络、无线网络上网的网民已经达到了 6.68 亿人，电子商务的规模也已经超过 15 万亿元，未来的市场将是面对全世界的国际化市场！随着互联网带来的跨国性、信息性以及流通性，电子商务改变了传统的交易模式，促使消费和贸易金额快速增加。阿里巴巴董事局主席马云更大胆直言 2020 年时电子商务将取代实体零售主导地位，占据整体零售市场 50%的销售额。图 15-1 为淘宝的官网首页。

图片来源：https://www.taobao.com

图 15-1　淘宝在线购物金额近年来持续大幅度增长

15.1　电子商务的展望与未来方向

电子商务对现代企业而言存在着无限的可能，势必成为将来商业发展的主流，未来将不只是把商品放到网络上去卖，还要为顾客提供一个良好的购物环境和优化的购物体验。未来的消费者将不仅仅只重视商品的价格和规格，更加看重网络交易的便利性与可信任度。电子商务几乎成为所有产业全新的必要渠道，未来消费者也确定会采用网络进行购物，在本章中我们将讨论一下电子商务的展望与未来方向。

15.1.1 移动商务与社区结合

电子商务市场竞争的确越来越激烈,随着4G移动网络技术的广泛应用,随时随地都能提供上网服务与信息搜索功能,高速的无线网络增加了新的商机,而电子商务这块"饼"也会越做越大。"移动商务"即将成为新的蓝海。根据 IDC(Internet Data Center,国际数据公司)报告显示,目前美国境内通过移动设备上网的人数已经超过了从计算机上网的人数,在消费类电子设备全面走向移动产品之际,移动商务誓必将成为电子商务市场未来发展的重点。图15-2为中国移动官网推广4G的情况。

图片来源:http://www.10086.cn/

图 15-2　随着 4G LTE 的普及化,企业开始积极投入移动商务领域

电子商务客户群本身就接近一种社区形态。不管是先由特定社区拓展到商品销售,还是反过来因为销售相关商品而发展成特定的社区,电子商务本身就存在成为一个社区的必要条件。企业是否能在电子商务市场中脱颖而出,从心态上必须要学会从销售商品转变为经营会员,也就是要懂得对客户群的维护,以最好的性价比去满足消费者的需求,不断积累并收集消费者对商品评价的信息,最后自然而然地创造商业价值。全球产业数字化以来,从电子商务转型到移动商务,趋势已经不可逆转。目前当红的移动商务加上社区经营的概念,共同为移动商务带来新的面貌和机会。网络社区与移动购物相结合将是未来一个重要的发展方向。

15.1.2 宅经济的流行风潮

"宅男、宅女"这组名词是从日本流传过来的,被用来形容那些足不出户整天呆坐在计算机前看影音视频、玩网络游戏、逛网拍平台购物等却没有其他嗜好的人们。这些消费者只要动动手指,就能轻松在网络上购物,每一件商品都可以由物流配送公司送到家里。

在日本经济一派不景气当中,宅经济(Stay at Home Economic)带来的"宅"商机却创造出另一个经济奇迹!近年来,宅经济这个名词迅速蹿红,在许多报刊中都可以看见它的身影。未来不管是年轻人还是退休的银发族，都得学习一个人自己打发时间的生活潮流。宅经济要求不必出门，一个人生活，就是这些为数不少的人带动了宅经济的兴起。

宅经济不光是在日本。这股靠着网络旋风而起的经济拉动了全球电子商务的产值年年突破预期，比如网购、网络游戏、手机游戏、上网设备等。例如，近年来每年11月11日的"1111"光棍节，在国际市场也引爆了不少话题。"光棍节"的宅经济交出惊人的成绩：2014年中国电子商务龙头阿里巴巴旗下的购物网站在"光棍节"开始一小时零十二秒时交易金额就已达到20亿美元，而在2015年"光棍节"只用17分58秒，阿里巴巴旗下的购物网站"天猫"的无线交易额就超过100亿人民币！图15-3为在"光棍购物狂欢节"中交易金额创新纪录的天猫网。

图片来源：https://www.tmall.com/

图15-3　宅经济为电子商务的未来带来新蓝海

宅经济商机的"大饼"让网络游戏也随着闲暇的人数增加而发展迅速，越来越多的民众喜欢窝在家或网吧玩网络游戏。除了大型网络游戏，一度受台湾地区"手机低头族"欢迎而蹿红的手机转珠游戏"神魔之塔"就是拜宅经济所赐。图15-4为"神魔之塔"游戏在手机上的屏幕界面。

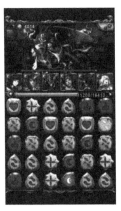

图15-4　宅经济捧红了"神魔之塔"手机游戏

15.1.3 线上到线下商务模式的兴起

新一代的电子商务已经逐渐发展出创新的"线上到线下"商务模式（Online To Offline，O2O），通过更多的虚实整合，全方位满足顾客需求。O2O 就是整合"线上（Online）"与"线下（Offline）"两种不同平台所进行的一种营销模式，由于消费者可以"一直在线（Always Online）"，因此让线上与线下能快速接轨，通过改进线上消费的流程就可以直接带动线下消费。消费者可以直接在网络上付费，而在实体商店中享受服务或提走商品。

简单来说，O2O 就是消费者在虚拟渠道（Online）付费购买，然后再到实体商店（Offline）取货或享受服务的新兴电子商务模式。例如，美国网就包含有这种电子商务模式（见图 15-5）。O2O 能整合实体与虚拟渠道的 O2O 营销，特别适合"异业结盟"与"口碑销售"，因为 O2O 的好处在于订单在线上产生，每笔交易都可追踪，也更容易沟通和维护与用户的关系，而传统交易比较难掌握消费者个人的特点和喜好。

图片来源：http://www.meituan.com/

图 15-5　包含有 O2O 电子商务成分的美团网

下面我们以美团网提供的影院"在线选座"服务为例。美团网的服务是希望消费者从订位开始就是一个很棒的体验。除了影院"在线选座"的服务外，美团网还提供餐厅订位、KTV 在线预订甚至酒店预订等主要业务，后来也导入了主动销售代金券的服务，不仅满足了熟客的需求，成为免费的宣传，还实实在在地增加了订单，拓展了的营收。图 15-6 是美团网上提供的影院"在线选座"情况。

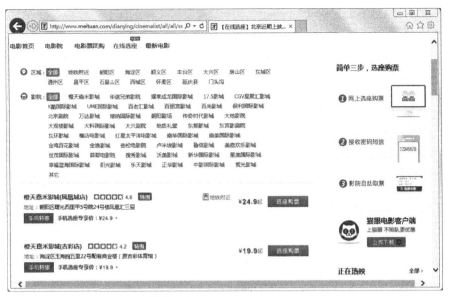

图片来源：http://www.meituan.com/

图 15-6　美团网中的影院"在线选座"

移动购物更是朝着虚实整合的 O2O 体验发展，从流畅地连接上网浏览商品到消费流程，线上到线下无缝地整合营销体验。目前采用 O2O 模式的电子商务网站要迁移到移动网络上，除了要设计移动设备端的 App，还需要解决移动设备端的在线支付问题。这是移动 O2O 电子商务目前的瓶颈。移动支付方兴未艾，方案不少，但是存在的问题也不少，主要有以下三个。

（1）移动网络运营商和金融机构间缺乏合作。

（2）交易的安全问题未能妥善解决。

（3）行业标准尚未能完全完善和统一。

15.1.4　智能家电整合的趋势

智能家电（Information Appliance）就是计算机、通信、消费类电子产品的所谓 3C 融合而成，是一种可以进行数据双向交流与智能判断的家用设备，也是泛指作为连接上网或是加入了上网机制等的家用电器。目前看到比较多的是计算机与通信相互融合的设备，未来从符合人类的智能化操控，结合云端应用与智能节能省电，所有家电都会整合到智能型家庭网络中，并通过管理平台连接到外部的广域网。

例如，最近日本推出了一款 FUZZY 智能型洗衣机，可以根据所洗衣物的纤维成分，通过智能手机或平板电脑，以无线网络或短距离无线通信等技术，从远程遥控来决定水量和清洁剂的多少及自动洗衣时间的长短。目前智能家电已经具备了网络信息访问能力，并且能与其他设备互动，加上其简单易用的特色，在未来的家庭生活中将会扮演非常重要的角色。图 15-7 为智能家电的例子。

图 15-7　智能型冰箱与洗衣机

未来配合"宽带到户"的信息服务,结合信息科技与智能家电的应用,也是电子商务未来发展的趋势之一,而受惠最大的仍然是网购产业。智能电视结合了电视与计算机的功能,在家中只要通过智能电视,在客厅就可以上网点播影视节目,或是登录社交网络实时分享观看的电视节目和心得,也可以让用户通过免费和付费的方式下载节目,把更多用户可能的需求都整合到智能电视机上。例如,微信(WeChat)已经可以连接智能家电,开始走进居家生活,如图 15-8 所示。

图片来源:http://www.ifanr.com/(爱范儿)

图 15-8　可以通过微信连接并控制的海尔智能冰箱

15.2　大数据的革命

大数据趋势的浪头正在席卷全球,数据成长的速度越来越快、种类也越来越多,从 2010 年开始全球数据量已进入 ZB(zettabyte,泽字节)时代,并且每年以 60%~70% 的速度向上攀升，面对不断扩张的惊人数据量，大数据（Big Data）的存储、管理、处理、搜索、分析等能力也将面临新的挑战。

以惊人速度不断被创造出来的大数据为各产业的运营模式带来新的契机。过去使用传统媒体从事营销活动，受限于传播对象的不精确，造成广告效果难以估算。如今分析和利用大数据已经成功地跨入电子商务领域。

现在电子商务发展迅速，针对大数据的分析结果，业者必须能够获得消费者需求的信息，才具有分析的意义。例如，2014年"双十一购物狂欢节"，阿里巴巴网站能够实时显示在线交易的情况。大数据的运用将会推动电子商务朝更精细化发展，从数据分析中获取更新的商业信息，企业可以更准确地判断消费者的需求并了解他们的行为，从而制定出更具市场竞争力的营销方案，这将是电子商务下一阶段的发展课题。

智能手机的兴起更加快了云计算与大数据的发展。例如，2015年10月8日宣布与美团网合并的大众点评网就是中国领先的本地生活信息及交易平台，也是全球最早建立的独立第三方消费者点评网站。大众点评不仅具有O2O模式，也是最早的一批移动互联网公司。自2003年成立以来，大众点评累积了海量的"吃喝玩乐"生活消费数据，大众点评月活跃用户数超过1.7亿，移动客户端累计独立用户数已超过1.8亿，点评数量超过4200万条，收录的商户数量已超过1000万家。

大众点评的"商务推广服务"就是基于所累积的"吃喝玩乐"大数据分析的结果，精准地把商户推荐给目标消费者。图15-9为大众点评商务推广服务的首页。大众点评网把"吃喝玩乐"大数据分析的结果做成了另外一项生意——精确推广营销。

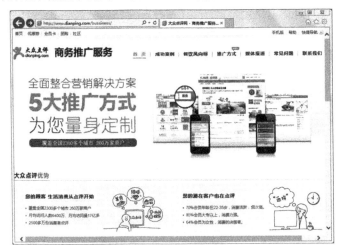

图片来源：http://www.dianping.com/bussiness/

图15-9　基于大数据分析结果的大众点评"商务推广服务"

15.2.1　认识大数据

大数据（又称海量数据、巨量数据、Big Data、Mega Data）是由IBM公司于2010年提出的，主要特性包含五个层面（即5V特点，见图15-10）：Volume（大量）、Velocity（高速)、Variety(多样性)、Value(价值)和 Veracity(真实性)。大数据的应用技术已经颠覆了传统的数据分析思维。另外,对于大数据,研究机构 Gartner 给出了这样的定义:大数据是需要新处理模式才能具有更强的决策力、洞察发现力和流程优化能力的海量、高增长率和多样化的信息资产。

我们可以这么解释:大数据其实是巨大数据库加上处理方法的一个总称,而大数据的相关技术则是针对这些大数据进行分析、处理、存储及应用。大家可以想想看,如果处理这些大数据,无法在有效时间内快速获得所要的结果,就会大大降低获得这些数据所产生的价值。

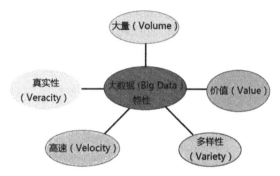

图 15-10 大数据的五项主要特性

15.2.2 大数据的规模

近年来计算机 CPU 处理速度与存储性能大幅提高,因此渐渐被应用于实时处理非常大量的数据。所谓大数据(Big Data)处理是指在一定时效(Velocity)内进行大量(Volume)、多样性(Variety)、有价值(Value)和真实性(Veracity)数据的获得、分析、处理、保存等。而多样性数据类型则包括文字、影音、网页、流媒体等结构化和非结构化的数据。例如,网络的云计算平台,每天是以数 quintillion(百万的三次方)字节的增加量持续增长,所谓 quintillion 字节约等于 10 亿吉字节(GB),尤其在现在网络讲究信息分享的时代,数据量很容易达到太字节(Tera Bytes,TB),甚至上拍字节(Peta Bytes,PB)。

因此,没有人可以说清楚,超过哪一项标准的数据量才叫大量。如果数据量不大,可以使用计算机和常用的工具软件慢慢算完,就用不到大数据的专业技术。也就是说,只有当数据量巨大且有时效性(高速)的要求时,才需要应用大数据技术进行相关处理。为了让大家实际了解这些数据量到底有多大,这里给出下表,以供大家参考。

1 byte = 8 bits

1 Kilobyte = 1000 bytes

1 Megabyte =1000 Kilobytes = 1000^2 bytes

1 Gigabyte = 1000 Megabytes = 1000^3 bytes

1 Terabyte = 1000 Gigabytes = 1000^4 bytes

1 Petabyte = 1000 Terabytes = 1000^5 bytes

1 Exabyte = 1000 Petabytes = 1000^6 bytes

1 Zettabyte = 1000 Exabytes = 1000^7 bytes
1 Yottabyte = 1000 Zettabytes = 1000^8 bytes
1 Brontobyte= 1000 Yottabytes = 1000^9 bytes
1 Geopbyte = 1000 Brontobyte = 1000^{10} bytes

事实上,大数据涉及的层面很广,所谈的重点不仅限于数据的分析,还必须包括数据的存储与备份,并且必须将获得的数据进行有效的处理,否则就无法利用这些数据进行社交网络行为的分析,也无法为厂商进行客户分析。

这里以大众点评网(图15-11)为例,因为用户人数众多,所以为了记录每一位用户的数据、点赞、评论、消费、分享、推荐和新上传的图片就必须借助各种不同的技术。接着大众点评才能利用这些获得的数据去分析每个人的喜好,对他们进行归类。然后再分类投放他们感兴趣的广告。这样才能做到精准营销。

图片来源:http://www.dianping.com/

图15-11　大众点评需要将这些日积月累的大数据进行分析才能用于精准营销

又如高速公路的速通卡(Electronic Toll Collection System, ETC),即不停车收费系统。有了速通卡(车上安装),以感应的方式就可以获取车子通过的信息(哪些车子通过、通过时间以及相关的信息)。这些信息都记录在收费数据库中,长年累月,就形成了大数据。如果想加以利用,就需要对这些获取的数据进行分析、处理、备份并保证数据的安全性(隐私问题),分析和处理过程需要借助一些相关的技术,比如物联网、云计算等。

大数据是目前相当具有研究价值的议题。过去在讨论大数据时,我们可能认为大数据的处理和分析技术是最需要积极发展的,但现在面临全面的大数据时代,重点就在于培育跨领域的新型数据分析人才,非常有必要顺应大数据处理需要的相关技术,在各大学、研究所等教育机构,成立专门的科技或研究单位,为未来培养需要的大量人才。中国国务院于2015年8月31日印发了《促进大数据发展行动纲要》,要求各省、自治区、直辖市人民政府,国务院各部委、各直属机构，认真贯彻落实。图 15-12 为这个行动纲要的图解。

图片来源：http://www.gov.cn/

图 15-12　中国国务院印发的《促进大数据发展行动纲要》之图解

15.2.3　Hadoop 技术简介

身处大数据时代，随着数据不断增长，企业对数据分析和存储能力的需求必然大幅上升，只要提到大数据就绝对不能漏掉关键技术 Hadoop，因此 Hadoop 一跃成为当今科技领域最炙手可热的话题，它的发展十分迅速，俨然成为非结构化数据处理的标准，彻底颠覆了整个产业的面貌。

Hadoop 是 Apache 软件基金会（Apache Software Foundation）的开放源码计划（Open Source Project），为了应对云计算与大数据的发展所开发出来的技术。Hadoop 由 Java 编写并免费开放源码，是用来存储、处理、分析大数据的技术。其优点包括良好的扩充性、程序部署快速等，同时能有效地分散系统的负荷，让企业可以快速存储大量结构化或非结构化的数据，远远大于今日关系数据库管理系统（RDBMS）所能处理的量。

近年来由于社交网站和移动设备的风行，用户疯狂通过手机、平板电脑、计算机等在社交网站上大量分享各种信息，许多热门网站拥有的数据量都上到 PB 等级，比如百度、淘宝、腾讯、Facebook、Google、Twitter 等科技龙头企业并都先后选择 Hadoop 技术来处理自家内部大量数据的分析，连全球最大连锁超市沃尔玛与跨国性拍卖网站 eBay 都是采用 Hadoop 来分析顾客搜索商品的行为，并发掘出更多的商机。图 15-13 为 Hadoop 的官网。

图片来源:http://hadoop.apache.org/

图 15-13　Hadoop 的官网

这项技术的由来主要是因为传统的文件系统无法负荷互联网快速爆炸成长的大数据,在以谷歌(Google)搜索引擎的相关学术论文为参考对象的基础下,慢慢演变出一套可以存储、处理、分析大数据的先进处理方法。Hadoop 技术目前无疑是全球企业用来应对大数据需求的主要投资项目之一。使用这项技术时,不需要额外购买昂贵的软硬件平台,只需在服务器群组导入并行数据处理的功能即可。Hadoop 可以处理任何数据类型,必将会逐渐成为企业日常运营不可或缺的系统。

15.2.4　大数据的应用愿景

在国内外许多拥有大量顾客数据的企业都纷纷感受到这股如海啸般来袭的大数据浪潮。这些大数据中遍地是黄金,不少企业更是从中嗅到了商机。大数据分析技术是一套有助于企业组织大量搜集、分析各种数据的解决方案。大数据相关的应用不完全只有基因演算、国防军事、海啸预测等数据量庞大的才需要使用大数据技术,横跨电子商务、决策系统、广告营销、医疗辅助或金融交易等也存在大量机会使用大数据的相关技术。

由电子商务、社区媒体和智能手机构成的新移动电子商务近年来不但带动消费方式的巨变,更为大数据带来庞大的应用愿景,同时也是了解客户行为与精准营销的利器。

星巴克咖啡正在将曾推出的会员卡转换成手机 App(见图 15-14)。手机 App 有助于星巴克通过数据了解消费者,再设法利用大数据分析针对潜在客户进行一对一的精准营销。目标是希望每两杯咖啡中就有一杯是来自熟客所购买。这项目标成功的背后靠的正是收集以会员为核心的大数据。通过分析这些潜在客户,星巴克更能瞄准未来的客户群进行精准营销。

第 15 章 电子商务的展望与未来

图片来源：https://www.starbucks.com.cn/

图 15-14 星巴克咖啡正在将曾推出的会员卡转换成手机 App

亚马逊（Amazon）商城会根据客户浏览的商品，从已构建的大数据库中整理出曾浏览该商品的所有人，然后会给这位新客户一份建议列表（见图 15-15）。在建议列表中会列出曾经浏览这项商品的人也同时浏览过哪些商品，甚至那些曾购买这项商品的人也同时购买过哪些相关性的商品。通过这份建议清单，新客户可以快速做出购买的决定，而这种大数据结合相关技术的推荐做法也确实为亚马逊商城带来了更多商机与利润。

图片来源：https://www.amazon.cn/

图 15-15 亚马逊（Amazon）应用大数据技术提高商品的销售量

同样的应用概念，爱奇艺视频网站根据用户之前看过的影视节目类型和目前选看的影视节目类型进行分析，然后再提供给用户一份影视片的推荐清单，如图 15-16 所示。

289

图片来源：http://www.iqiyi.com/

图 15-16　大数据处理技术有助于成功推荐影片给用户

　　大数据除了网络营销领域的应用外，是不是在我们的生活中也有许多重要的应用？以医疗应用为例，为了避免医生的疏忽，美国医疗机构与 IBM 推出 IBM Watson 医生诊断辅助系统。首先医生会对病人问几个病征问题，然后 Watson 医生诊断辅助系统会从大数据分析的角度帮助医生列出更多的病征选项，以降低医生疏忽的机会。事实上，大数据技术也能帮助卫星导航系统构建完备实时的交通数据库。大数据相关的数据挖掘技术甚至在美国大选中为奥巴马阵营的竞选活动提供了大量的参考信息，并帮助奥巴马阵营成功打赢了选战。

项目研究与分析　网络服务（Web Service）

　　当电子商务导入更多互联网技术之后，越来越多的用户开始使用网络服务。随着网络服务技术逐渐成熟，预期未来电子商务运营模式将会因为网络服务模式而大幅改变。网络服务可以看成是一个软件系统，用来支持网络间不同系统之间的互动操作，让每一个企业组织能与商业伙伴公司的应用系统加以整合，双方只要遵循标准的协议就可以顺畅地沟通，达到真正共享和交换信息的便利性。"京东"网络商场提出"开放平台要致力于成为卖家整体解决方案提供商"的目标，把自己定位为供应链的增值服务商，并称非标准化产品将永远依赖于合作伙伴。京东对外发布了面向开放平台合作伙伴的技术、物流、服务、财务四大支持计划，旨在为具有不同业务特点和规模特征的各商家提供一站式全方位服务，为合作伙伴创造更加良性的发展环境。例如，在京东购物网站销售的一体机电脑，有京东自营代销的，也有合作伙伴在京东平台销售的，如图 15-17 所示。

图片来源:http://www.jd.com/

图 15-17　京东提供开放平台给合作伙伴

基本上,分布式处理的精神就是将资源或运算的工作分散给网络中其他的主机或服务器,网络程序的执行不再被局限于单一计算机上。从早期的主机架构、主从式架构到面向服务的架构,服务质量的整合已经成为任何一个网络系统成功的重要因素。现在互联网上当红的网络服务技术就是分布式系统,它将成为未来互联网发展的核心技术之一。

- 面向服务的架构(SOA)

从技术面来看,目前相当流行的"面向服务的架构"(Service Oriented Architecture,SOA)就是一个以服务为基础的处理架构模型,在互联网的环境下通过标准的界面将分散各地的资源整合成一个信息系统。其中开放标准就是 SOA 的核心特色,由网站服务技术等标准化组件组成,通过 SOA 让不同性质的系统整合变得容易,这些模块化的软件组件不但可以重复使用,而且可以避免不同平台开发程序之间进行相互整合的困扰,比如提款机上的跨行提款系统就可以成为 SOA 的最佳应用。

- 网络服务内容

从软件的角度来看,SOA 也算是一种软件的架构,而网络服务(Web Service)则是在 SOA 架构下的一种软件组件与服务的概念。在当前网络科技高速的发展趋势下,分布式处理的架构逐渐受到大家的关注,SOA 可以通过网络服务来将网络视为一个巨大的操作平台,所有的服务都可从网络上的网站自动连接完成,这样的做法解决了各种平台和程序设计语言之间的差异性,让进行连接操作的两端并不需要在交易期间进行事先的沟通工作。

传递数据的交换工作在互联网上是非常重要的,特别是传送的数据文件必须标准化。由于 XML 在数据交换上性能卓越,因此能够轻松地在网络架构中进行数据处理与交换。

万维网联合会(World Wide Web Consortium,W3C)所定义的网络服务(Web Service)

标准成功地在 HTTP 通信协议上提供了标准化的接口，就是以 XML 与 HTTP 为基础，制定了三个标准（SOAP、UDDI、WSDL）来为其他的应用程序提供服务。Web Service 主要利用 WSDL 来进行描述，然后通过 SOAP 标准协议互相沟通，最后再由注册中心（UDDI）发布，从而使开发者和电子商务应用程序可以搜索和连接。WSDL、SOAP、UDDI 三个标准的说明如下。

（1）SOAP（Simple Object Access Protocol，简易对象访问协议）：1999 年由微软的研发中心与 Lotus、IBM 等大公司提出，它建立在 XML 的基础上，是一种结构简单的轻量级数据传输协议，用以定义在 HTTP 的协议上访问远程对象的方法。只要信息收发双方都支持此协议，就可以彼此交谈。目前用于分布式网络环境下进行数据信息交换，主要着力于结合 HTTP 与其衍生架构。

（2）WSDL（Web Services Description Language，Web 服务描述语言）：是由微软与 IBM 携手合作所发表的一种以 XML 技术为基础的互联网服务描述语言，扩展文件名为 .WSDL，是一种用来描述 Web 服务的语言，使用一种标准方法来描述自己拥有哪些能力，可描述 Web 服务所提供的功能与定义的接口、访问的方式及位置。

（3）UDDI（Universal Description, Discovery and Integration，通用描述、发现与集成服务）：是由 Ariba、IBM、微软三大公司联合主推的 Web 服务注册与搜索机制，主要建立在 XML 技术之上，属于一种 B2B 电子商务所使用的注册机制标准，可定义一种方法来注册和搜索 Web 服务。就像是常用的电话簿，用户可以通过电话簿来快速找到提供 Web 服务的相关数据。例如，可以为服务请求者提供一个搜索机制，以获得与 Web 服务沟通的相关信息，且促使业者更易于通过互联网搜索引擎搜索其他相关资源。

本章重点整理

- 电子商务客户群本身就接近一种社区形态。不管是先由特定社区拓展到商品销售，还是反过来因为销售相关商品而发展成特定的社区，电子商务本身就存在成为一个社区的必要条件。

- "宅男、宅女"这组名词是从日本流传过来的，被用来形容那些足不出户整天呆坐在计算机前看影音视频、玩网络游戏、逛网拍平台购物等却没有其他嗜好的人们。这些消费者只要动动手指就能轻松在网络上购物，每一件商品都可以由物流配送公司送到家里。

- O2O 就是整合"线上（Online）"与"线下（Offline）"两种不同平台所进行的一种营销模式，因为消费者可以"一直在线（Always Online）"，所以让线上与线下能快速接轨，通过改进线上消费的流程，就可以直接带动线下消费，消费者可以直接在网络上付费，而在实体商店中享受服务或提走商品。

- "智能家电"（Information Appliance）就是计算机、通信、消费类电子产品的所谓 3C 融合而成，是一种可以进行数据双向交流与智能判断的家用设备，也是泛指作为连接上网或是加入了上网机制等的家用电器。

- 智能电视结合了电视与计算机的功能，在家中只要通过智能电视，在客厅就可以上网点播影视节目，或是登录社交网络实时分享观看的电视节目和心得，也可以让用户通过免费和付费的方式下载节目。
- 过去使用传统媒体从事营销活动，受限于传播对象的不精确，造成广告效果难以估算，如今分析和利用大数据已经成功地跨入电子商务领域。
- 大数据（又称海量数据、巨量数据、Big Data、Mega Data），是由IBM公司于2010年提出的，主要特性包含五个层面（即5V特点）：Volume（大量）、Velocity（高速）、Variety（多样性）、Value（价值）和Veracity（真实性）。
- 大数据其实是巨大数据库加上处理方法的一个总称，而大数据的相关技术则是针对这些大数据进行分析、处理、存储及应用。
- 所谓大数据处理是指在一定时效（Velocity）内进行大量（Volume）、多样性（Variety）、有价值（Value）和真实性（Veracity）数据的获得、分析、处理、保存等。而多样性数据类型则包括文字、影音、网页、流媒体等结构化和非结构化的数据。
- 大数据技术将推动电子商务朝向更精细化发展，从数据分析中获取更新的商业信息，企业可以更准确地判断消费者的需求并了解他们的行为，从而制定出更具市场竞争力的营销方案。
- Hadoop是Apache软件基金会（Apache Software Foundation）为了应对云计算与大数据发展所开发出来的技术，由Java编写并免费开放源码，是用来存储、处理、分析大数据的技术。其优点包括良好的扩充性、程序部署快速等，同时能有效地分散系统的负荷。
- Hadoop技术一跃成为当今IT领域最炙手可热的话题，发展十分迅速，彻底颠覆了整个产业的面貌，比如百度、淘宝、腾讯、Facebook、Google、Twitter等科技龙头企业也都先后选择Hadoop技术来处理自家内部大量数据的分析。
- 万维网联合会（World Wide Web Consortium，W3C）所定义的网络服务（Web Service）标准成功地在HTTP通信协议上提供了标准化的接口，就是以XML与HTTP为基础，制定了三个标准（SOAP、UDDI、WSDL）来为其他的应用程序提供服务。
- 分布式处理是将资源或运算的工作分散给网络中其他的主机或服务器，由于网络科技快速发展，带宽与速度都快速增长，因此网络程序的执行不再被局限于单一计算机上。从早期的主机架构、主从式架构到面向服务的架构，服务质量的整合已经成为任何一个网络系统成功的重要因素。
- Web服务描述语言（Web Services Description Language，WSDL）是由微软与IBM携手合作所发表的一种以XML技术为基础的互联网服务描述语言，扩展文件名为.WSDL，是一种用来描述Web服务的语言，使用一种标准方法来描述自己拥有哪些能力，可描述Web服务所提供的功能与定义的接口、访问的方式及位置。

本章习题

1. 企业如何能在电子商务市场中脱颖而出？
2. 请说明什么是宅经济。
3. 试说明"线上到线下"商务模式。
4. 什么是智能家电？请简单说明。
5. 请简述大数据的特性。
6. 请简述 Hadoop 技术。
7. 试简述面向服务的架构。
8. 什么是 Web 服务描述语言？
9. 什么是分布式处理？

附录　各章习题解答

第 1 章习题解答

1. Kalakota 和 Whinston 认为电子商务可从哪四个不同角度来定义？

答：通信、商业流程、在线、服务。

2. Kalakota 和 Whinston（1997）把电子商务的发展分为哪五个阶段？

答：第一阶段为电子资金转账期，第二阶段为电子数据交换期，第三阶段为在线服务阶段，第四阶段为互联网的发展阶段，第五阶段为万维网的发展阶段。

3. 请简述 Web 3.0 的精神。

答：未来 Web 3.0 的精神就是网络包办一切连通的基础工作，而网站与内容都是由用户提供，每台计算机就是一台服务器。Web 3.0 的最大价值不再是提供信息，而是建造一个更加人性化且具备智能功能的网站，并能针对不同的需求与问题，交由网络来提供一个完整的解决方案。

4. 请说明维基百科的目的。

答：所谓的维基百科，是一种全世界范围的内容开放的百科全书协作计划。这个计划的主要目标是希望世界各地的人以他们所选择的语言完成一部开放和免费的百科全书（Encyclopedia）。

5. 试说明 Web 2.0 与 Web 1.0 的意义与差别。

答：Web 2.0 一词源于知名出版商 O'Reilly Media。Web 2.0 的基本概念是指从过去 Web 1.0 时的电视传播方式（也就是类似万维网由网站发送内容给用户的单向模式，如浏览查询动作）转变成双向互动的方式，让用户可以参与网站这个平台上内容的制作和生成（如博客的编写、网页相册的制作）。

6. 什么是网络简易信息聚合系统？

答：网络简易信息聚合系统（RSS，或称为聚合内容）是可让网友根据自己的兴趣与喜好将网页最新信息以及头条新闻同步发送至订阅者的一种新系统。它通过 XML（eXtensible Markup Language）来呈现信息，比如在某个网页发现 RSS 标签时，提供读者订阅 RSS，就表示用户可以通过 RSS 推送技术来实时获得该网站最新发布的信息。

7. 请简述云计算。

答：云计算是一种计算机运算的概念。云计算可以让网络上不同的计算机以一种分布式计算的方式同时为一项任务进行数据的处理或运算。简单来说，云计算就是所有的数据全部放到网络上处理。

8. 美国国家标准和技术研究院的云计算明确定义了哪三种服务模式？

答：一是软件即服务（Software as a service，SaaS），二是平台即服务（Platform as a Service，PaaS），三是基础设施即服务（Infrastructure as a Service，IaaS）。

9. 请简述私有云。

答：根据维基百科的定义："私有云是将云计算的基础设施与软硬件资源建立在防火墙内，以供机构或企业共享数据中心内的资源。"私有云和公有云一样，都能为企业提供弹性的服务，而最大的不同在于，私有云服务的数据与程序都在组织内管理，也就是说，私有云是一种完全为特定组织构建的云计算基础设施。另外，相比公有云而言，私有云服务让用户更能掌控云计算的基础架构，同时也较少会有网络带宽的限制及安全的疑虑。

10. 什么是"六度分割理论"？

答："六度分割理论"（Six Degrees of Separation，SDS）就是说在人际网络中，要结识任何一位陌生的朋友，中间最多只要通过六个朋友就可以。

第 2 章习题解答

1. 请举出四种电子商务的类型。

答：企业对企业（Business to Business，B2B）的电子商务，企业对消费者（Business to Customer，B2C）的电子商务，消费者对消费者（Customer to Customer，C2C）的电子商务及消费者对企业（Customer to Business，C2B）的电子商务。

2. 什么是门户网站？

答：门户网站（Portal）是进入 WWW 的首站或中心点，通常给用户提供各种类型的信息，同时提供搜索服务和网站导航链接功能。

3. 请简述应用服务提供商。

答：应用服务提供商（Application Service Provider，ASP）有别于传统企业那样需在企业内部投入金钱与时间建立和设置各种应用软件，企业只要可以通过互联网或专线，以租赁的方式向提供应用软件服务的提供商承租。

4. 请说明在线零售商的角色。

答：在线零售商（e-Tailer，或称为电子商务零售商）的角色是销售产品与服务给各个消费者，从而赚取销售的收入，使商品能更容易地销售给消费者，省去了过多的中间商。

5. 什么是人才网？

答：人才网就是网络发达之后，通过网络平台的一种服务提供商（Service Provider），目前是为求才的公司与求职的个人提供服务的网站。通常个人求职者成为该人才网的会员后，就能前往添加或者修改自己简历的网页，填写个人的基本资料、学历和工作经历等。

6. 请简述电子集市。

答：电子集市（e-MarketPlace，或称为电子交易市场）改变了传统商场的交易模式，是通过网络与信息科技辅助所形成的虚拟"集市"。电子集市本身是一个网络的交易平台，具有汇集买家与供货商的功能。

7. 请描述 Priceline.com 的特色。

答：作为世界相当知名的 C2B 旅游电子商务网站 Priceline.com，它主要的经营理念就是"让你自己定价"，消费者可以在网站上自由出价，并且可以用很低的价钱订到很棒的四五星级饭店，该公司所建立的买卖机制是由在线买方出价，卖方选择是否要提供商品或服务，最后由买方决定成交与否。

8. 试说明企业信息门户网站。

答：企业信息门户网站（EIP）是指在互联网的环境下将企业内部各种资源与应用系统集成到企业信息的单一门户网站中。EIP 也是未来移动商务的一大利器。以企业内部的员工为对象，只要能够无线上网，在企业员工为顾客提供服务时，一旦临时需要资料，员工就可以立刻上网查询，帮企业聪明地赚钱。同时，EIP 还能更多元化地服务员工。

9. 请简述 P2P 模式的特色。

答：P2P 模式是让每个用户都给其他人提供网络资源（文件或数据类的资源），自己本身也能从其他用户联网的计算机下载这些资源，以此构成一个庞大的网络系统。至于服务器本身，它只提供用户连接的文件信息，并不提供文件下载的服务。

10. 电子采购商的优点有哪些？

答：电子采购商的主要优点是可以通过卖方的竞标达到降低价格的目的，有利于买方来压低价格。

11. 什么是企业对政府模式？

答：企业对政府模式（Business-to-Government，B2G）是企业与政府之间通过网络所进行的电子商务活动，可以加速政府单位与企业之间的互动，提供一个便利的平台以供双方相互提供信息流或物流，包括政府采购、税收、商检、管理条例的发布等。在电子化的处理中，可以节省舟车往返的费用，并且提高行政效率。

12. 什么是虚拟专用网络？功能是什么？

答：为了在读取数据的同时确保企业网络的安全，企业可以在互联网上使用加密"隧道"的方式建立一个专用的安全网络连接方式，即"虚拟专用网络"（Virtual Private Network，VPN）。VPN 可让商务人士安全地利用公共互联网连回企业网络，而且保障数据在连回企业网络的传输过程中，不会遭到"有心人士"的盗取。

13. 试举例说明服务提供商。

答：服务提供商（Service Provider）是比传统服务提供商更有价值、更加便捷而且成本更低的网站服务，收入可包括订阅费或手续费。例如，翻开报纸的求职栏，几乎所有广告版面都被五花八门的分类小广告占领了。如今一般正规的公司或者企业，除了偶尔刊登求才广告来塑造公司形象外，大部分都改由从人才网中寻找人才。

第 3 章习题解答

1. 请介绍信息流的意义。

答：信息流是网站的架构中重要的一环。一个在线购物网站最重要的就是整个网站规划的流程，能够让用户快速找到自己需要的商品。网站上的商品不像真实的卖场可以亲自感受商品或试用，因此商品的图片、详细说明与各种各样的促销活动就相当重要，规划良好的信息流是电子商务成功很重要的因素。

2．试简述供应链管理理论。

答：供应链管理（Supply Chain Management，SCM）的宗旨是以降低整体库存的水平或提高顾客满意度为目标，将上游零部件供货商、制造商、流通中心以及下游零售商整合起来成为商业伙伴。

3．网络银行的功能和作用是什么？

答：网络银行是指客户通过互联网与银行计算机联网，而不受银行的营业时间、营业地点的限制，可以随时随地进行资金调度与理财规划的操作，并可充分享有私密性与便利性，直接得到银行所提供的各项金融服务。

4．请说明视频点播的特点。

答：视频点播（VoD）是一种崭新的视频服务，用户可不受时间、空间的限制，通过网络点播并实时播放视频。视频文件较大，为了能克服视频文件传输时间过长的问题，VoD 使用流媒体技术来传输，也就是不需要等待视频文件下载完毕，就可以在视频文件传输的时候同步播放视频。

5．请简述电子采购。

答：电子采购（e-Procurement）是指在企业间的采购电子化，利用网络技术将采购过程脱离传统的手动工作流程，大量向产品供货商或零售商订购，可以大幅提升采购与发包工作效率。

6．请说明商流的意义。

答：电子商务的本质是商务，商务的核心就是商流。"商流"是指交易工作的流通，或是市场上所谓的"交易活动"，是各项流通活动的中枢，代表资产所有权的转移过程。

7．请解释物流的定义。

答：物流（Logistics）是电子商务模型的基本要素，是指产品从生产者转移到经销商、消费者的整个流通过程。物流需要通过有效的管理流程，并结合仓储、装卸、包装、运输等相关活动。

8．什么是设计流？

答：设计流泛指网站的规划与建立，范围包括网站本身和电子商圈的商务环境，就是指按照顾客需求所研究拟定的产品生产、产品配置、卖场规划、商品分析、商圈开发的设计过程。

9．试简述沃尔玛成功的主要原因。

答：沃尔玛成功的主要因素就是以完善的物流系统来达到统一采购、配送、营销的运营模式，并协调与维持供货商最佳的配送方式。在物流运营过程中尽可能降低成本，以缩短送货时间。有了节省后的成本保证，它就可以提供较低的价格来吸引顾客。

10．消息和信息分发基础设施的作用是什么？

答：数字化信息在网络上传送时，是由一连串的 0 和 1 所组成的，要成功进行电子交易，消息和信息分发架构（Messaging and Information Distribution Infrastructure）必须提供格式化和非格式化数据进行交换的介质，包括电子数据交换、电子邮件与超文件传输等。

11．试简述现金流 e 化的内容。

答："现金流 e 化"也就是现金流自动化，在网络上通过安全的认证机制，包括成交过程、实时收款与客户付款、相关的自动处理程序，目的在于维护交易时金钱流通的安全性与保密性。目前常见的方式有货到付款、在线刷卡支付、ATM 转账、电子钱包、手机小额支付等。

12. 请简述采购与购买的差异。

答：购买（Purchase）是狭义的采购，仅限于以"买入"（Buying）的方式获得物品。采购（Procurement）是指企业为实现销售目标，在充分了解市场要求的情况下，从外部引进产品、服务与技术的活动。

第 4 章习题解答

1. 简述网络的定义。

答："网络"（Network），最简单的定义就是利用一组通信设备，通过各种不同的介质，将两台以上的计算机连接起来，让彼此可以实现"资源共享"与"信息交流"的功能。

2. 试解释主从式网络与对等式网络之间的差异。

答：

（1）在主从式通信网络中，安排一台计算机作为网络服务器，统一管理网络上所有客户端所需的资源（包含硬盘、打印机、文件等）。优点是网络的资源可以共同管理和共享，而且通过服务器获取资源，安全性也比较高。缺点是必须有相当专业的网络管理人员负责，而且软硬件的成本也较高。

（2）在对等式网络中，并没有核心的服务器，网络上的每台计算机都具有同等的地位，并且可以同时享用网络上每台计算机的资源。优点是架设容易，不必另外设置一台专用的网络服务器，成本花费自然较低。缺点是资源分散在各台计算机上，管理与安全性都有缺陷。

3. 按照通信网络的架设范围与规模，可以分为哪三种网络类型？

答：局域网（Local Area Network，LAN），城域网（Metropolitan Area Network，MAN），广域网（Wide Area Network，WAN）。

4. 通信网络按照通信传输方向来分类，可以分为哪三种模式？

答：单工（Simplex），半双工（Half-Duplex），全双工（Full-Duplex）。

5. 请比较模拟信号与数字信号之间的不同点。

答：自然界中的许多信号都属于模拟信号，比如声波、光波、电波等。利用这种方式来进行信号传输时，因为它是一种连续变化的信号，所以容易累积错误。数字信号的传输方式是从发送端使用 0 与 1 的数据来区分高电位和低电位。因为数字信号具有非连续的特性，所以受传送时间与距离的影响小，容易还原，也不容易失真，对于信号噪声的处理也比模拟信号效果好。

6. 目前通信介质可以分成哪两大类？

答：

（1）引导式介质（Guided Media）：是一种具有实体线材的介质，比如双绞线、同轴电缆、光纤等。

（2）非引导式介质（Unguided Media）：又称为无线通信介质，比如红外线、无线电波、微波等。

7. 电子邮件要能够收发，必须有哪几项组件的配合？

答：电子邮件要能够收发，首先需要"电子邮件地址"、"电子邮件软件"及"邮件服务器主机位置"这几项组件的配合。

8. 实际申请一个BBS账号，并张贴文章以及在讨论区回复一篇文章。

答：请自行操作。

9. 试简述网络电话。

答：网络电话（IP Phone）是使用VoIP（Voice over Internet Protocol）技术将模拟的语音信号经过数字化（Digitized）和压缩后，以数据分组（Data Packet，或称为数据包）的形态在IP数据网络（IP-based Data Network）传输语音的通话方式。

10. 请说明红外线传输的特点。

答：红外线是相当简单的无线通信介质之一，频率比可见光还低，较适用于低功率、短距离（约2米以内）的点对点半双工传输。红外线传输具备以下特点。

（1）传输速率每秒基本为115KB。

（2）最大传输角度为30°。

（3）属于点对点半双工传输。

（4）最大传输距离为2米。

11. 什么是专线上网？

答：一般中小企业可以通过向ISP申请一条固定传输线路与互联网连接，利用此数据专线，就可以实现全年全天候的网络应用服务。专线的带宽有64Kbps、512Kbps、T1、T2、T3、T4等。

第5章习题解答

1. 什么是系统开发生命周期模式？试说明之。

答：在20世纪70年代以后，软件工业开始引用流行于硬件工业界的系统开发生命周期模式作为软件工程的开发模式，并很快成为信息系统发展模式的主流。系统开发生命周期模式就是先行假设所开发的信息系统像生物系统一样有自己的生命周期，也就是将系统开发至少划分为分析、设计和实施三个阶段，前一阶段完成后才能进入下一个阶段，各阶段仅能循环一次。开发者可根据实际需求，以有组织的方式开发一个企业的信息系统。

2. 请简单说明"业务流程重组"的意义。

答："业务流程重组"（Business Reengineering）是目前"信息管理"科学中相当流行的课题，所阐述的核心是如何运用最新的信息工具，包括企业决策模式工具、经济分析工具、通信网络工具、计算机辅助软件工程、活动仿真工具等来实现企业的新目标。

3. 为什么MIS是一种"概念驱动"的整合性系统？

答：因为MIS不像EDPS所着重的是工作效率的增加，MIS的作用是加强改进组织的决策质量与管理方法的运用效果，MIS必须架构在一般电子交易系统之上，利用事务处理所得结果（如生产、营销、财务、人事等），经由垂直与水平的整合程序，将相关信息建立成一个所谓的经营管理数据库（Business Management Database），提供给管理者作为运营上的判断条件，比如产品销售分析报告、市场利润分析报告等。

4. 由美国人波曼（Browman）等教授提出的所谓三阶段信息系统规划模型是什么？

答：策略性规划、组织信息需求分析、资源分配规划。

5. 请说明"专家系统"的优点。

答：可以归纳为三点。

（1）将各种专家的知识转移到专家系统的知识库中，可以拓展专业领域。

（2）在专家缺席或预算不够时，专家系统不但物美价廉，还可以取代专家的地位。

（3）专家系统是数字化的信息系统，可以重复制作与大量生产。

6. 简述"企业电子化"的定义。

答："企业 e 化"的定义可以描述为："适当运用信息工具（包括企业决策模式工具、经济分析工具、通信网络工具、活动仿真工具、计算机辅助软件工具等）来协助企业改进运营体质与达成总体目标。"

7. 举出两种常用的信息系统开发模式。

答：生命周期模式、软件原型模型。

8. 简述关系数据库结构的概念及其优缺点。

答：以二维表格方式来存储数据，由许多行和列的数据所组成，这种行列关系称为"关系"（Relational，或称为"关联"）。关系数据库是目前最流行也最为普及的数据库类型。优点是容易理解、设计简单、可以使用比较简单的方式存取数据，节省了程序开发或数据查询的时间，也适合于随机查询。缺点是访问速度慢，所需的硬件成本较高。

9. 什么是"策略"？试说明之。

答："策略"（Strategy）可以视为企业、市场与产业界三方面的交集点。台湾地区首富郭台铭就曾经清楚定义："策略是方向、时机与程度，而且顺序还不能弄错，先有方向，再等时机，最后决定投入的程度。"

10. 试简述多媒体数据库。

答：多媒体数据库就是针对企业与组织的需求，将不重复的各种数据数字化后的文件存储在一起，包括各种不同形式的数据，如文字、图像或影音等文件，并利用数据库所提供的功能将所存放的数据加以分析与归纳。因为这些媒体都可以用数字化形式来有效率地存储、传播和再利用，所以对许多组织机构而言是相当具有吸引力的。

11. 试说明关键成功因素。

答：关键成功因素的核心就是从管理的角度来找出信息的需求。它起源于丹尼尔（R. Daniel, 1961）所提出的"成功因素"理论，也就是说关键成功因素是找出管理阶层所认为的能让企业成功的关键因素的组合。

第 6 章习题解答

1. 梅塔集团从商务模式观点归纳出哪四种企业协同商务运营模式？

答："设计协同商务"、"营销/销售协同商务"、"采购协同商务"与"规划/预测协同商务"。

2. 试简述协同商务的内容。

答：协同商务被看成是下一代的电子商务模式。美国高德纳（Gartner Group）公司在 1999 年对协同商务提出的定义是：企业可以利用互联网的力量整合内部与外部供应链，从包括顾客、供货商、分销商、物流、员工等可以分享相关的合作伙伴，扩展到提供整体企业之间的商务服务（甚至是增值服务），最终实现信息共享，使得企业获得更大的利润。

3. 什么是规划与预测协同商务？

答：供货商跟零售商可以通过协同商务来预测商品的销售，主要目的在于减少供需之间商业流程的差异，让供应链更能符合实际需求，这样可以减少多余的库存。

4. 请说明企业资源计划的内容。

答：企业资源计划（Enterprise Resource Planning，ERP）系统是一种企业信息系统，能提供整个企业的运营数据，可以将企业行为用信息化的方法来规划管理，并为企业流程提供所需的各项功能，配合企业的运营目标，将企业各项资源进行整合，以提供实时而正确的信息，并将合适的资源分配到所需的部门。

5. 试叙述客户关系管理系统的目标。

答：目标在于有效地从多方面获取客户的信息，建立一套信息化的标准模式，运用信息技术来大量收集且存储客户相关的数据，然后加以分析整理出有用的信息，并把这些信息用于辅助决策的整个流程。

6. 什么是物料需求计划？

答：物料需求计划（MRP）始于在 20 世纪 70 年代期间，当时人工成本低廉，企业生产管理的核心重点是烦琐的物料规划和管理。由于消费者的要求不高，因此生产模式为多量少样，需求重点是通过大量生产达到降低成本的目的。使用 MRP 管理系统来计算生产材料的需求，可以随时计算与查询未来需采购的材料与物料情况以及未来需要生产的产品数据，从而提升了产品质量与质量追溯，满足了客户对质量的要求，期望达到为生产实时供给适量的材料。

7. 有哪几种类型的客户关系管理系统？

答：操作型（Operational）、分析型（Analytical）和协同型（Collaborative）三大类客户关系管理系统。

8. 请说明供应链管理。

答：供应链管理（SCM）就是一个企业与其上下游的相关业者所构成的整合性系统，包含从原料流动到产品送达最终消费者手中的整个链条上的每一个组织与组织中的所有成员。它们形成了一个层级间环环相扣的连接关系，目的就是在为顾客提供满意的服务的前提下，使得整体系统成本最小化。

9. 什么是知识经济？试简述之。

答：知识（Knowledge）是将某些相关联的、有意义的信息或主观结论累积成某种可相信或值得重视的共识，也就是一种有价值的智能结晶。当知识大规模参与影响社会的经济活动时，就产生了所谓的知识经济。

10. 请说明对于企业来说，知识可区分为哪些？

答：对于企业来说，知识可区分为内隐知识与外显知识两种。内隐知识存在于个人身上，与员工个人的经验与技术有关，是比较难以学习与转移的知识。外显知识则存在于组织，比较具体客观，属于团体共有的知识，比如已经书面化的制造流程或标准操作规范，相对也容易保存与分享。

11. 试说明推式供应链的优缺点。

答：优点是有计划地为一个目标需求量（市场预测）提供平均最低成本与最有效率的产出原则，容易达到经济规模成本最小化。缺点是可能导致市场需求不如预期时造成长鞭效应，推出的产品越多，库存风险就越大。

12. 如果以学习方式来区分，数字化学习可分为哪三种类型？

答：数字化学习可分为同步型学习、异步型学习和混合型学习三种。

13. 请简述客户关系管理系统。

答：客户关系管理系统就是一种业务流程与科技的整合，是随着互联网兴起、相关技术延伸而生成的一种商业应用系统。目标在于有效地从多方面获取客户的信息，建立一套信息化的标准模式，运用信息技术来大量收集且存储客户相关的信息，然后加以分析整理出有用的信息，并把这些信息用于辅助决策的整个流程。

14. 企业建立数据仓库的目的是什么？

答：企业建立数据仓库的目的是希望整合企业的内部数据，并综合各种整体外部数据来建立一个数据仓库，以作为支持决策服务的分析型数据库，能够有效地管理和组织数据，并能够以现有格式进行分析处理，进而帮助做出决策。

15. 什么是在线分析处理？

答：在线分析处理（Online Analytical Processing，OLAP）可被视为是多维度数据分析工具的集合。用户在线即可完成关联性或多维度的数据库（比如数据仓库）的数据分析工作，并能实时快速地提供整合性决策，主要是提供整合信息，以支持决策为主要目的。

第 7 章习题解答

1. 请说明移动商务的定义。

答：所谓的移动商务，简单来说，就是用户使用移动终端设备（如智能手机、PDA、笔记本电脑等），通过无线网络通信的方式，进行商品、服务或是信息交易的行为。

2. 请简述无线局域网标准。

答：无线局域网标准是由"电气和电子工程师协会"（IEEE）在 1990 年 11 月制订出的一个称为"IEEE 802.11"的无线局域网通信标准，采用 2.4GHz 的频段，数据传输速度可达 11Mbps。

3. 请举出常见的无线网络的类型。

答：无线网络的种类有"无线广域网"（Wireless Wide Area Network，WWAN）、"无线城域网"（Wireless Metropolitan Area Network，WAN）、"无线个人网络"（Wireless Personal Area Network，WPAN）与"无线局域网"（Wireless Local Area Network，WPAN）。

4. 什么是热点？

答：所谓"热点"（Hotspot），是指在公共场所提供的无线局域网（WLAN）服务的连接地点，让大众可以使用笔记本电脑、智能手机或其他移动设备通过热点的无线"访问节点"（AP）连接到互联网。

5. 试简述频段的意义。

答："频段"（Band）就是频率的宽度，单位 Hz，也就是数据通信中所使用的频率范围，通常会制定明确的上下界线。

6. 什么是移动信息服务？

答：移动商务可提供的个性化移动信息服务包括短信收发、电子邮件收发、多媒体下载（比如图片、动画、影片、游戏、音乐等）、信息查询（比如新闻气象、交通状况、股市信息、生活情报、地图查询等）等。

7. 请简述 GSM 的优缺点。

答：GSM 的优点是不易被窃听，可以进行国际漫游。缺点是通话易产生回音而且通话语音质量不太稳定。另外，由于采用"蜂巢式"概念来构建其通信系统，因此需要较多的基站才能维持理想的通话质量。不过，最致命的缺点是它只具备 9.6Kbps 的数据传输速率，以现今移动上网的技术来看，实在是太慢了，因此后来才会有 GPRS 通信系统的产生，期待达到提高移动上网的速度。

8. 请简单介绍 LTE。

答：LTE 是以现有的 GSM／UMTS 的无线通信技术为主发展而来，能与 GSM 服务提供商的网络兼容，理论的最快传输速率可达 170Mbps 以上。例如，传输 1 个 95MB 的视频文件，只要 3 秒钟就可完成。目前全球 LTE 正在快速布局和建设，包含日、德、美、中等都已着手发展 LTE，所以未来 4G 技术将成为 LTE 与 WiMAX 之间的竞争。

9. 什么是 App？试简述之。

答：App 是 application（应用程序）的缩写，这里是指移动设备上的应用程序，也就是软件开发商针对智能手机和平板电脑所开发的一种应用程序。App 涵盖的应用程序包括了与日常生活方方面面有关的各项需求。

10. 什么是 App Store？

答：App Store 是苹果公司针对使用 iOS 操作系统的系列产品所开创的一个让网络与手机相融合的新型商业模式，让 iPhone 用户可通过手机上网购买或免费试用里面的软件，只需要在 App Store 程序中点几下，就可以轻松地更新并且查阅各种软件的信息。

11. 试简单说明二维码。

答：二维码（Quick Response Code）是由日本 Denso-Wave 公司发明的，不同于一维条形码以线条粗细来进行编码，二维码是使用线条与方块组合来进行编码，比以前的一维条形码具有更大的数据存储量，除了文字之外，还可以存储图片、记号等相关信息。

12. 请问近场通信的作用是什么？试简述之。

答：近场通信瞄准移动设备市场，在 13.56MHz 频率范围内工作，可让移动设备在 20 厘米近距离内进行数据交换，目前以智能手机为主，因此成为移动交易、服务接收工具的最佳解决方案。

13. 请简单说明物联网。

答：物联网（Internet of Things，IOT）是近年信息产业中一个非常热门的话题，被认为是互联网兴起后足以改变世界的第三次信息浪潮。它的特性是将各种具有感测部件的物品（比如 RFID、环境传感器、全球定位系统（GPS）、激光扫描仪等）与互联网结合起来而形成的一个巨大的网络系统，并通过网络技术让各种实体对象、自动化设备彼此沟通和交换信息。

14. 什么是无线射频识别技术？

答：无线射频识别技术（Radio Frequency Identification，RFID）也称为"电子标签"，就是一种非接触式自动识别系统，可以利用射频信号以无线方式传送和接收数据。RFID 是一种内建无线电技术的芯片，主要的两种设备是应答器（Transponder）与阅读机（Reader）。

第 8 章习题解答

1. 什么是黑客？试举例说明。

答：黑客是一种专精于操作系统和软件研究与设计的人士，他们非常清楚系统和软件的漏洞，侵入他人计算机的真正目的可能是窃取机密数据或找出该系统防护的缺陷，通常黑客是通过互联网侵入对方的主机，接着可能是偷窥个人私密数据、毁坏网络、更改或删除文件、上传或下载重要程序攻击"域名服务器"（DNS）等。

2. 请说明如何防止黑客入侵，至少提供四点建议。

答：重视网络安全教育和培训、定期测试系统的防御体系、设置完善的防火墙、严格制定预防措施。

3. 请简述服务器漏洞的原因。

答：系统漏洞可分为本身设计不良与后天管理不当。在人为管理方面，容易出现的漏洞往往是系统资源或权限的设置不当，而容易让有不良企图之人钻空子。如果是服务器系统设计不良的问题，生产厂商就会提供补丁程序来弥补。

4. 什么是 Cookie？

答：Cookie 是一种小型文本文件，当我们在浏览网页或存取网站上的数据时，可能输入一些有关姓名、账号、密码、e-mail 等个人信息，并存储于该网站中。此时浏览器会很贴心地把这些信息记录在本地计算机中的"C:\Documents and Settings \用户名称\Cookies"的文件夹中，并以纯文本文件的方式保存。

5. 请说明防火墙的工作原理。

答：防火墙的工作原理相当于是在内部局域网（或服务器）与互联网之间建立起了一道虚拟的防护墙来作为隔断与保护功能。

6. 请简述"加密"与"解密"。

答："加密"就是将数据通过特殊的算法，把原文件转换为含有无法辨识的字母或乱码的文件。当加密后的数据传送到目的地后，将密文还原成明文的过程就称为解密（Decrypt）。

7. 请简述数据加密/解密的方式，至少提出两种。

答：常见的数据加密/解密方式有下列三种。

（1）替换法（Substitution）：加密与解密的双方都拥有一组相同的对照表，这个对照表中设定某些字母该用哪些字母来替换。

（2）调换法（Transposition）：将数据的内容分区后，再重新加以排列组合，解密的过程则是将加密过程反向操作。

（3）数学函数法（Mathematical Function）：利用具有一对一映射特性的数学函数来制作加密解密设备，而接收端同时必须有一个作为解密用的反函数。

8. 请说明"对称密钥加密"与"非对称密钥加密"之间的差异性。

答：对称密钥加密法的工作原理是发送端与接收端都拥有加密/解密的相同密钥；非对称密钥加密解密系统的工作原理是使用两把不同的密钥（一把公钥与一把私钥）来进行加密、解密的操作。

9. 请举出防火墙的种类。

答：按照防火墙在 TCP/IP 中的工作层级，可以把防火墙分为 IP 过滤型防火墙与代理服务器型防火墙。

10. 目前防火墙的安全机制有哪些缺点？试简述之。

答：目前防火墙的安全机制仍具有以下缺点。

（1）防火墙仅管制数据分组在内部网络与互联网之间的进出，对于数据分组本身是否合法却无法判断。

（2）防火墙必须打开必要的通道来让合法的数据分组进出，因此入侵者当然也可以利用这些信道、利用服务器软件本身可能的漏洞来侵入。

（3）防火墙无法确保连接时的可信赖度，因为虽然保护了内部网络免于遭到窃听的威胁，但是数据分组出了防火墙后，仍然有可能遭到窃听。

（4）虽然保护了内部网络免于遭到窃取的威胁，但是仍然无法防止内贼对内部的侵害。

11. 在 Internet Explorer 浏览器 Cookie 的设置窗口中，有标记第一方 Cookie 与第三方 Cookie 的文字，请说明两者间的差异性。

答：第一方 Cookie 是指用户直接连上某网站，该网站在用户的计算机中所建立的 Cookie。而第三方 Cookie 则是指当用户连上某网站时，网站上其他网页（比如广告网页）所建立的 Cookie。

12. 从广义的角度来看，信息安全所涉及的影响范围包含软件与硬件，共可以分为哪四类？

答：

影响种类	说明与注意事项
天然灾害	电击、水淹、火灾等天然灾害
人为疏失	人为操作不当或疏忽
机件故障	硬件故障或存储介质损坏，导致数据丢失
恶意破坏	泛指别有用心的人士入侵计算机，比如黑客攻击、计算机病毒与网络窃听等

13. 信息安全所讨论的项目可以从哪四个角度来讨论？

答：实体安全、数据安全、程序安全、系统安全。

14. 常见的网络犯罪模式有哪些？

答：黑客攻击、网络窃听、网络钓鱼、个人私密信息的监视与滥用。

15. 常见的计算机病毒感染途径有哪些？

答：随意下载文件、通过电子邮件或附件传递、使用不明的存储介质、浏览有病毒的网页。

16. 计算机病毒的中毒征兆是什么？

答：

（1）计算机速度突然变慢、停止响应、每隔几分钟就重新启动一次，甚至经常莫名其妙地宕机。

（2）屏幕上突然显示乱码，或出现一些古怪的界面与播放奇怪的音乐。

（3）数据无故消失或破坏，或者按下电源按钮后，发现整个屏幕呈现一片空白。

（4）文件的长度、日期异常或 I/O 操作改变等。

（5）出现一些警告文字，告诉用户即将格式化你的计算机，严重的还会将硬盘数据抹掉或破坏掉整个硬盘。

第 9 章习题解答

1. 请说明货到付款的方式。

答：由物流配送公司或者快递公司配送商品到消费者家里，再代收货款的付款方式。例如，大多数快递和物流配送公司都提供货到付款的服务，甚至提供上门送货后当场刷卡的货到付款服务。

2. 举出三种在线交易的付款方式。

答：划拨转账付款、电子钱包与在线信用卡付款。

3. 什么是"电子钱包"？

答：电子钱包是电子商务活动中网上购物顾客常用的一种支付工具，是在小额购物时经常使用的新式钱包。交易双方均设定电子支付系统，以达到付款和收款的目的。消费者在网络购物前必须先安装电子钱包软件，接着消费者可以向发卡银行申请使用这个电子钱包，除了能够确认消费者与商家的身份并将传输的数据加密外，还能记录交易的内容。

4. 请说明使用 SSL 的优缺点。

答：使用 SSL 的优点是消费者不需要经过任何认证程序，就能够直接解决数据传输的安全问题；缺点则是当商家将数据内容还原，准备向银行收款时，商家就会知道消费者个人的相关资料。如果商家管理不严格而让这些资料外泄，或者是商家的不良员工盗用了消费者信用卡的信息，就会出现消费者的信用卡被盗刷等问题。另外，SSL 协议并无法完全保障数据在传送的过程中不会被截获并解密，还是可能被黑客破解加密的数据。

5. 请说明 SET 与 SSL 的最大差异在何处。

答：SET 与 SSL 的最大差异是消费者与网络商家在进行交易前必须预先向认证中心（Certificate Authority，CA）获取各自的 SET "数字证书"（Digital Certificate）才能通过在线加密方式来进行交易。

6. 什么是在线支付？

答：在线支付又称为电子付款方式。电子付款是电子商务不可或缺的一个部分，就是利用数字信号的传送来代替一般纸质货币的流动，达到实际支付款项的目的。

7. 请简述电子现金。

答：电子现金只有在申购时需要先行开立账户，但是使用电子现金时要完全匿名。目前电子现金可划分为智能卡型的电子现金与可在网络使用的电子现金。

8. 什么是 WebATM？试简述之。

答：WebATM（网络 ATM）就是把传统实体 ATM（自动提款机）搬到计算机上使用，是一种芯片银行卡网络收单服务。无论是网络商家还是实体店家都可申请使用。除了提领现金之外，还包括转账、缴费（手机费、宽带费、水电费、税费、燃气费等）、查询余额、缴税、更改芯片银行卡密码等。

9. 试说明电子钱包的功能。

答：电子钱包是电子商务活动中网上购物顾客常用的一种支付工具，是在小额购物时经常使用的新式钱包。交易双方均设定电子支付系统，以达到付款和收款的目的，消费者在网络购物前必须先安装电子钱包软件，接着消费者可以向发卡银行申请使用这个电子钱包。除了能够确认消费者与商家的身份，并将传输的数据加密外，还能记录交易的内容。

10. 什么是移动支付？

答：移动支付就是指消费者通过手持的移动设备对所消费的商品或服务进行付费的一种支付方式。

11. 试简述信任服务管理平台机制。

答：信任服务管理平台（TSM）是一个专门提供 NFC 应用程序下载的共享平台，这个平台提供了各种各样的 NFC 应用服务，未来的 NFC 手机可以通过空中下载（Over-the-Air，OTA）技术将 TSM 平台上的服务下载到手机中。

12. 比特币的主要作用是什么？

答：比特币是一种不依靠特定货币机构发行的全球通用加密电子货币。和网络游戏虚拟货币相比，比特币可说是这些虚拟货币的高级版。比特币是使用特定算法经过大量计算而产生的一种 P2P 形式的虚拟货币，不仅是一种资产，还是一种支付的方式。

第 10 章习题解答

1. 试简述电子商务网站的架构。

答：电子商务网站的架构主要是由服务器端的网站以及客户端的浏览器两个部分组成：服务器网站主要提供信息服务，而客户端浏览器则是向网站提出浏览信息的请求。

2. 请简单说明网站测试阶段的工作。

答：本阶段的工作着重于测试每一个网站程序内部的逻辑、输出数据是否正确以及集成后的所有程序能否满足系统的需求。测试各个子系统无误后，再进行系统的集成测试，其中网络访问高峰的压力测试和网络安全性测试必须特别重视。

3. 有哪些常见的架站方式？

答：常见的架站方式主要有虚拟主机、主机托管与自行架设三种方式。

4. 什么是 HTML 5？试说明之。

答：万维网联合会（W3C）于 2009 年发表了"第五代超文本标记语言"（HTML 5）公开的工作草案，是 HTML 语言新一代的主要修订版本。不同于现在我们浏览网页常用的标准 HTML 4.0，HTML 5 提供了令人相当期待的特色，新增的功能除了可以让页面原始语句更为精简之外，还能通过网页语句来强化网页控制组件和应用的支持，以往需要加装插件才能显示的特效，现在都可以通过浏览器直接在网页上以交互方式 360°全景展现，具备了与目前网页主流设计软件 Adobe Flash 抗衡的实力。

5. 什么是虚拟主机？有哪些优缺点？请说明。

答：虚拟主机（Virtual Hosting）是网络业者将一台服务器分割模拟成为很多台的"虚拟"主机，让很多个客户共同分享使用，平均分摊使用费用，也就是请互联网服务提供商（ISP）托管网站的意思，对用户来说，可以省去架设和管理主机的麻烦。

优点：可以节省主机架设与维护的成本、不必担心网络安全问题，可以使用自己的域名（Domain Name）。

缺点：有些 ISP 会有网络流量和带宽的限制，随着主机系统不同，所能支持的功能（如 ASP、PHP、CGI）也不尽相同。

6. 试说明主机托管的作用。

答：主机托管（Co-location）需要企业自行购置网络主机，又称为网络设备代管服务，就是使用 ISP 公司的数据中心机房放置企业的网络主机，每月支付一笔费用，使用 ISP 公司的网络系统来架设网站。

7. 请简单介绍 osCommerce 架站软件。

答：osCommerce（Open Source-osCommerce，OSC）是目前全球使用量最大的免费电子商店软件，是遵循 GUN GPL 授权原则、公开源码的套装软件，并允许任何人自由下载、传播与修改。使用 osCommerce 建设的网络商店包含用户选购界面和商店管理两个部分，不需要另外花钱请设计团队来设计网站，相当节省成本。这个套件允许设计者自行更换网站的外观设计，受到许多个人与企业主的青睐。

8. 请简述客户端网页语言。

答：客户端执行的网页语言内嵌在 HTML 中，而包含这类客户端执行程序的网页扩展名同样是 .htm。当浏览器向服务器请求打开网页时，服务器会将整个网页传送至客户端，由浏览器解释执行网页程序，并且将结果呈现在浏览器窗口中。

9. CSS 的优点是什么？

答：CSS 不但可以大幅简化在网页设计时用于设置页面格式的语句，还提供了比 HTML 更为多样化的网页效果。CSS 令人惊喜之处就是文字特效方面的应用，除了文字性质之外，还可以借助 CSS 来包装或加强图片或动态网页的特效。

10. 试简述 ASP.NET。

答：ASP.NET 是微软公司推出的新一代动态网页技术，除了具备服务器端动态网页应有的特性之外，还进一步引入了面向对象理论的设计模型，同时结合 .NET 强大的应用程序平台，将网页开发技术推向了一个崭新的里程碑，以此种技术所开发的网页顺应客户端提出的需求而产生不同的变化，这一类的网页称为动态网页。

11. 如何判断网站经营目标或经营策略是否正确？

答：我们可以分别从网站使用率（Web Site Usage）、财务获利（Financial Benefits）、交易安全（Transaction Security）与品牌效应（Brand Effect）四个方面来评估。

12. 请简述网站流量、点击率。

答：网站流量是从网站空间所读出的数据传输量，没有流量就没有了人气基础。点击率则是一个没有实际经济价值的人气指标。

第 11 章习题解答

1. 网络营销的特性是什么？试简述之。

答：信息的实时互动与传递、多媒体技术的应用、精准可测量的营销成果、全球化市场的长尾效应、个性化消费潮流兴起。

2. 什么是营销组合？

答：所谓营销组合，可以看成是一种协助企业建立各个市场系统化架构的组件，借助这些组件来影响市场上的顾客动向。

3. 什么是超媒体？

答：超媒体（Hypermedia）是网页呈现的新技术，是指将网络上不同的媒体文件或文件，通过超链接（Hyperlink）方式链接在一起，以数字化的形式进行信息的搜集、保存与分享。

4. 试说明流媒体技术。

答：流媒体（Streaming Media）是近年来热门的一种网络多媒体传播方式，它先将影音文件进行压缩，再利用网络的数据分组技术，从网络服务器连续不断地将数据流传送到客户端，而客户端程序则会将这些数据分组一一接收并重组，然后实时呈现在客户端的计算机上，让用户可根据带宽的大小来选择不同的影音质量进行播放。

5. 哪种商品最受网购族的欢迎？请简单回答。

答：网络购物已经成为消费者购物的新趋势，越趋向"个性化"与"定制化"的商品，就越能俘获消费者的"芳心"。在追求个性化消费（Personalized Consumption）的风潮中，唯有独一无二或者越"奇特"的商品才能抓住消费者求新、求变和求异的目光。

6. 试简述"营销"的意义与趋势。

答：营销（Marketing）基本的定义就是将商品、服务等相关信息传达给消费者，以达成交易的一种方法或策略。目前最主流的营销趋势则是"顾客导向"，营销中包含顾客体验、顾客关系、顾客沟通、顾客社区等以整体考虑的营销策略与方式。

7. 网络营销的定义是什么？

答：所谓网络营销，就是营销人员将创意、商品和服务等构想，利用通信科技在网络上执行广告促销、公关及活动的方式。简单来说，就是指通过计算机和网络设备来连接互联网，并且在互联网上从事商品销售的行为。

8. 请说明长尾效应。

答：克里斯·安德森（Chris Anderson）提出的长尾效应（The Long Tail）颠覆了传统以畅

销品为主流的观念。受到 80/20 法则理论的影响，多数实体商店都将企业的主要资源投入到 20%的热门商品（Big Hits），不过只要企业市场或渠道够广，通过网络科技无疆无界的延展性，那些以前主要资源覆盖不到 80%的冷门商品也不容小觑。

9. 试简述营销组合的 4P 理论。

答：营销组合的 4P 理论是指营销活动的四大单元，包括产品（Product）、价格（Price）、渠道（Place）与促销（Promotion）四项，也就是选择产品、制定价格、考虑渠道与进行促销这四项。

10. 什么是渠道？

答：渠道由介于厂商与顾客之间的营销中介公司或单位所构成，任务就是在适当的时间把适当的产品送到适当的地点。企业与消费者的联系是通过渠道商来进行，渠道对销售而言是很重要的一环。

11. 什么是 4C 营销理论？

答：分别为顾客（Customer）、成本（Cost）、便利（Convenience）和沟通（Communication）。

12. 试简述 STP 理论。

答：美国营销学家温德尔·史密斯（Wended Smith）在 1956 年提出了 S-T-P 的概念，STP 理论中的 S、T、P 分别代表市场细分（Segmentation）、目标市场选择（Targeting）和市场定位（Positioning）。

第 12 章习题解答

1. 电子报营销的优点是什么？

答：电子报营销多半是由用户订阅，再经由信件或网页的方式来呈现营销的内容。由于电子报营销的费用相对低廉，这种做法将会大大节省营销的时间和提高成交率。

2. 搜索引擎优化的作用是什么？

答：利用搜索引擎的搜索规则、搜索习惯、网站营销目标来提高网站在搜索引擎内的排名顺序，以便能在各个搜索引擎中被浏览者有效搜索，从而增加被搜索到的机会。

3. 搜索引擎的信息来源有几种？试说明之。

答：搜索引擎的信息来源主要有两种，一种是用户或网站管理员主动登录，一种是编写程序主动搜索网络上的信息。

4. 什么是网络广告？

答：网络广告可以定义为：通过互联网传播消费信息给消费者的传播模式，拥有互动的特性，能响应消费者的需求，进而让顾客重复参访及购买的一种营销活动。

5. 什么是弹出式广告？

答：弹出式广告或称为插播式广告，当网友单击链接进入网页时，就会弹跳出另一个子窗口来播放广告信息，强迫用户接受。

6. 按钮式广告有哪三种常见的文件格式？

答：按钮式广告是一种小面积的广告形式，可放在网页任何地方，常见的有 JPEG、GIF、Flash 三种文件格式。

7. 试简述病毒式营销。

答：病毒式营销并不等于"电子邮件营销"。它是利用一个真实事件，以"奇文共欣赏"的方式分享给周围的朋友。这样一传十、十传百地快速转寄精心设计的商业信息。

8. 关键词营销的做法是什么？

答：关键词营销起源于关键词搜索，由于门户网站的搜索服务，加上网络的普及和便利，让关键词搜索的数量大幅增加。也就是说，关键词广告可以让你的网站信息曝光在各大网站搜索结果最显著的位置，因为每一个关键词搜索的背后可能都代表一个购买的商机。

9. 请说明许可式营销。

答：许可式营销是经过用户许可来提供有价值的电子信息，并利用广告、赠品来吸引用户的兴趣，顺便在邮件内容中加入适量的促销信息，从而实现营销的目的，这样做的好处就是成本低廉而且客户的关注力高，也可以避免直接邮寄促销 e-mail 让用户心生厌恶而造成对企业声誉的潜在伤害。

10. 联盟营销的做法是什么？

答：厂商与联盟会员利用联盟营销平台建立合作伙伴关系，包括网站交换链接、交换广告及数家结盟营销的方式，共同促销商品，以增加结盟企业多方的产品曝光率与知名度，并利用各种营销方式让商品得到大量的曝光与口碑，为企业带来无法想象的销售订单。

第 13 章习题解答

1. 什么是社交营销？

答：社交媒体营销（Social Media Marketing）就是通过各种社区媒体网站吸引顾客注意企业品牌或产品的方式。

2. 请简述网络营销的最终目的。

答：网络时代的消费者是流动的，企业要做好社交营销，一定要善于利用社区媒体的特性，因为网络营销的最终目的不只是追求销售量与效益，而是重新思考和定位自身的品牌策略。

3. 累进式营销过程可分为哪四个阶段？

答：信息传播、粉丝交流、社区扩散、购买动机。

4. 请简述社交营销的特性。

答：购买者与分享者的差异性、品牌建立的重要性、累进式的营销传染性、图片表达的优先性。

5. 什么是博客？

答：Blog 是 weblog 的简称，是一种新兴的网络应用技术，就算不懂任何网页编辑技术的一般用户也能自行建立自己专用的创作网站。

6. 请说明企业博客的作用。

答：自从网络购物成为一种消费形态之后，有越来越多的企业已经开始逐步思考与建立企业的博客营销模式。传统的统一播放式的营销模式是从上而下、由商家到消费者的一贯运行机制，多数注重于销售者自身的销售目标与产品宣传。

7. 请说明在社交网站中"粉丝"跟"朋友"的差异。

答:"粉丝"是听众,要成为他人的"粉丝",只要在该人的博客页面单击"关注"按钮,就可以在自己的博客页面上看到该人所发出的信息。而"朋友"则是经过双方确认过的、互为粉丝的两个人,所以两个人都可以在自己的博客页面上看到对方的信息。

8. 请说明社区的意义与功能。

答:社区是指具有相同嗜好的小众团体,社区中的成员彼此间可以分享信息与进行互动,例如分享心情小语、近照与影片。在社区中的成员也可以使用邮件的方式保持联系。社区和粉丝专页有点类似,不过,社区采取邀请制,其中的成员互动性较高,而且每位成员都可以主导发言。

9. 什么是视频博客?哪一个视频网站最具有代表性?

答:视频博客也称为"视频网络日志",主题非常广泛,是传统纯文本或相片博客的衍生类型,允许网友利用上传视频的方式来编写网志、分享作品。视频博客最具代表性的网站就是美国的 YouTube,中国国内和 YouTube 定位一样的网站是"六间房"。

10. 请简述微电影营销。

答:随着 4G 网络和手持移动设备的快速普及,近年来兴起一种新类型的影视作品——微电影。微电影是指一种专门在各种新媒体平台上播放的短片,适合在移动状态或短时间休闲状态下观看的影片,能在最短的时间内让网站更有效地向准客户传达产品的特色与好处。

11. 微电影营销的特点是什么?

答:微电影营销的特点是具有完整的故事情节,播放长度短、制作时间少、投资规模小,长度通常低于 300 秒,可以独立成篇,而内容则融合了幽默搞笑、时尚潮流、公益教育、形象宣传等主题。

12. 请简述微信移动通信软件。

答:随着智能移动设备的普及,不少企业借助微信这种移动通信软件提高工作效率与降低通信成本,甚至把微信作为公司对外宣传的渠道,微信这类移动通信软件已经迅速取代了传统的手机短信。腾讯公司的微信(WeChat)是免费的,可以让用户随时随地尽情享受免费的通话与通信,甚至可以通过方便而不花钱的"视频通话"与远在外地的亲朋好友聊天。

13. 什么是 LBS?

解答:LBS(Location Based Service)就是"定位信息服务"或"位置服务"。手机结合 LBS 的应用服务,目前在全球已蔚然成风。企业可以划定区域,只要手机用户在指定时段内进入该区域,就会立即收到企业的营销短信,而接收到此短信的用户极有可能前往该商店进行消费。

第 14 章习题解答

1. 在公开场所播放或演唱别人的音乐或录音著作应征得著作权人的同意或授权,有关同意或授权的条件该找谁谈?

答:可以找音乐著作的著作权中介团体洽谈。

2. 小华把小丁写给小美的情书偷偷传给其他同学看,这样是否有侵权的行为?为什么?

答:情书也是受到著作权法保护的语文著作,未经作者同意而随便公开别人的情书是一种侵害别人发表权的行为。当然,这里也涉嫌侵犯了别人的隐私权。

3. 试说明信息精确性的精神所在。

答:信息精确性的精神就在于讨论信息用户拥有正确信息的权利或信息提供者提供正确信息的责任也就是除了确保信息的正确性、真实性及可靠性外,还要规范提供者如果提供了错误的信息所必须负担的责任。

4. 什么是著作人的发表权?试说明之。

答:发表权即决定作品是否公之于众的权利。

5. 试简述复制权的内容与刑事责任。

答:例如,将网络上所收集的图片刻录成一张光盘、复制计算机游戏程序送给同学、将盗版软件安装到自己的计算机上、计算机扫描或计算机打印出版物等行为都违反复制权,视情节轻重甚至要担负刑事责任——判刑和罚金。

6. 什么是高速缓存功能?有哪两种?

答:所谓高速缓存功能,就是计算机或代理服务器会在硬盘中复制浏览过的网站或网页,以加速日后浏览的连接和下载。也就是借助"高速缓存"的机制,浏览器可以减少许多不必要的网络传输时间,并加快网页显示的速度。通常"高速缓存"方式可以分为"个人计算机高速缓存"与"代理服务器高速缓存"两种。

7. 网络黑客侵入他人的计算机系统可能触犯哪些刑事责任?

答:网络黑客侵入他人的计算机系统,无论有无破坏行为,都已构成了侵权的举动。之前曾有人入侵政府机关的网站,并将网页图片换成色情图片;也有学生入侵学校网站篡改成绩的,这样的行为已经构成刑法"入侵计算机系统罪"、"破坏计算机信息系统罪"和"干扰计算机罪"等,应该依法量刑。

8. 试举实例说明表演权。

答:表演权,即公开表演作品,以及用各种手段公开播送作品的表演的权利。例如,在公共场所及不特定人演奏或表演如音乐、舞蹈、戏剧、乐器等内容,或在大卖场公开播放唱片、CD(包括使用扩音器)或在街头自演奏或表演音乐都必须取得表演权。

9. 自己购买了一套电影DVD,能否自己刻录一份当作备份DVD?同时偶尔还会把备份借给同学欣赏,这种行为对吗?

答:合法购买正版DVD的所有人,可以因为"备份存档"的需要复制一份,但仅能作为备份,不能借给别人使用。

10. 有一个视觉传播系的同学拍摄了一部影片用作毕业展,但是影片有一个界面出现了美术馆中展示的个人画作,请问这样是否会有著作权的争议?

答:由于影片中播放了私人的画作,因此如果该画作属于著作权法保护的著作,那么当然会涉及界面复制的行为。如果利用程度轻微或符合著作权法的合理使用规定的情况,最好征得著作财产权人同意。

11. 小华购买了一套正版单机操作系统软件,装进自己和姐姐的计算机中,这有侵权的问题吗?

答:因为单机版的操作系统只限一台计算机使用,所以如果将该操作系统安装在一台以上的计算机上使用，就是侵害复制权的行为。

12. 试说明著作人身权的内容有哪四种。

答：

（1）发表权，即决定作品是否公之于众的权利。

（2）署名权，即表明作者身份，在作品上署名的权利。

（3）修改权，即修改或者授权他人修改作品的权利。

（4）保护作品完整权，即保护作品不受歪曲、篡改的权利。

13. 著作权的"合理使用原则"有哪几项？

答：所谓著作权法的"合理使用原则"，是指法律规定著作权人对某部作品享有充分权利的同时，在作品的利用方面对社会必须履行一些义务，包括著作权的"合理使用"、著作权的法定许可使用、著作权的强制许可使用。就是在特定条件下，法律允许他人自由使用享有著作权的作品而不必征得著作权人的同意，也不必向著作权人支付报酬的制度。

14. 请问计算机程序合法持有人拥有的权利是什么？

答：计算机程序合法持有人拥有该软件的使用权，而非著作权，可以修改程序与备份存盘，但仅限于自己使用，并且一套软件不得安装于多台计算机。

15. 当著作权人死亡后，能再享受多长年限的著作权保护？遇到侵权行为时赔偿的优先权是什么？

答：著作权人死亡后，著作财产权存续期间是著作人的生存期间加上其死后 50 年。对于侵害著作权的行为，除遗嘱另有指定之外，以配偶请求补偿的优先权最高，子女次之。

16. 请简述信息伦理的适用对象与定义。

答：信息伦理的适用对象包括广大的信息从业人员与用户，范围则涵盖了使用信息与网络科技的态度与行为，包括信息的搜索、检索、存储、整理、利用与传播。凡是探究人类使用信息行为对与错的道德规范均可称为信息伦理。信息伦理最简单的定义就是使用和面对信息科技时相关的价值观与法律准则。

17. 什么是信息素养？

答：信息素养可以看成是个人对于信息工具与网络资源价值的了解与应用能力，更是未来信息社会生活中必备的基本能力。

18. 试简述 PAPA 理论。

答：Richard O. Mason 在 1986 年提出的以信息隐私权（Privacy）、信息精确性（Accuracy）、信息所有权（Property）、信息使用权（Access）四类议题来界定信息伦理，因而称为 PAPA 理论。

第 15 章习题解答

1. 企业如何能在电子商务市场中脱颖而出？

答：企业是否能在电子商务市场中脱颖而出，从心态上必须要学会从销售商品转变为经营会员，也就是要懂得对客户群的维护，以最好的性价比去满足消费者的需求，不断积累并收集消费者对商品评价的信息，最后自然而然地创造商业价值。

2. 请说明什么是宅经济。

答:"宅男、宅女"这组名词是从日本流传过来的,被用来形容那些足不出户整天呆坐在计算机前看影音视频、玩网络游戏、逛网拍平台购物等却没有其他嗜好的人们。这些消费者只要动动手指就能轻松在网络上购物,每一件商品都可以由物流配送公司送到家里。

3. 试说明"线上到线下"商务模式。

答:O2O 就是整合"线上(Online)"与"线下(Offline)"两种不同平台所进行的一种营销模式,因为消费者可以"一直在线(Always Online)",因此让线上与线下能快速接轨,通过改进线上消费的流程就可以直接带动线下消费。消费者可以直接在网络上付费,而在实体商店中享受服务或提走商品。

4. 什么是智能家电?请简单说明。

答:智能家电(Information Appliance)就是计算机、通信、消费类电子产品的所谓 3C 融合而成,是一种可以进行数据双向交流与智能判断的家用设备,也是泛指作为连接上网或是加入了上网机制等的家用电器。

5. 请简述大数据的特性。

答:大数据(又称海量数据、巨量数据、Big Data、Mega Data)是由 IBM 公司于 2010 年提出的,主要特性包含五个层面(即 5V 特点):Volume(大量)、Velocity(高速)、Variety(多样性)、Value(价值)和 Veracity(真实性)。

6. 请简述 Hadoop 技术。

答:Hadoop 是 Apache 软件基金会(Apache Software Foundation)为了应对云计算与大数据发展所开发出来的技术,由 Java 编写并免费开放源码,是用来存储、处理、分析大数据的技术。其优点包括良好的扩充性、程序部署快速等,同时能有效地分散系统的负荷。

7. 试简述面向服务的架构。

答:面向服务的架构(Service Oriented Architecture,SOA)就是一个以服务为基础的处理架构模型,在互联网的环境下通过标准的界面将分散各地的资源整合成一个信息系统。

8. 什么是 Web 服务描述语言?

答:Web 服务描述语言(Web Services Description Language,WSDL)是由微软与 IBM 携手合作所发表的一种以 XML 技术为基础的互联网服务描述语言,扩展文件名为 .WSDL,是一种用来描述 Web 服务的语言,使用一种标准方法来描述自己拥有哪些能力,可描述 Web 服务所提供的功能与定义的接口、访问的方式及位置。

9. 什么是分布式处理?

答:分布式处理是将资源或运算的工作分散给网络中其他的主机或服务器,由于网络科技快速发展,带宽与速度都快速增长,因此网络程序的执行不再被局限于单一计算机上。从早期的主机架构、主从式架构到面向服务的架构,服务质量的整合已经成为任何一个网络系统成功的重要因素。